GODZILLA

ゴジラ映画音楽ヒストリア
1954–2016

小林 淳

アルファベータブックス

はじめに――ゴジラ映画音楽の小宇宙――

本書『ゴジラ映画音楽ヒストリア　1954－2016』は、一九五四（昭和二十九）年十一月に封切られた東宝作品『ゴジラ』（本多猪四郎監督）から二〇一六（平成二十八）年七月公開の最新作、東宝映画、シネバザール作品『シン・ゴジラ』（庵野秀明総監督、樋口真嗣監督・特技監督）に至っていくまでの東宝ゴジラ映画二十九作（海外版、並びにハリウッド版は含まない）で流れてきた音楽の姿、その響きがいかに映画に作用したかをなるべく簡略に、鑑賞の際の一種のガイドブック風にまとめたものである。

東宝ゴジラ映画をざっと俯瞰してみたい。とらえ方は各人で微妙に異なるようではあるのだが、おおよそ第一作『ゴジラ』から一九七五（昭和五十）年作、昭和ゴジラ映画に明らかな節目を打った東宝映像作品『メカゴジラの逆襲』（本多猪四郎監督、中野昭慶特技監督）までの十五作品が昭和ゴジラ映画とされる。時代は昭和ではあるが、「昭和ゴジラ」シリーズに入れるのには抵抗感を覚える、一九八四（昭和五十九）年作の東宝映画作品『ゴジラ』（橋本幸治監督、中野昭慶特技監督）が独立気味にたたずみ、時代が平成に移り変わり、東宝映画作品（以下同様）『ゴジラVSビオランテ』（大森一樹監督、川北紘一特技監督）から始まり、一九九五（平成七）年に製作された、ゴジラの死が初めて正面から描かれた『ゴジラVSデストロイア』（大河原孝夫監督、川北紘一特技監督）で完結した「平成ゴジラ」シリーズ全六作が登場する。二十一世紀を迎えると、あまりに多様化した時代に求められるゴジラ映画とは何か、新世紀にふさわしいゴジラ映画とはいったいどのようなものか、と各作り手が模索、自問自答をするようになる。その積み重ねが一九九九（平成十一）年作の『ゴジラ２０００ミレニアム』（大河原孝夫監督）を皮切りとし、二〇〇四（平成十六）年公開作『ゴジラ FINAL WARS』（北村龍平監督）で終焉を迎えた「ミレニアム・ゴジラ」シリーズ全六作を形成する。『ゴジラ FINAL WARS』を「ミレニアム・ゴジラ」シリーズ内に収めるのにはやや違和感が生じ、あるいは一九八四年版『ゴジラ』のようにどのカテゴリーにも据えないほうがよいのではないかという考えもよぎるのだが、それほど大きな問題とはならないであろう。おおよそこうした歴史を重ねて『シン・ゴジラ』が現れてきた。

昭和ゴジラから平成ゴジラ、さらに新世紀ゴジラにおよんだ「ゴジラ」シリーズの歩みは同時に、日本映画音楽の歴史の一部分でもある。東宝のドル箱シリーズであり、戦後日本映画を背負った名物シリーズであることに疑いはない。日本映画の六十年の来し方はもちろん、音楽面から映画を支えてきた映画音楽作曲家の苦闘の記録もまたそこからは見えてくる。

とはいっても、映画そのものにはそうした物語性は介在しない。どこまでも映画は一本の映画であり、映画人、作り手は一つの映画作品を作り上げるため、送り出すために全力を傾けてきた。歴史だとか、来し方だとか、そういう次元の物言いは後から勝手に他者がいい出すことでもある。当事者はただ己の仕事をまっとうすることに没頭してきた。それらが積み上がり、歴史というものを築き上げていく。戦後の混乱期、高度成長期を経て昭和という時代を駆け抜け、平成に移行し、新世紀に突入してもゴジラ映画は、幾度かのインターバルを挿みながらも製作され続けている。映像に付随する音楽もまた響き続けている。映像・演出・ドラマツルギーに密着する映画音楽の形態、それもゴジラ映画の来歴である。日本映画の一つの文化である。その流れを鑑賞者サイドから追ってみたいと考えた。

映像がスクリーンに映し出され、音が画面から、劇場のスピーカーから私たちに達してくる完成品の状態でこそ作品を理解する必要がある。作品を送り出す作り手、作品を受け止める側の受け手、芸術作品はこの二種の存在があって成立するといってもよい。受け手は送り手にはなれない。受け身の立場に終始する。ものを作る人がいなければ何も受け取れない。ある意味、一方的だ。しかし、受け止める側だからこそいえることがある。そうした感覚を重視したうえで昭和、平成の時代に鳴り響いたゴジラ映画音楽の足跡をふりかえっていきたい。

ゴジラ映画音楽となると、やはり伊福部昭のサウンドが条件反射的に脳裏にこだましてくる。ゴジラ映画と伊福部昭はどうしても切り離せない。昭和期はいうにおよばず、二〇〇〇年代に入ってもそれはなんら変化しなかった。現在においても。伊福部昭とゴジラ映画の関係は未来永劫崩れない。

その一方でこうも思う。では、伊福部にしかゴジラ映画音楽は書けなかったのか、と。もちろんそれは否である。伊福部昭の代わりに誰かほかの作曲家が第一作『ゴジラ』の音楽を担当し、以後、その作曲家に仕事がいっていたら、現在とは少なからず異なるゴジラ映画のイメージが確立されていたのはまちがいない。伊福部もまた今とは形のちがう受け止め方をされていた可能性がある。宿命、運命、出会い、めぐり合い……。これらの不可思議さに想いが至っていく。

ゴジラ映画音楽を手がけたのは伊福部昭だけではない。『シン・ゴジラ』を含め、東宝ゴジラ映画全二十九作（現時点において）中、結果的に〈共作〉となった作品を除き、伊福部が音楽を担当したのは十二本である。要するに、十七本はほかの作曲家が音楽を書いている。あらためてまとめてみよう。

○伊福部《いふくべ》昭《あきら》（一九一四年生－二〇〇六年歿）

1『ゴジラ』（一九五四）、3『キングコング対ゴジラ』（一九六二）、4『モスラ対ゴジラ』（一九六四）、5『三大怪獣　地球最大の決戦』（同）、6『怪獣大戦争』（一九六五）、9『怪獣総進撃』（一九六八）、12『地球攻撃命令　ゴジラ対ガイガン』［既成曲流用］（一九七二）、15『メカゴジラの逆襲』（一九七五）、18『ゴジラVSキングギドラ』（一九九一）、19『ゴジラVSモスラ』（一九九二）、20『ゴジラVSメカゴジラ』（一九九三）、22『ゴジラVSデストロイア』（一九九五）

○佐藤《さとう》勝《まさる》（一九二八年生－一九九九年歿）

2『ゴジラの逆襲』（一九五五）、7『ゴジラ・エビラ・モスラ　南海の大決闘』（一九六六）、8『怪獣島の決戦　ゴジラの息子』（一九六七）、14『ゴジラ対メカゴジラ』（一九七四）

○宮内《みやうち》國郎《くにお》（一九三二年生－二〇〇六年歿）

10『ゴジラ・ミニラ・ガバラ　オール怪獣大進撃』（一九六九）

○眞鍋《まなべ》理一郎《りいちろう》（一九二四年生―二〇一五年没）

11『ゴジラ対ヘドラ』（一九七一）、13『ゴジラ対メガロ』（一九七三）

○小六禮次郎《ころくれいじろう》（一九四九年生）

16『ゴジラ』（一九八四）

○すぎやまこういち（一九三一年生）

17『ゴジラVSビオランテ』（一九八九）

○服部隆之《はっとりたかゆき》（一九六五年生）

21『ゴジラVSスペースゴジラ』（一九九四）、23『ゴジラ２０００ミレニアム』（一九九九）

○大島《おおしま》ミチル（一九六一年生）

24『ゴジラ×メガギラス　G消滅作戦』（二〇〇〇）、26『ゴジラ×メカゴジラ』（二〇〇二）、

27『ゴジラ×モスラ×メカゴジラ　東京ＳＯＳ』（二〇〇三）

○大谷幸《おおたにこう》（一九五七年生）

25『ゴジラ モスラ キングギドラ　大怪獣総攻撃』（二〇〇一）

○キース・エマーソン（一九四四年生―二〇一六年没）
28『ゴジラ FINAL WARS』（二〇〇四）
○鷺巣《さぎす》詩郎《しろう》（一九五七年生）
29『シン・ゴジラ』（二〇一六）

総勢十一人の作曲家が全二十九作（二〇一六年現在）のゴジラ映画に音楽をつけた。伊福部昭の印象があまりに強いために意外に思われる向きも少なくないはずだ。ゴジラ映画音楽イコール伊福部昭。これが限定的なとらえ方であるとの今一度の想いとともに、伊福部音楽の響きがいかに強烈だったか。あらためて思い知らされる。

伊福部以外の作曲家はどのようなスタンスでゴジラ映画音楽にかかわったのかといった点も浮かび上がってくる。彼らは伊福部音楽を意識していたのか。視界にとらえていたのか。もちろんそれはそうであろう。佐藤勝はそれを公言していた。眞鍋理一郎もまた。では、縛りを感じていたか。息苦しさ、堅苦しさを覚えていたか。むろん多少はあったと思われるが、それほどでもなかったのではないか。映画音楽はその映画で流れる楽曲による効果ばかりを狙うわけではない。映画全体の味わいや印象、映画空間や奥行きまでを作曲家による〈音響〉〈音場〉が作り上げる。その作曲家が仕掛けるアプローチ、カラー、語法や技法などはそれぞれで異なるために、音楽担当者が代わると映画の雰囲気は大きく変わる。たとえばだが、もしも第一作『ゴジラ』に飯田信夫や斎藤一郎が音楽をつけていたら、『ゴジラの逆襲』も伊福部が担当していたら、『キングコング対ゴジラ』に佐藤勝が音楽を提供していたら、などを想像してみれば実感できる。完成作は唯一絶対なもの、完全にビルドアップされた世界であり、小宇宙である。

また、日本映画史面から俯瞰しても、ゴジラ映画が東宝の一シリーズに過ぎないことはたしかだが、それでも日本映画音楽の一つの歴史の流れを伝えてくる。やはり伊福部昭の存在は圧倒的だ。ゴジラ映画音楽は伊福部映画音楽。こうした見方、とらえ方はどうしても変わらない。とりわけ第一作『ゴジラ』から『キングコング対ゴジラ』『モスラ対ゴジラ』『三大怪獣　地球最大の決戦』『怪獣大戦争』、佐藤勝担当作二本を挟み、『怪獣総進撃』へと続いた、日本映画隆盛期にかろうじて引っかかる時代に製作されていったゴジラ映画を彩った伊福部サウンドは、まさしく〈ゴジラ〉を筆頭格とする怪獣映画音楽のフォーマットを一から作り上げた。多くの受け手も伊福部の響きがあってこそこの種の映画であると理解した。映画を正攻法に、真正面から盛り立てていく伊福部音楽はゴジラ映画、東宝ＳＦ特撮映画、怪獣映画のシンボルとなった。

伊福部昭のゴジラ映画音楽。時代が昭和から平成に替わっても大きな変化は生じなかった。一九九〇年代初期から中期にかけ、伊福部は「平成ゴジラ」シリーズの四作品の音楽を担当した。映像、作劇との融合度は昭和時代の作品よりも劣ったが、伊福部ゴジラ映画サウンドの屹立を実感させた。時代変化や時間経過などはものともしない音楽世界を見せつけた。

時は二〇〇〇年代に突入し、新たな世界観によるゴジラ映画シリーズが誕生する。いわゆる「ミレニアム・ゴジラ」シリーズであるが、そのあまたが伊福部のゴジラ音楽を過去の音源からの流用という形で一、二曲程度使用した。これは製作サイドの戦略の一環になるものであり、そうした扱いからも彼の音楽がいかにゴジラ映画と深い関係を築いていたかが伝わってくる。さらに、それぞれの作品の音楽担当者も、伊福部なら仕方ないという想いもあったであろうが、それを容認した。通常、作曲家は他人の音楽、楽曲が己の世界に入ってくるのを忌み嫌う。それなのに、である。この事実からも伊福部の音楽がいかにゴジラ映画のシンボルと化しているのかがリアルに感じ取れる。

伊福部昭のほかに佐藤勝、宮内國郎、眞鍋理一郎、小六禮次郎、すぎやまこういち、そして新時代の到来に応じて服部隆之、大島ミチル、大谷幸、きわめて意外だったがキース・エマーソン、さらには鷺巣詩郎といった個性豊かな面々がゴジラ映画を音楽から表現してきた。日本映画音楽の巨匠として生涯現役を貫いた佐藤勝は新人時代の『ゴジラの逆襲』ののち、娯楽志向にのっとった福田純による三作の音楽を書いた。彼はカラフルな音色を打ち出す、開放的な鳴りを積極的に用い、明るい空気感を根幹に漂わせる福田ゴジラ映画を支えた。時代は高度成長期。一九六〇年代から七〇年代へ。そして一九七〇年代が訪れた。ゴジラ映画も時代の流れには逆らえない。そうした感度を佐藤の音楽が呼び込んだ。佐藤勝はゴジラ映画シリーズに欠かせない作曲家だった。第一作から第九作まで。一九五四年から六七年まで。この十三年間のゴジラ映画の歳月を伊福部昭と佐藤勝が担ってきたことはもっと重視すべきであろう。

一九七〇年代、ゴジラ映画の変容に応じて音楽の形態も様変わりをしてくる。大人気特撮テレビ映画作品の劇音楽で名を馳せる宮内國郎、ゴジラ映画とは一見縁がないとも映る、松竹ヌーヴェル・ヴァーグ映画の音楽でその名をとどろかせ、ドキュメンタリー映画分野でも硬質かつ無機的な響きを多く採り入れる作風を展開させていた眞鍋理一郎がゴジラ映画音楽を書いた。特撮テレビ映画を優しく、優美に包み込んだ宮内サウンドは担当作の世界にすんなりとなじみ込み、一方、眞鍋の鳴りは一九七〇年代という時代のもとに生まれ、社会性を色濃く内包するゴジラ映画を音楽から表現した。眞鍋の面目躍如たる仕事だった。この時代、音楽制作費を節減するために過去の伊福部音源を流用するという作品も生まれる。貧窮に苦しむ日本映画界では致し方のない出来事だったのであろう。昭和ゴジラ映画に句点をつけた『メカゴジラの逆襲』では、伊福部昭が七年ぶりに音楽を提供した。

一九八四（昭和五十九）年、ゴジラが復活を遂げる。一九八四年版『ゴジラ』である。同作は新たなゴジラ映画世界を作る役目を担っていた背景もあり、音楽も新たな作曲家が選出された。分厚く聴き応えのある管弦楽スコアが書けるという理由から新進気鋭の小六禮次郎が健筆をふるった。小六は周囲の期待に正面から応じた。重厚かつ心踊る楽曲を映画内に張りめぐらせた。

ゴジラは再び五年の眠りについた。時代は平成に移る。一九八九（平成元）年、大森一樹（本編）、川北紘一（特撮）の手に導かれ、ゴジラが新たな意匠をまとい、『ゴジラVSビオランテ』でスクリーンに戻ってきた。音楽も時代性を強く感じさせた。当時、ゲーム音楽で人気を爆発させていたすぎやまこういちがゴジラ映画音楽作曲家となったのだ。こうして「平成ゴジラ」シリーズの幕が開き、奇跡的と称してもよい伊福部昭の復帰があり、やがては服部隆之、大島ミチル、大谷幸、歴史からとらえれば新世代に属するとも映る作曲家たちがゴジラ映画シリーズに進出してくる。

堅実な采配を行った服部隆之、思いきりのよい響きを豪快に披露した大島ミチル、自己の音楽世界、音楽空間を注ぎ、かつてない味わいになるゴジラ映画を呼び込んできた大谷幸、いずれの作曲家も伊福部音楽の縛りをさほどは覚えさせない、己の作家性に従った音楽をそれぞれに展開した。なかでも大島の仕事は新たなゴジラ映画音楽世界を打ち立てた。さらに想いも寄らぬキース・エマーソンの登場。これほどアグレッシブで過去の音楽DNAをほとんど感じさせないゴジラ映画音楽はなかった。プログレッシブ、ロック、ポップス、このような呼び方ができるサウンドが鳴りわたるなかでゴジラが、怪獣オールスターがいわば踊りまくった。こうした流れを経て、さらに十余年が経過したのちの二〇一六（平成二十八）年の真夏、『シン・ゴジラ』における鷺巣詩郎の音楽が聞こえてきた。

第一作『ゴジラ』から二〇一六年現在における最新作『シン・ゴジラ』までの音楽の歩み、作曲家の変遷をごく簡単にふりかえればおよそこうなる。

これからゴジラ映画音楽の歴史、一九五四年から二〇一六年までのあいだに製作されたゴジラ映画（日本映画に限る）、そこで鳴り響いた音楽の形態を簡略に、手引書や案内書風の構成を意識しながら顧みていく。そうすることで、ゴジラ映画ばかりでなく、日本映画の大きな伝統である怪獣映画を飾ってきた日本映画音楽の一つの姿もそびえ立ってこよう。各作曲家の仕事ぶりもそこからは見えてくるであろう。

目次

はじめに――ゴジラ映画音楽の小宇宙　……2

第一章　ゴジラ映画音楽の産声
音楽担当者プロフィール〔伊福部昭、佐藤勝〕……18
1『ゴジラ』（一九五四／監督：本多猪四郎、音楽：伊福部昭）……24
2『ゴジラの逆襲』（一九五五／監督：小田基義、音楽：佐藤勝）……36

第二章　伊福部ゴジラ映画音楽の光彩
3『キングコング対ゴジラ』（一九六二／監督：本多猪四郎、音楽：伊福部昭）……48
4『モスラ対ゴジラ』（一九六四／監督：本多猪四郎、音楽：伊福部昭）……56
5『三大怪獣　地球最大の決戦』（一九六四／監督：本多猪四郎、音楽：伊福部昭）……63

6『怪獣大戦争』（一九六五／監督：本多猪四郎、音楽：伊福部昭）……70

第三章　二大巨匠の手にゆだねられたゴジラ映画音楽

7『ゴジラ・エビラ・モスラ　南海の大決闘』（一九六六／監督：福田純、音楽：佐藤勝）……80
8『怪獣島の決戦　ゴジラの息子』（一九六七／監督：福田純、音楽：佐藤勝）……88
9『怪獣総進撃』（一九六八／監督：本多猪四郎、音楽：伊福部昭）……96

第四章　一九七〇年代の芳香が漂うゴジラ映画音楽

音楽担当者プロフィール［宮内國郎、眞鍋理一郎］……106
10『ゴジラ・ミニラ・ガバラ　オール怪獣大進撃』（一九六九／監督：本多猪四郎、音楽：宮内國郎）……111
11『ゴジラ対ヘドラ』（一九七一／監督：坂野義光、音楽：眞鍋理一郎）……118
12『地球攻撃命令　ゴジラ対ガイガン』（一九七二／監督：福田純、音楽：伊福部昭［既成曲流用］）……126
13『ゴジラ対メガロ』（一九七三／監督：福田純、音楽：眞鍋理一郎）……133
14『ゴジラ対メカゴジラ』（一九七四／監督：福田純、音楽：佐藤勝）……141
15『メカゴジラの逆襲』（一九七五／監督：本多猪四郎、音楽：伊福部昭）……149

第五章　新時代ゴジラ映画音楽の黎明

音楽担当者プロフィール［小六禮次郎、すぎやまこういち］……158
16『ゴジラ』（一九八四／監督：橋本幸治、音楽：小六禮次郎）……162
17『ゴジラVSビオランテ』（一九八九／監督：大森一樹、音楽：すぎやまこういち）……169

第六章　平成ゴジラ映画音楽のとどろき

音楽担当者プロフィール［服部隆之］……178
18『ゴジラVSキングギドラ』（一九九一／監督：大森一樹、音楽監督：伊福部昭）……181
19『ゴジラVSモスラ』（一九九二／監督：大河原孝夫、音楽監督：伊福部昭）……189
20『ゴジラVSメカゴジラ』（一九九三／監督：大河原孝夫、音楽監督：伊福部昭）……197
21『ゴジラVSスペースゴジラ』（一九九四／監督：山下憲章、音楽：服部隆之）……204
22『ゴジラVSデストロイア』（一九九五／監督：大河原孝夫、音楽監督：伊福部昭）……212

第七章　ゴジラ映画音楽、二〇〇〇年代の相貌

音楽担当者プロフィール［大島ミチル、大谷幸、キース・エマーソン］……222
23『ゴジラ２０００ミレニアム』（一九九九／監督：大河原孝夫、音楽：服部隆之）……230

24 『ゴジラ×メガギラス　G消滅作戦』（二〇〇〇／監督：手塚昌明、音楽：大島ミチル）……237
25 『ゴジラ モスラ キングギドラ　大怪獣総攻撃』（二〇〇一／監督：金子修介、音楽：大谷幸）……245
26 『ゴジラ×メカゴジラ』（二〇〇二／監督：手塚昌明、音楽：大島ミチル）……253
27 『ゴジラ×モスラ×メカゴジラ　東京ＳＯＳ』（二〇〇三／監督：手塚昌明、音楽：大島ミチル）……261
28 『ゴジラ FINAL WARS』（二〇〇四／監督：北村龍平、音楽：キース・エマーソン）……269

第八章　『シン・ゴジラ』のゴジラを呼び覚ます響き

音楽担当者プロフィール〔鷺巣詩郎〕……278
29 『シン・ゴジラ』（二〇一六／総監督：庵野秀明、監督：樋口真嗣、音楽：鷺巣詩郎、伊福部昭）……281

あとがき……292

編集ノート

ゴジラ映画は二〇一六年七月現在、最新作『シン・ゴジラ』以外の全作品がＤＶＤとなっている。ＤＶＤは数年おきに、装いや仕様を変えてリリースされており、本書では最新の二〇一六年六月に発売された「東宝ＤＶＤ名作セレクション」のジャケットを掲載した。

サウンドトラック盤も何種類もリリースされている。本書では『ゴジラ対メカゴジラ』までは東芝ＥＭＩからリリースされた「ゴジラ大全集」のジャケット、それ以降の作品は封切り時にリリースされたＣＤのジャケットを掲載した。これらのなかには廃盤となり入手しにくいものもあることをおことわりしておく。

サウンドトラック盤で現在入手しやすいものとしては、東宝ミュージックから発売されている「ゴジラ・サウンドトラック・パーフェクトコレクション」がある。ＢＯＸ１から６までに、第一作から第二十八作までの全作品のサウンドトラックが収録されている。東宝ミュージックのＷＥＢサイトから購入できる。

作曲家の写真
伊福部昭、大谷幸……小林淳撮影。
佐藤勝、宮内國郎、眞鍋理一郎……瀬戸伸雄氏より提供。
小六禮次郎、すぎやまこういち、服部隆之、大島ミチル、鷺巣詩郎……それぞれのＨＰより。

ゴジラ
ゴジラの逆襲

第一章　ゴジラ映画音楽の産声

音楽担当者プロフィール

●伊福部昭（いふくべ　あきら）

一九一四（大正三）年五月三十一日生―二〇〇六（平成八）年二月八日歿（享年九十一）

北海道釧路市幣舞《ぬさまい》生まれ。九歳のときに音更小学校に転校し、十二歳までを音更村で過ごす。同地に居住するアイヌの人々との交流を通し、アイヌの伝承古謡・伝統音楽に親しんだ。また、父親の利三に導かれて「老子」を学ぶ。十三歳の頃から作曲に手を染める。北海道帝国大学農学部林学実科に入学した翌年の一九三三（昭和八）年にギター独奏曲を作曲、二十歳のときに次兄の伊福部勲、早坂文雄（のちに作曲家）、三浦淳史（のちに音楽評論家）と「新音楽連盟」を結成し、当時としてはきわめて先端的な音楽活動を行った。

北大卒業後は厚岸《あっけし》町の森林事務所に勤務する。そのかたわら、『日本狂詩曲』が一九三五（昭和十）年にチェレプニン賞第一席、一九三三年に作曲したピアノ曲『日本組曲』（『ピアノ組曲』）が一九三八（昭和十三）年にヴェネチア国際現代音楽祭に入選する。一九四三（昭和十八）年作『交響譚詩』が日本音響株式会社第二回管弦楽曲懸賞第一等、文部大臣賞を受賞する。戦時中は戦時科学研究員として豊平の帝室林野局林業試験場において強化木の研究にいそしんだ。

一九四六（昭和二十一）年に上京、ひとまずは栃木県日光町・久次良の山荘に仮住まいをする。まもなく夏目漱石の高弟である、当時は東京音楽学校（現・東京藝術大学音楽学部）の校長の要職に就いていた小宮豊隆の招聘を受けて同校の作曲科講師に就任する（在任は一九五三年まで）。一九四七（昭和二十二）年、旧友の早坂文雄を介した東宝の音楽部長・掛下慶吉からの誘いに応じ、東宝作品『銀嶺の果て』（谷口千吉監督）で映画音楽デビューを飾った。

その後、本来の創作の場である純音楽（管弦楽作品、室内楽作品、器楽作品、声楽作品）の仕事にたずさわる一方で、舞踊《バレエ》音楽作品、映画音楽作品を多数手がける。ここから映画音楽分野に的を絞るが、理念に据える〈映画音楽効用四原則〉、一　インタープンクト（正攻法の音づけ）とカウンタープンクト（対位法）、二　時空間の設定、三　ドラマ・シークエンスの確立、四　画《え》そのものが発してくる音楽的喚起（フォトジェニー）、この四つを基盤に人間ドラマ映画、文芸映画、活劇映画、時代劇映画、ＳＦ特撮映画を主軸に、各大手映画会社の娯楽大作映画から独立映画プロダクション系のドキュメンタリー映画（文化映画）類まで、多岐にわたるジャンルの映画音楽作曲に従事する。

代表作はあまたあげられる。いくつかのタイトルを初期作品群から差し出せば、関川秀雄監督作『きけ　わだつみの声　日本戦歿学生の手記』（一九五〇／東横映画）『ひろしま』（一九五三／日教組プロダクション）、新藤兼人監督作『偽れる盛装』（一九五一／大映京都）『原爆の子』（一九五二／近代映画協会。劇団民芸）、吉村公三郎監督作『源氏物語』（一九五一／大映京都）『足摺岬』（一九五四／近代映画協会）、市川崑監督作『ビルマの竪琴』（一九五六／日活）、今井正監督作『真昼の暗黒』（一九五六／現代ぷろだくしょん）等々は伊福部映画音楽を知るに際しての格好のテクストとなる。

〈映画音楽効用四原則〉のもと、音楽をつかさどる三要素（旋律・音色・律動）が聴く者にいかなる効果をおよぼすかを的確かつ緻密にとらえた音楽語法を展開した。伊福部映画音楽を織りなす、映像と音楽の交感は確固たる、揺るぎない映画音楽世界を打ち立てた。〈音楽は音楽以外の何ものも表現しない〉。伊福部の音楽理念である。その一方で、〈音楽はときに何かを表現することもできる〉のが映画音楽であろう。こうした相反する二つの境地のあいだを行き来して生まれてきたのが伊福部の映画音楽とも解釈できる。

一九五四（昭和二十九）年、東宝作品『ゴジラ』（本多猪四郎監督）の音楽を手がけたのちは、製作・田中友幸、監督・本多猪四郎、特技監督・円谷英二による東宝ＳＦ特撮怪獣映画の音楽を次々と担当し、伊福部昭の名、伊福部音楽の響きを世に知らしめる。と同時に、伊福部は東映京都、大映京都の娯楽映画、時代劇映画黄金期を支えた作曲家でもあった。一九五〇年代、六〇年代初期は伊福部映画音楽の響きが至るところから聞こえてくる時代でもあった。

日本映画の衰退にともない、また音楽教育者の職務が多忙になったこともあって、一九七〇年後期から映画音楽の場を離れたが、一九九〇年代に入って復帰し、多くのファンを喜ばせた。自らの手でゴジラを葬送した、東宝映画作品『ゴジラVSデストロイア』（一九九五／大河原孝夫監督、川北紘一特技監督）が最後の映画音楽作品となった。

『銀嶺の果て』から『ゴジラVSデストロイア』にたどりつくまでに組んできた監督は七十人以上にのぼる。担当作品数は三百本強、映画音楽における作曲総数は五千曲以上に達する。日本現代音楽界の泰斗であるばかりでなく、日本映画音楽界のまさしく巨人である。

●佐藤勝（さとう まさる）

一九二八（昭和三）年五月二十九日生—一九九九（平成十一）年十二月五日歿（享年七十一）

北海道留萌市生まれ。生家の近くに映画館があったことから、また母親が映画好きだったことから幼少時より映画に親しむ。とりわけ映画から流れてくる音楽に心惹かれた。一九五一（昭和二十六）年三月、音楽で身を立てるために入学した国立音楽学校を卒業する一週間前、映画音楽の仕事に就きたいという想いをどうしても捨てきれずに黒澤明監督作『羅生門』（一九五〇／大映京都）の音楽ですっかり心酔していた早坂文雄の門を叩く。『羅生門』との出会い。『羅生門』から聞こえてきた早坂文雄の音楽。これが佐藤の人生を決定づけた。

その後、音楽学校の講師やバンドマンの仕事に従事して生計を立てながら、早坂文雄の助手のような形で師から映画音楽作曲技法を学んでいく。早坂が音楽を手がける溝口健二監督作や黒澤明監督作、ほかの作品でアシスタント兼協同作業者をつとめる。佐藤は早坂の手伝いをするとともに、師から映画音楽作曲術、映画に音楽を付すにあたっての考え方、映画音楽作曲家としての姿勢、心構えなどを学んでいった。

一九五二（昭和二十七）年、早坂の推薦を受けて新理研プロダクション作品『三太と千代の山』（小田基義監督）で映画音楽デビューを果たした。同作はクレジット上では早坂との共作となっているが、実質、佐藤の単独担当作品だった。以後、師との共作も経験しながら、主に新東宝の小品で腕を磨いていく。

一九五三（昭和二十八）年、小田基義が東宝に復帰した。それにともなって東宝作品『ゴジラの逆襲』（一九五五）の音楽担当者に抜擢される。滝沢英輔監督作『六人の暗殺者』（一九五五／日活）とともに佐藤自ら「映画音楽の入学試験だった」とふりかえる同作の音楽は高評価を獲得し、以後、映画音楽作曲家としてひとり立ちし、大手各映画会社のプログラム・ピクチャーを筆頭に大作から独立映画プロダクションの小品に至るまで、さまざまな分野の映画で健筆をふるっていく。

一九五五（昭和三十）年、早坂文雄が急逝した。師の逝去を受けて早坂の絶筆作品となった黒澤明監督作『生きものの記録』（一九五五／東宝）の音楽をまとめ上げたことが契機となり、一九五七（昭和三十二）年の『蜘蛛巣城』（東宝）から黒澤明とのコンビが築かれる。一九六五（昭和四十）年の『赤ひげ』（黒澤プロダクション、東宝）まで、佐藤は全八本の黒澤映画の音楽を担当した。この一連の仕事で佐藤の名は世界に知れわたった。

黒澤明ばかりでなく、そのほか多くの日本映画の巨匠・名匠たちからも全幅の信頼が寄せられた。幾人かの名をあげれば、岡本喜八、沢島忠、福田純、山本薩夫、田坂具隆、五社秀雄、森崎東、佐藤純彌などは常に佐藤音楽を強く欲した。代表作にあげられる作品も実に多い。これらの監督作ばかりでなく、日本映画の名作、傑作、佳作、秀作、その少なからずの作品が佐藤音楽に彩られたものである。

佐藤の音楽は変化自在なスタイルで種々様々な映画に寄り添っていった。映画音楽で最も大切なものは音色、音のカラーだ、という信念のもと、佐藤でなければ導けないと思わせる響きとリズムで映画を躍動させた。一例をあげれば、日活活劇映画や岡本喜八の「暗黒街」シリーズ、「独立愚連隊」シリーズ、福田純の荒唐無稽風娯楽作を彩ったビッグバンド・ジャズ調の鳴りは佐藤音楽のアグレッシブかつ陽性の特徴を端的に伝えてくる。人間ドラマ映画、文芸映画を包み込んだリリカルな旋律、和声豊かな調べ、活劇映画でとどろく躍動的で観る者の感情を正面から刺激していくサウンド、映画の方向性にかんがみ、剛柔自在な音楽を付した時代劇映画や戦争映画などにおける音楽采配は佐藤の真骨頂だった。

映画音楽作曲の仕事はおよそ半世紀にわたった。一九五二年のデビューから二〇〇〇年代到来の時代までに組んできた監督は百人近くとなり、担当本数も三百作を超える。文字通り日本映画史を常に書き換えながら歩んできた映画音楽作曲家である。

黒澤明の遺稿を映画化した、小泉堯史監督作『雨あがる』（一九九九／「雨あがる」製作委員会）が遺作となった。一九九九（平成十一）年の暮れ、『雨あがる』の封切りを待たずして、自身の叙勲を祝うパーティー会場で倒れ、不帰の客となった。

1　ゴジラ［音楽：伊福部昭］

東宝 DVD 名作セレクション
TDV26142D

サウンドトラック CD
東芝 EMI「ゴジラ大全集」
TYCY-5345

東宝作品　モノクロ・スタンダード　九七分　一九五四（昭和二十九）年十一月三日公開（続映作品／斎藤寅次郎監督作『仇討珍剣法』）観客動員／九六一万人

〈メイン・スタッフ〉

製作／田中友幸　監督／本多猪四郎　特殊技術／円谷英二、向山宏、渡辺明、岸田九一郎　原作／香山滋　脚本／村田武雄、本多猪四郎　本編撮影／玉井正夫　特技撮影／有川貞昌　美術監督／北猛夫　美術／中古智　録音／下永尚　照明／石井長四郎

〈メイン・キャスト〉

宝田明（尾形秀人）、河内桃子（山根恵美子）、志村喬（山根恭平）、平田昭彦（芹沢大助）、村上冬樹（田辺博士）、堺左千夫（毎朝新聞・萩原記者）、鈴木豊明（新吉）

一九五四（昭和二十九）年、日本は〈第五福竜丸被曝事件〉の暗雲に覆われた。〈死の灰〉〈原子マグロ〉〈放射能雨〉などのまがまがしい語句がセンセーショナルに踊る新聞、週刊誌記事を日本国

民は衝撃と憤怒、恐怖の想いを抱えながら読みあさった。『ゴジラ』の企画が生まれたのはちょうどこの頃である。

東宝のプロデューサー・田中友幸は、この時期、池部良と山口淑子が主役をつとめ、谷口千吉がメガホンを執るインドネシアとの合作映画『栄光のかげに』の撮影準備を進めていた。ところが、物語内容を起因とする意思疎通の不備が日増しに大きくなってインドネシア側との折衝がうまくいかなくなり、合作映画の話は破綻してしまった。そのため、田中はその代替作を模索していた。田中の目は新聞紙上をにぎわせる〈第五福竜丸被曝事件〉を伝える記事に吸い寄せられた。

折しも、アメリカでSF幻想小説の大家であるレイ・ブラッドベリの短編小説『霧笛』を原作に採った『The Beast From 20,000 Fathoms』（ユージン・ルーリー監督）が一九五三年五月に公開され、話題を呼んだ一件を田中は耳にしていた。アメリカ軍と科学者が行った水爆実験によって北極の氷河の底から巨大恐竜が出現し、ニューヨークに上陸するという空想科学映画である。およそ一億年前に棲息していたこの巨大恐竜は水爆実験がもたらした放射能を全身に帯びており、恐竜の血液が流れ出ただけでニューヨークは甚大なる被害を被るという設定が秀逸だった（この映画は『原子怪獣現わる』という邦題で『ゴジラ』封切り前の一九五四年十月十七日に日本公開された）。

田中は〈第五福竜丸被曝事件〉とアメリカ映画『The Beast From 20,000 Fathoms』の設定を結びつけた。ビキニ環礁における水爆実験の影響で太古の巨大怪獣が深海からよみがえり、東京に上陸する。その猛威と、口部から放射する放射能物質を濃厚に含んだ熱線の脅威に都民はさらされ、東京の中心地は壊滅状態におちいる。人智が生み出した科学文明の歪みが誕生させた巨大怪獣が大自然、地球環境の憤怒をも引き連れる形で破壊活動を行い、人類は窮地に突き落とされる――。田中はおよそこうしたプロットを考案した。

田中は東宝の製作本部長・森岩雄に企画を提出し、彼の快諾を得た。作品成立の大きな鍵となる特殊撮影も田中には勝算があった。東宝の戦争映画『さらばラバウル』（一九五四）などで気心の知れる円谷英二の手にゆだねればまちがいない。そうした確信があった。田中から企画を打診された円谷もその話に即座に乗った。監督も東宝作品『太平洋の鷲』（一九五三）『さらばラバウル』で円谷と組んでいる本多猪四郎に決まった。

物語内容がまずは課題となった。大怪獣の猛威をスペクタクル感豊かに描くとともに、原水爆反対のメッセージをとなえ、科学文明謳歌時代に警鐘を発しようとする〈水爆大怪獣映画〉が科学的・生物学的・考古学的根拠に基づかない子供だまし映画と糾弾されたら社会的批判はまぬがれない。なにせつかみどころのない核の恐怖が日本全土を覆っている時勢である。「第五福竜丸」の悲劇に着想を得た、営利目的丸見えのキワモノ映画などは許されない。東宝の大看板に泥がつく。そこで田中は探偵小説・幻想小説作家として知る人ぞ知る香山滋に原作（原案）を発注した。田中の要請に快く応じた香山は一週間ほどで原案を仕上げた。シナリオ形式が採られたその原案「G作品検討用台本」をシナリオ・ライターの村田武雄と演出者の本多がより映画に相応する内容に脚色した。日本映画初の怪獣映画、前代未聞の空想科学映画はこのように進んでいく。

伊豆近辺の海域で謎の船舶沈没事故が立て続けに勃発する。嵐の夜、近辺の大戸島に巨大な〈何か〉が上陸し、村落を踏みつぶした。古生物学者の山根恭平（志村喬）らで結成された調査団が島を訪れる。巨大生物の足跡とおぼしき大きな窪みと三葉虫を発見した。窪みからは多量の放射能が検出される。ちょうどそのとき、村の警鐘が鳴り、山の頂上から巨大生物が姿を見せた。大戸島の伝説に従ってゴジラと命名されたその巨大生物は、その後、品川界隈を手はじめに銀座地区を中心とした一帯に甚大な被害をおよばせる。ゴジラを倒せる唯一の手段、それは若き天才化学者・芹沢大助（平田昭彦）が発明したオキシジェン・デストロイヤー（水中酸素破壊剤）しかない。芹沢と親しい関係にあるという山根博士のひとり娘・恵美子（河内桃子）は、心を寄せ合う仲である南海サルベージの尾形秀人（宝田明）とともにその使用を懇願しに芹沢の研究所におもむく。はじめは強く拒否した芹沢だったが、ある決意のもとに一回限りの使用を許諾した。巡視艇、報道陣、山根、恵美子たちが見守るなか、オキシジェン・デストロイヤーを抱えた芹沢と尾形のふたりは潜水服を身にまとい、ゴジラがひそむ海底に潜っていく。ゴジラの姿を確認した芹沢はオキシジェン・デストロイヤーを作動させた。水泡に包まれたゴジラが激しくもがき苦しむ。芹沢もまた――。

企画が正式に動き出した『ゴジラ』は、当初は「G作品」と称された。極秘企画の扱いが採られたのだ。〈G〉とはGiantを意味する。未曾有の、空前絶後の空想科学映画を我らの手で、という映画人の想いが込められた。一方、秘匿性を演出することで映画マスコミをあおり、話題につなげたいという思惑も当然のことながらあった。〈ゴジラ〉というネーミングは、いまだ諸説が入り乱れているのだが、東宝の演劇部に〈グジラ〉というあだ名をつけられた社員がいた、ゴリラとクジラを足して二で割ったような猛者だった、グジラとはいかにも強そうだ、怪獣の名前にふさわしい、でも語呂が今一つよくないので〈ゴジラ〉に、との説がやはり真相のようだ。

製作スタッフは主役となる巨大怪獣のデザインに心血を注いだ。特殊技術部門の美術監督・渡辺明がデザインに取り組んだ。図鑑・図録類に出ている恐竜の画を参考にし、原水爆のイメージも盛り込んでオリジナル・デザインを画き上げた。そのデザイン画をもとに彫刻家の利光貞三が粘土原型を制作した。ゴジラは俳優が着ぐるみに入って演技をする。その着ぐるみを作るために立体原型が求められたのである。同年七月、東宝は『ゴジラ』の製作を正式に発表した。同時期から撮影に入っていった。

水爆実験によって覚醒した、およそ二百万年（映画の設定による）に棲息していた太古の巨獣ゴジラが東京の中心街を蹂躙していく。田中友幸考案のプロットを大幅に肉づけした、時事性に富んだ物語が円谷英二率いる特殊技術撮影チームによる映像、真摯このうえなく、誠実に、正攻法に演出をほどこしていった本多猪四郎の手により、ただのゲテモノ映画、単なる怪奇怪物映画とは明らかに次元を異とする映画に仕立てられた。映画人の覚悟と情熱をたたえる空想科学映画となった。

田中が製作し、本多が監督をし、円谷が特殊技術の陣頭を取った『ゴジラ』、前代未聞のこの水爆大怪獣映画は絵空事を見せて老若男女を楽しませようとするような代物ではなかった。映画館に押し寄せた人々の誰もが思わず毅然と映画に向かっていくようなテーマ性、メッセージ色が込められていた。しかも感情的に、声高に主張するのではなく、鑑賞者ひとりひとり、ゴジラの圧倒的な映像に驚愕したのち、この映画は何を訴えたかったのか、作者は何を述べたかったのか、とじっくりと考え込ませるかのごとき演出法で表現した。為政者の叡智なく人間の科学がこのまま突き進んでいったら、近い将来、想像もできないほどの悲劇に見舞われるのではないか。最先端の科学に手を染める者は冷静な判断力と多大な責任感、抑制意識を有するべきである。ないのであれば科学にたずさわる資格などない。映画はこう訴えかけた。

本作は怪獣スペクタクル、人類対異星人の攻防を単純に描くタイプの空想科学映画では少しもなかった。作り手の意識にこうした揺るぎない信念があったがゆえに『ゴジラ』は今でも少しも色褪せない作品となり、正真正銘、日本映画のマスターピースとなった。今現在でもそのリアリズムは驚嘆に価する。二〇一一（平成二十三）年三月十一日以降はよりなまなましさをともなって受け手に迫ってくるようになった。

『ゴジラ』は一九五四年十一月三日に全国公開された。マスコミの反応はおおよそ冷笑といった傾向だったが、一般大衆は諸手をあげて受け容れた。東京地区の主要東宝封切り館である日本劇場、渋谷東宝、新宿東宝、浅草東宝などは記録的な数の人々が集まった。封切り初日、田中は基幹劇場である渋谷東宝に出かけ、劇場前にできた長蛇の列を見て感激に暮れたという。観客動員数は九六一万人。文字通りの大ヒットである。

公開当初、本作の批評は散々といってよいものが踊った。得体の知れない怪奇映画、荒唐無稽のゲテモノ映画といった声があふれた。その後、怪獣映画は作品を重ねるごとに幼年者のためのもの、大人は観ないものというイメージが浸透していき、日本映画史から見捨てられた時期が長期間にわたった。ところが、この『ゴジラ』の力は少しも弱まらなかった。むしろ時代を重ねるごとにその真価を表出してきた。現在では戦後日本映画の一つの大きなエポックを築いた記念碑的作品と広く認められている。本作によって東宝に、並びに日本映画界に〈怪獣映画〉〈ＳＦ特撮映画〉という巨大な映画ジャンルがもたらされた。

『ゴジラ』はまた、伊福部昭のSF特撮怪獣映画音楽の第一作でもあった。正体のわからないキワモノ映画、子供をたぶらかすような怪奇映画の仕事はやめたほうがよい、などの周囲の音楽関係者による反対意見にも伊福部はいっさい耳を貸さず、己の確固たる考えのもとにこの映画に向かっていった。

伊福部の映画音楽デビュー作品である東宝作品『銀嶺の果て』（一九四七／谷口千吉監督）を手がける前から知り合いの関係にあった掛下慶吉（当時の東宝音楽部長）が彼に『ゴジラ』の音楽を依頼した。世田谷区尾山台の伊福部宅を訪れた掛下は伊福部に〈G作品〉と書かれた一冊の台本を差し出し、こう持ちかけた。「今、話題になっている映画の音楽をお願いします」。たしかに話題になっている映画だった。東宝がひどく変わった映画を製作するらしいという噂は伊福部の耳にも当然のように届いていた。

『ゴジラ』の音楽担当者を誰にするか。そうした議題になったとき、掛下が田中、本多に対して伊福部の名を出したのだ。水爆実験のために安住の地を奪われ、己を呪われし境遇に押しやった人類に復讐するかのように東京に上陸して破壊の限りを尽くす水爆大怪獣を描く同作にふさわしい、正面から対応できる分厚い管弦楽曲を書ける作曲家は誰か。伊福部しかいない。伊福部の音楽特性をよく知る掛下はそう確信したのである。

もともと伊福部には巨大なものに惹かれる傾向があった。ドイツ映画『ジークフリート』

（一九二三／フリッツ・ラング監督）に夢中になり、アメリカ映画『ロスト・ワールド』（一九二五／ハリー・O・ホイト監督）を観た際にはブロントザウルスがロンドンに出現するシーンのウィルス・H・オブライエンの特撮に驚愕した。『オペラ座の怪人』（同／ルパート・ジュリアン監督）にも心が躍った。戦後に鑑賞した『キング・コング』（一九三三／メリアン・C・クーパー、アーネスト・B・シェードサック共同監督）ではエンパイア・ステート・ビル最頂部で展開するクライマックス・シークエンスに固唾を呑んだ。伊福部は若かりし頃にこうした映画を積極的に観ていたのだ。さらに爬虫類好き、蛇好きでもあった。動物学の専門書も好んで読んでいた。だから伊福部にとってゴジラは少しも眉をひそめるようなものではなかった。むしろ興味を存分に駆り立てられた。

掛下が辞去したのち、伊福部は『ゴジラ』（『G作品』）の台本に目を通した。奇想天外な物語展開もさることながら、映画の芯の部分に込められた文明謳歌警鐘、戦後、アメリカから押し寄せてきた技術革新（ハイテクノロジー）をもてはやす風潮が日増しに強くなっていた当時の日本の時代観、戦争に敗れ、欧米文化に対するコンプレックスからめばえるそれらへの憧憬があふれつつあった時世への警戒感に伊福部は共感を覚えた。そうした時代に対する一種のアンチ・テクノロジー思想を伊福部は台本から読み取った。彼は少しの違和感も、抵抗感も抱かずに日本映画界初の怪獣映画『ゴジラ』の仕事に取り組むことにした。加えて、文明をもてあそぶ人類に鉄槌を下すゴジラに共感した。伊福部はゴジラの巨大感と凶暴性を重く厚い楽曲で表現し、ゴジラの脅威にさらされる人間側の情動成分を旋律と音色の効果を図った設計でうたい上げようと考えた。

ＳＦ特撮怪獣映画に付す音楽の特質を伊福部は三点ほどあげる。納得しがたい、観念的な誤った芸術論に左右されない点、ドラマツルギーに支配されすぎることで生まれてくる音楽の自律性の喪失の危険が回避できる点、音楽の効果を万全に利用できる点、この三つである。怪獣が現代に出現して人類に危害を加える――。常識では受け容れがたい。こうした映画では有無をいわさぬ力業の作劇が要求される。机上の芸術論が入り込む隙間はない。豪速球風ドラマツルギーが必要となる。猛威を見せる怪獣の巨大感、その並外れた暴れぶりを大きな編成のオーケストラが奏でる響きで真正面から語り、同時にそうした現実に直面した人類側の恐怖感や絶望感を表現する。劇的状況に応じた音楽を正攻法にあてる演出がふさわしい。怪獣の恐怖、脅威を音楽が表し、対抗する人間側の思念を音楽がかもし出し、終盤に至っていくにつれ、人間側の叡智を音楽がうたい上げる傾向を露わにしていく。

伊福部の根底にあった思惑。それは、子供に嘘の音楽を聴かせられない、端《はな》から映画を小馬鹿にしたような音楽は絶対に書けない、だからこそまっとうで徹底して真剣な音楽を、というものだ。伊福部の固い信念のもとに導かれたSF特撮怪獣映画音楽は、彼が映画音楽を書く際の理念に据える〈映画音楽効用四原則〉を基軸に据え、音楽が人間に与える情動というものを的確にとらえた設計によって機能的に展開した。人類の科学文明を脅かす太古の大怪獣の姿と伊福部が織りなす響きは渾然一体となった。映画に向かう者に強烈なインパクトを与えた。

まずは『ゴジラ』のメインタイトル曲である。当初はゴジラを迎え撃つ人間側の叡智を奏でる役目を持っていたが、今では「ゴジラのテーマ」として広く浸透している。執拗に反復されるリズム・オスティナート、和声を排除した旋律、重低音金管群とコントラ・ファゴットを主とする低音木管群の鳴りはきわめて鮮烈だった。さらにはゴジラの本来の主題を奏し、のちには種々の怪獣のテーマ曲の骨格をなした、各楽器の持ち味を剥き出しにしていく音色設計、テューバやトロンボーン、トランペットなど重低音を効かせる金管楽器群を軸にして作る不安定かつ不安な感情をかもす無調の荒い十二音音階、エレクトーン（ときにコンボオルガン）、ビブラフォン、チェレスタといった通常は用いない楽器の響きを前面に出す音楽フォーム。もしも現実に怪獣が目の前に現れたら人間はどのような感情を生ずるか。伊福部の心象風景に基づいて書かれた。伊福部の口癖の一つである〈この世ならざるもの〉を導き出すサウンドである。

『ゴジラ』は一九五四年に公開された。つまりは終戦・敗戦から十年も経っていない。民衆のあいだにはいまだ戦争の傷跡、敗戦の記憶がなまなましく残っていた。そのため、金管楽器を打ち出すときも軍楽隊の吹奏楽調になるのを避け、弦楽器の音色を織り混ぜた。戦争の忌まわしい記憶を音楽から掘り起こしたくないと配慮したのだ。一方、怪獣に勇猛果敢に挑んでいく人間たちの叡智と心意気をうたう躍動的で受け手の感情を駆り立てるマーチ音楽を意識的に導入した。さらには劇的状況、舞台背景を音楽から表現する。

映画のオープニングとともに伊福部の音楽・音響演出が効果を上げる。東宝マークとメインタイトルでは、異様な咆哮音のような音響と地響きを思わせるサウンド（もちろんゴジラのものだが、この時点ではわからない）がコラージュといってよい形で鳴ってくる。スタッフ、キャストのクレジットが下から上へ昇っていくところでは和声を外した旋律を強調するフレーズがリズミカルに奏される。伊福部の盟友である早坂文雄による黒澤明監督作『七人の侍』（一九五四／東宝）、さらに両者の間柄を象徴するかのような、このたがいに呼び合うかのごとき音楽形態を持った二作はのちに日本映画音楽史上に燦然と刻まれるものとして広く認識される。『七人の侍』が〈音響〉を打ち出す早坂の音楽設計とともに開幕していったと同じく、『ゴジラ』、怪獣ゴジラもこうした伊福部の音楽演出に包まれ、銀幕からこの現世へ飛び出してきた。

　前述したが、メインタイトル曲は現在では「ゴジラのテーマ」として知られている。しかし、本来はゴジラの脅威から帝都を護ろうと立ち向かう防衛隊側のテーマ曲だ。伊福部にはこの楽曲にゴジラを託す設計は少しもなかった。だからゴジラの主題曲は別にある。その後の伊福部ゴジラ映画音楽の核を担った、通称「ゴジラの恐怖」（「ゴジラの猛威」）の原型となった楽案がゴジラの破壊描写の背景音楽として響きわたる。そのゴジラの動機の対立命題を表すのが人類側の行動を飾る、本作の主題曲となる。

　終盤にさしかかると荘重なレクイエム音楽が映画空間を満たしていく。女声で表現する合唱曲「平和への祈り」であり、その旋律を含んだ、いわゆる「帝都の惨状」である。ただし滅亡論ではない。絶望に沈む人々を慰め、癒し、それでも立ち上がろうとする人々に賛美を送る意思も盛り込まれている。エンディングでは崇高このうえない合唱の響きが映画を包み上げる。「平和《やすらぎ》よ 太陽《ひかり》よ とくかえれかし いのちこめて いのるわれらの このひとふしの あわれにめでて 平和《やすらぎ》よ 太陽《ひかり》よ とくかえれかし」（香山滋作詞）。

　こうした音楽演出があったがために『ゴジラ』に宗教色が加わった。伊福部の音楽が乗ることでゴジラが神の領域に近づいた。

ただし、伊福部は少しやりすぎたという印象を持っていた。ゴジラへの共感が強くあったため、必要以上に感傷的な音楽になってしまった。これは『ゴジラ』の音楽における反省点である、と伊福部本人は受け止めていた。

前代未聞の水爆大怪獣映画『ゴジラ』は、伊福部の真摯な取り込みに貫かれた創作姿勢に支えられ、世界に誇る日本映画の名作にのぼりつめた。伊福部に『ゴジラ』の仕事を引き受けさせたのは、強靭な信念と気概、反骨精神だった。子供だましのキワモノ映画、ゲテモノ映画なんかにかかわると楽壇から排除されてしまう、音楽家生命を絶たれるかもしれない、と懸念を示した作曲家仲間、周辺の人たちに対し、そうであるならばなおさらいい加減な音楽は書けない、そうした声を圧倒したい、子供たちに嘘の音楽は聴かせられない、伊福部はそう考えたのだ。ゆえに真剣に、誠実にこの仕事に取り組んだ。本作は伊福部が本多、円谷と出会った記念碑的な作品でもある。

2　ゴジラの逆襲［音楽：佐藤勝］

東宝 DVD 名作セレクション
TDV26143D

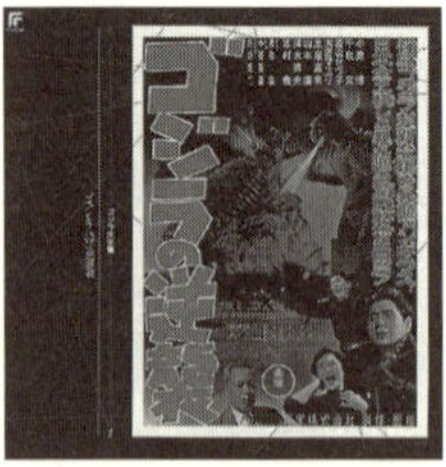

サウンドトラック CD
東芝 EMI「ゴジラ大全集」
TYCY-5346

東宝作品　モノクロ・スタンダード　八二分　一九五五（昭和三十）年四月二十四日公開（併映作品／佐伯幸三監督作『弥次喜多漫才道中　化け姫騒動の巻』）観客動員／八三四万人

〈メイン・スタッフ〉
製作／田中友幸　監督／小田基義　特技監督／円谷英二　原作／香山滋　脚本／村田武雄、日高繁明　本編撮影／遠藤精一　特技撮影／荒木秀三郎、有川貞昌　美術監督／北猛夫　美術／阿部輝明　録音／宮崎正信　照明／大沼正喜

〈メイン・キャスト〉
小泉博（月岡正一）、若山セツ子（山路秀美）、千秋実（小林弘治）、志村喬（山根恭平博士）、清水将夫（田所博士）、木匠マユリ（井上やす子）、沢村宗之助（芝木信吾）

『ゴジラ』の大ヒットを受けて製作された続篇である。前作『ゴジラ』の東京に対し、本作は大阪が主舞台となり、映画後半は北海道にステージが移る。関西の映画館主、興行関係者の要望を受

けたからだ。ゴジラが大阪市に出現し、街を破壊しまくり、さらに市街地で新怪獣アンギラスと世紀の闘争を見せるとなれば、話題沸騰となる。関西地区の関心度はがぜん上がる。ご当地映画は客が来る。この当時の映画興行では大切な要素だった。終盤、北海道に舞台が移るのも同様の思惑によるものである。

本作の売りになったのが、前作よりも凶暴性を増したゴジラと敵怪獣となるアンギラスが大阪で激突する壮絶な死闘であり、映画終盤、ゴジラを北の果ての孤島の雪崩のなかに閉じ込めていくスペクタクル描写である。見せ場がたっぷりと盛り込まれた。興行は予想通り大成功を収め、東宝に新たなドル箱映画をもたらした。そして日本映画界に今までなかったジャンル、〈特撮怪獣映画〉を確立させていく。

本編のメイン・スタッフは『ゴジラ』から相当数入れ替わった。当時の撮影所システムによるものだ。監督が本多猪四郎から小田基義に代わり、脚本は本多が外れて村田武雄と日高繁明の協同執筆となった。撮影が玉井正夫から遠藤精一、美術が中古智から安倍輝明、照明が石井長四郎から大沼正喜、音楽が伊福部昭から佐藤勝に交代した。特殊技術部門はスタッフのほとんどがそのまま移行した。ただし、『ゴジラ』では〈特殊技術〉という役職名だった円谷英二が〈特技監督〉となった。クレジットでも一枚タイトルが与えられた。『ゴジラの逆襲』は、円谷英二特撮黄金時代の幕開けを正面からうたう作品となった。村田と日高が考案した物語はこういうものである。

海洋漁業のパイロット、月岡正一（小泉博）が魚群を求めて紀伊沖を飛行していた。同僚の小林弘治（千秋実）の機がエンジンの故障で飛行困難となり、岩戸島付近に不時着したとの報が本社から入った。月岡機は岩戸島に向かう。小林機を岩戸島で発見した月岡は岩場で小林と合流した。そのとき、耳をつんざくようなすさまじい咆哮音が響く。岩壁の隙間から巨大怪獣の姿が見えた。ゴジラだ。ふたりは岩壁の割れ目に身を隠した。別種の咆哮音も。四つ足の獰猛な怪獣がゴジラと格闘していた。二匹はもつれ合いながら海に落ちた。月岡と小林は防衛庁に招かれ、緊急会議に加わった。両者の証言により、ゴジラの（同類の）出現が確認され、もう一匹はアンギラスと判明した。水爆実験はゴジラばかりでなくアンギラスまで復活させたのだ。大阪府警に防衛対策本部が設置され、防衛隊はゴジラ探索に乗り出す。ゴジラが紀伊水道を進み、和歌山・四国に上陸する恐れがある。しかし、ゴジラは突如進路を変え、大阪湾に侵入した。大阪市民の避難が続くなか、防衛隊の航空編隊が沖合彼方に照明弾を投下し、光に敏感なゴジラを湾外に誘導する。そうしたときに護送中の囚人たちが脱走を決行した。彼らはタンクローリー車を強奪して逃走を図るが、石油タンクに衝突して炎上した。紅蓮の炎が噴き上がり、あたりを煌々と照らす。炎を視認したゴジラは再び大阪に進路を向け、ついに上陸する。アンギラスも出現した。照明弾がアンギラスを誘導してしまったのだ。大阪市街で二大怪獣がぶつかり合う。ゴジラは大阪城の堀のなかでアンギラスにとどめを刺し、大阪市街を火の海に包んで海に去った。本社と工場を失った海洋漁業は拠点を北海道支社に移した。その頃、「第二瑞光丸」が遭難した。月岡機が探索に向かう。燃料が尽きかけたとき、月岡は北海道の洋上を行くゴジラを目撃する。やがてゴジラは神子島に上陸した。小林機も急行するが――。

本作の最大の特色、それはもちろんゴジラのほかにアンギラス（アンキロサウルス）という新怪獣が登場して二大怪獣の格闘が描かれる点に尽きる。日本製怪獣映画のお家芸である〈怪獣対怪獣〉が豪華に描かれる怪獣対決映画は本作が嚆矢となった。『ゴジラ』からわずか半年（製作期間をふまえればさらに短期間）、東宝はこの『ゴジラ』の続篇で早くも怪獣対決描写の映像化に挑んでなし遂げた。映画マスコミがその話題を振り撒き、大衆の関心を駆り立てた。活気に満ちた興行を展開し、これからの日本製特撮怪獣映画路線の方向性を指し示した。さらには日本製怪獣映画の特色を海外にも発信する作品となった。

冒頭の岩戸島でのゴジラとアンギラスの闘いがどれほど当時の観客を驚かせたか。これは想像に難くない。劇中盤、大きな見せ場となる、暗闇に閉ざされた大阪市街でのなまなましくリアルな両怪獣の迫真的な死闘にもさぞかし目を奪われたことであろう。本作といえばゴジラとアンギラスの決闘シークエンス。こうした見方は少しもまちがっていない。暗黒の世界が異空間をいざなう。そこで描かれるゴジラとアンギラスの決闘。この映画のメインイメージを作った。二大怪獣の格闘映像はこの時点における円谷英二特撮の最高峰といいきれる。

アンギラスを倒すほどの力を誇るゴジラをいかなる方法で葬るか。終盤はこの一点に突き進む。神子島で田島隊長（土屋嘉男）率いる防衛隊航空編隊が雪崩を強引に発生させてそのなかにゴジラを封じ込める作戦を決行するクライマックスでは観る物のカタルシスを直線的に引き出す。観客はさぞ人間側の叡智に喝采を送ったであろう。ここが前作との明らかな相違点にあげられる。

本編演出は小田基義が担った。彼は庶民的、小市民的映画に作家性が見出せる監督だった。本作でも海洋漁業パイロットの月岡と小林のやりとり、月岡と海洋漁業社長令嬢・山路秀美（若山セツ子）の恋愛感情、同僚の井上やす子（木匠マユリ）も含めた登場人物一同が見せる劇は、怪獣描写にどうしても視線が集中しがいがちな映画に大きなアクセント、一種の箸休め的効果を存分に生んでいる。

映画前半部に多く設置された小さなドラマ、ダンスホールにおける群衆劇、ゴジラ惨禍に遭った海洋漁業が北海道支社で業務を再開するくだりなど、小田は淡々としながらも堅実な語り口で映画を進める。力業で押し進めるタイプではない小田映画の特徴性が見出せる。こうした味わいが前作とは異なる風味を発揮し、本作独自のカラーを打ち立てた。これは小田の映画作家としての持ち味でもあった。要所を堅実にとらえる彼の演出が旨味を発揮した。東宝の撮影所システムに従い、プログラム・ピクチャーに手腕を発揮する小田の作家性が明確に伝わってくる。そうした小田の特徴もあってホームドラマ風志向は前作に増して強くなった。ときにゴジラ映画であることを忘れさせるような描写もある。こうした映画空間に円谷英二を長とする特殊技術スタッフが作るスペクタクル描写、ゴジラ、アンギラスの映像が入り込んでくる。日常に突然現れる非日常。これが映画の絶妙な調味料となった。

前作のゴジラは文明をもてあそぶ人類に警告を発する依り代、あるいは隠喩のような形で描かれた。本作のゴジラも大きな変質は認められない。だが、ここではより一種の擬人化と述べるべきか、ヒール、悪役の色合いが一段と強まった。憎々しげな表情、仕種が人類の水爆実験がよみがえらせた太古の巨獣というアイデンティティを薄くする。敵役のアンギラスも同様だ。映画に向かう者が思わず襟を正すような、これら怪獣が出現してきた背景にはさほど想いがおよばない作劇が採られる。むしろ、人々が地道に構築してきた都市がいとも簡単に壊されていく文明の脆弱さが前面に出た。さらには、現代で繰り広げられる前世紀の巨獣同士の闘いのスペクタクルが紙芝居風見せ場を作った。前作にはない娯楽性の横溢だった。

製作側のこうした狙いはまっとうだったと思える。半年前に出した『ゴジラ』と同じことはできない。なにゆえ『ゴジラ』は大衆に受け容れられたのか。今までの日本映画にはなかった大怪獣映画だったから。やはりここに行き着くのであろう。ならば、ゴジラの敵怪獣を出してさらなる特撮スペクタクルを観客に見せたい、観る者を驚かせたい、と製作者側が意図するのは自然である。これはまさに慧眼だった。前作の遺伝子は残しつつも、娯楽性を打ち出し、スペクタクルをふんだんに盛り込んだ本作がその後にもたらしたものは大きかった。のちの怪獣映画路線の方向性を早くもここで明示した。

佐藤勝が前作の伊福部昭に代わって音楽担当者に抜擢された。この時代、新人映画音楽作曲家だった彼は早坂文雄に師事していた。佐藤の起用は小田基義の意思による。小田の監督作『三太と千代の山』（一九五二／新理研プロダクション）で佐藤は師である早坂文雄との共作という形によって初めて映画音楽を手がけた、この仕事が大きな契機となり、同じく小田監督作『秘めたる母』（一九五三／新映プロダクション）『若夫婦は朝寝坊』（一九五四／池田プロダクション）などの音楽を任された。『ゴジラの逆襲』の音楽オファーはその流れによるものである。

佐藤が音楽を書いた小田映画はすべてが独立映画プロダクションの製作であり、新東宝の配給作品だった。しかし、『ゴジラの逆襲』は東宝が大々的に送り出す、正真正銘のメジャー作品だ。そのために佐藤は大いに燃えた。昂揚した。初の東宝作品であり、同郷の身で憧憬の目で追っていた伊福部昭が担当した映画の続篇でもある。勝てないまでも簡単に負けるわけにはいかない。これは自分にとっての映画音楽の入学試験だ、と奮い立った。

どのようなアプローチで向かっていくべきか。佐藤はこの仕事に入るにあたり、溝口健二監督作『楊貴妃』（一九五五／大映京都）の音楽を彼の協力のもとに書いている早坂に相談した。早坂は述べた。あの音楽は伊福部独特のものだから妙に意識しないほうがいい、伊福部の狙いとは変えるべきだ、と。観客がゴジラに親近感を抱くような音楽があってもいいんじゃないか、子供たちが喜ぶような音楽も必要じゃないか、ともいわれた。子供たちはこの映画を観に来る観客の中心層だ。師の意見をふまえつつ、佐藤はデッサン作りに励んだ。

佐藤は口頭で場面を説明しながら書き上がったデッサンをピアノで弾き、早坂の感想を求めた。佐藤は、ゴジラが向こうから迫ってくるんです、そうしたシーンです。早坂は、それをどんな具合にオーケストレーションするんだ。佐藤は、こんな感じでやりたいんです——。こうした問答を一曲ごとに師と繰り返し、作曲を進めていった。

佐藤の本作にかける想い、意気込みは開巻のメインタイトル、雲海を背景にしてスタッフ、キャストのクレジットが打たれていく箇所に流れる音楽の響きから存分にあふれてくる。豪快かつリズミカル、鑑賞者の情動をオープニングから駆り立てる主題曲が心地よく奏でられる。航空機で大空を駆ける爽快感、機を操るパイロットの勇姿をうたう意思が感じられ、大義的にとらえれば、これも人類の叡智につながる。伊福部の『ゴジラ』のメインタイトル曲設計と少なからず重なる。ここではゴジラを表現する思惑は見出せない。ゴジラ映画の音楽を書いているのだ、という佐藤の喜びが受け手に達してくるかのようだ。

佐藤は後日、ある人から、アメリカ映画の音楽みたいだ、マックス・スタイナーの音楽みたいだ、といわれたという。『キング・コング』『若草物語』（一九三三／ジョージ・キューカー監督）『風と共に去りぬ』（一九三九／ヴィクター・フレミング監督）『カサブランカ』（一九四二／マイケル・カーティス監督）『黄金』（一九四八／ジョン・ヒューストン監督）『キー・ラーゴ』（同）などの音楽担当で広く知られるマックス・スタイナーは佐藤にとって憧れの映画音楽作曲家だった。通常、芸術家や創作家は何々に似ていると称されるのを忌み嫌う。他人の真似、影響、オリジナリティーの欠如を指摘されているのと変わらないからだ。しかし、この場合はそうした感情はなかったであろう。うれしかったにちがいない。

そうした響きのなか、ゴジラとアンギラス（映画の流れからはわからないが、誰もが想像がつく）の咆哮音がとどろく。これも『ゴジラ』の音楽演出と重なり合う。怪獣映画がこれから始まるのだ、という観客の期待感を音楽からもあおっている。観る者の胸を躍動させるオープニングを佐藤の音楽が作っている。

ではあるのだが、劇中に敷かれた音楽にこうした指摘はあてはまらない。本作における佐藤音楽の何よりの特徴は、その意外なほどのアヴァンギャルドな風味であり、実験精神豊かな音楽空間である。正攻法であることもたしかなのだが、今までになかった形態の音楽を作ってみたい、何か新しいことをやってみたい、自分でしかできないことを試したい、己の個性を打ち出したい、といった新進映画音楽作曲家ならではのやる気を存分に感じさせる響きが満ちている。映画音楽の入学試験と自ら定義づけたことをうかがわせる作風が伝わってくる。

その一つが、磁気録音テープ（この当時から普及し始めた）の特性を研究したうえで、それを最大限に活用してサウンド作りを行った点である。録音テープの回転数を操作したり、銅鑼やシンバル、ハープなどの音を逆回転、あるいはスロー再生させて加工したり、など。普通の楽器では生み出せない、無機質的で耳になじみ込みにくいサウンドを作って意識的に導入した。白いタイル張りがほどこされたエコールームのなかでスピーカーから音を出してその反響音を録音したり、ピアノの下で音を鳴らしてその倍音を録ったりもした。これらはおよそ次のような箇所で効果を発揮している。

冒頭、岩戸島におけるゴジラと新怪獣（アンギラス）の闘い、ゴジラが大阪湾に侵入してくるくだり、ゴジラを湾外に誘導すべく防衛隊ジェット機部隊が照明弾をはるか彼方に投下する描写、ゴジラが上陸し、さらにはアンギラスまでもが姿を現してしまうシークエンス、暗闇に閉ざされた大阪市街で繰り広げられるゴジラとアンギラスの死闘……。

とりわけ真っ暗闇の大阪市街で展開する、脱走囚人たちと警官隊による活劇、ゴジラ上陸を阻止する目的で防衛隊機がゴジラを沖に誘導する過程、ゴジラとアンギラスの闘いを彩る各楽曲である。音源テープのミュージック・ナンバーには、例をいくつかあげれば、ＰＳ合成、ＰＳサイクル正回転、Ｍ２Ａ・２・58サイクル正回転、45・１・62サイクル正回転、Ｍ７、Ｍ２ＡＴ２・62サイクル正回転などと記されている。こうした表記からも実験性がうかがわれる。これらは、その映像効果もあいまって一種異様な空気をかもし出した。佐藤はこうした音楽表現を早坂文雄が溝口健二監督作『雨月物語』（一九五三／大映京都）で行った音楽手法から学び取ったという。

これらの手法に関し、佐藤はこう述べていた。技法としては稚拙だった、でも、当時としては精一杯のこと、凝ったことをやった、エコー一つ満足に作れない時代だった、と。新人だから何をやってもそうは批判されないだろうという想いも佐藤のなかにはあったようだ。こうした部分からも彼の本作にかける熱い想いが伝わってくる。それと同時に、伊福部昭の『ゴジラ』の対をなす、早坂音楽のカラーをたずさえた佐藤勝ゴジラ映画音楽というとらえ方もできる。

佐藤は『ゴジラの逆襲』の音楽を入学試験にのぞむような心構えで書いた。試写後、東宝社内ではこの映画の音楽が話題になった。佐藤は映画音楽の入学試験に見事に合格したのである。『ゴジラの逆襲』は佐藤にとって真の映画音楽デビュー作品となった。本作が映画音楽作曲家・佐藤勝の誕生を日本映画界に広く知らしめた。

キングコング対ゴジラ
モスラ対ゴジラ
三大怪獣 地球最大の決戦
怪獣大戦争

第二章 伊福部ゴジラ映画音楽の光彩

3　キングコング対ゴジラ［音楽：伊福部昭］

東宝 DVD 名作セレクション
TDV26144D

サウンドトラック CD
東芝 EMI「ゴジラ大全集」
TYCY-5347

東宝作品　カラー・東宝スコープ　九七分　一九六二（昭和三十七）年八月十一日公開（併映作品／杉江敏男監督作『私と私』）　観客動員／一一二〇万人

〈メイン・スタッフ〉

製作／田中友幸　監督／本多猪四郎　特技監督／円谷英二

脚本／関沢新一　本編撮影／小泉一　特技撮影／有川貞昌、富岡素敬　美術監督／北猛夫　美術／阿部輝明　録音／藤好昌生　照明／高島利雄

〈メイン・キャスト〉

高島忠夫（桜井修）、浜美枝（桜井ふみ子）、佐原健二（藤田一雄）、有島一郎（パシフィック製薬・多湖部長）、藤木悠（古江金三郎）、田崎潤（東部方面隊総監）、若林映子（たみ江）

アメリカの代表的モンスター、キング・コングにわが日本を代表する怪獣ゴジラをぶつけてみたい。両者を闘わせてみたい――。プロデューサー・田中友幸が長年抱き続けてきた夢、日米怪獣王

決定戦を実現させた「ゴジラ」シリーズ第三弾、東宝創立三十周年記念映画である。

本作がいかなる経緯で生まれてきたかに少しふれておく必要があろう。田中は以前から、アメリカ映画『キング・コング』（一九三三／メリアン・C・クーパー、アーネスト・B・シェードサック共同監督）で世界を驚愕させ、アメリカを象徴するモンスターの座に君臨するキング・コングに自分たちが考案したゴジラを挑戦させたいという想いを持っていた。東宝作品『ゴジラ』（一九五四／本多猪四郎監督）が海外でテリー・モース監督、レイモンド・バー主演による『怪獣王ゴジラ（GODZILLA King of The Monsters!）』（一九五六／エンバシー、東宝）に改編され、主にアメリカで予想以上の興行記録を打ち立てたことで自信を得た田中は、海外市場をも視野に据えたSF特撮怪獣映画を製作してきた。

そうした折の一九五〇年代終盤、アメリカの映画会社がキング・コングを復活させようと画策しているという情報が田中の耳に入ってきた。それを知った田中は、かねてから漠然と考えていた企画（ゴジラとキング・コングを闘わせる映画）を具体的に検討し始め、キング・コングのライセンスを所有しているRKO（Radio Keith Orpheum Entertainment）社にキング・コングの版権の期限付き譲渡を申し込んだ。交渉には二年もの歳月を費やしたが、やがては五年間のライセンス取得に成功した。

田中はゴジラとキング・コングを対決させる本企画（『キングコング対ゴジラ』）を東宝創立三十周年記念映画の一本として製作することにした。北極海の氷山からよみがえったゴジラ、南海の孤島・ファロ島で捕獲されたキングコング、両雄が日本を舞台にして世紀の一戦を交える。日米を代表する巨大怪獣同士の闘いに的を絞った脚本を関沢新一が書き上げた。彼の大きな作家性に指摘できる、人を食ったコメディ感覚が全編に注がれる脚本となった。映画は快調に進行する。

スポンサー番組の低視聴率とライバル会社であるセントラル製薬の追い上げに苦しむパシフィック製薬の宣伝部長・多湖（有島一郎）の指示を受けたＴＴＶテレビマン、桜井修（高島忠夫）と古江金三郎（藤木悠）は南海のソロモン諸島に位置する、〈巨大なる魔神〉が棲息すると伝えられるファロ島に向かう。〈巨大なる魔神〉をスクープし、視聴率アップのための宣伝材料に使おうと。ふたりはファロ島を探検する。その頃、北極海では温暖化の影響で氷が溶け出し、巨大な氷山からゴジラが復活した。某国軍事基地を蹂躙したゴジラは日本をめざすかのように南下を始めた。ファロ島の集落が大ダコに襲撃された。その騒ぎに〈巨大なる魔神〉キングコングが姿を現した。催眠作用の強い赤い汁をたらふく飲んで昏睡したキングコングを桜井たちは筏《いかだ》に運搬し、日本に向けて曳航する。パシフィック製薬の広告塔に用いるためだ。しかし、途中でキングコングは暴れ出し、大海に逃れた。そして松島湾からゴジラ、千葉東海岸からキングコングが日本に上陸した。両者は那須高原で相対する。キングコングとゴジラの世紀の対決。ところが、ゴジラの放射能熱線にたじろいだキングコングは退散してしまう。落胆する多湖たち。自衛隊はゴジラの首都侵入を阻止する作戦を実施する。百万ボルトの高圧線にゴジラは進行を止めた。一方、松戸に現れたキングコングは高圧線をいとも簡単に突破した。帯電体質に変異したのだ。後楽園地区を走る地下鉄の車輛から桜井の妹・ふみ子（浜美枝）をつかみあげたキングコングは国会議事堂に上った。麻酔弾で眠らされたキングコングから恋人の藤田一雄（佐原健二）がふみ子を救出した。キングコングはゴジラがいる富士山麓に連れていかれる。もう一度両雄を闘わせ、双方共倒れを狙うのだ――。

関沢が書き上げた脚本を当時、すでにＳＦ特撮怪獣映画を撮らせたらこの人の右に出る者なしとの評価を得ていた本多猪四郎が演出した。特技監督・円谷英二による怪獣対決シーン、怪獣に対抗する人間側の攻防描写、破壊スペクタクル映像、これらがゴジラ映画では初のシネマスコープ（東宝スコープ）の大画面でパノラマ感満載に展開し、映画館に詰めかけた老若男女を存分に楽しませた。本作は記録的大ヒット映画となり、以降の日本製怪獣映画、SF特撮映画の方向性を決定づけた。

東宝作品『ゴジラの逆襲』（一九五五／小田基義監督、円谷英二特技監督）から七年ぶりのゴジラ映画となった本作だが、第一作『ゴジラ』の世界観からは明らかに一線を画する映画となった。キングコングとゴジラが見せる怪獣王決定戦が何よりのセールスポイントになる。それならば、ゴジラとは何か、その存在意義とは、なにゆえこういう怪獣が世に現れてきたのか、等々の深刻なテーマにはここでは突き進まずに映画エンタテインメントをどこまでも追求していこうという製作側の方針、狙いが屈託なく現れた。

だから本作ではゴジラ映画の根幹を担う原水爆への危機感、科学文明への盲目的信頼感への危惧などの社会に提示するメッセージはほとんど達してこない。その一方で、今の世俗を皮肉り、斜めの視線で現代をとらえようとする作り手の目、姿勢はなかなか強烈なものがある。あからさまな儲け主義に走る日本社会、マスコミ、メディアをいいように操って巨万の富を得ようとする企業、高度成長時代を邁進する日本の時世へのシニカルな視線が本作の大きな隠し味となった。

この時代の東宝の特色にあげられるサラリーマン喜劇映画の芳香を濃厚に発するオープニングからリズムよく、コミカルな味を脂っこく、ねちっこく装飾しながら進んでいく。冒頭からそれまでのゴジラ映画とは異なる作品だと宣言する。ゴジラとキングコングの闘いも暗さはまったくない。

日米を背負った二大怪獣による祝祭のような明るさがある。従来の東宝SF特撮怪獣映画にはなかった、突き抜けた陽気さに満ちている。

円谷英二による特撮も見どころもあふれている。要所を円谷特撮が飾る。両怪獣の闘いばかりでなく、それぞれの猛威を見せつけるシークエンス、ゴジラでは某国軍事基地襲撃、特急「つがる」の悲劇、埋没作戦、百万ボルト作戦、キングコングではファロ島における大ダコとの闘い、松戸を襲撃して帯電体質となるくだり、後楽園襲撃から国会議事堂への流れ、コング輸送作戦など。本多のドラマ描写と融け合った特撮映像が見せ場を支えきる。これも諸人を楽しませようという作り手のサービス精神によるものである。

『ゴジラ』から八年が経過した。日本の復興、高度成長はここまで進んだ。だから本作もファミリー映画の性格を露わにした。その背景には、本作の前年（一九六一年）に送り出した東宝作品『モスラ』（本多猪四郎監督、円谷英二特技監督）の興行的大成功がある。特撮怪獣映画は娯楽映画の王道。エンタテインメント映画の真骨頂。こうした方針は本作によって確固たるものとなった。

伊福部昭にとって『キングコング対ゴジラ』が初の怪獣対決映画となった。そうしたこともあり、一九六〇年代以降の伊福部特撮怪獣映画音楽設計の大きな一つのフォーマットと称せられる要素が横溢した。伊福部は怪獣対決映画担当第一作の本作の時点においてその語法の多くを展開した。その中心に用いられたものが、もちろんゴジラとキングコングを奏でるテーマ曲類である。

ゴジラは『ゴジラ』で奏された主題が継承された。現代に突如姿を現したゴジラに対して人間側が覚える恐怖感、畏怖感、脅威などのメンタルなファクターからつむがれてきた楽案が本作ではさらにメロディラインを強調した響きに改められ、よりキャラクター性の強いテーマ音楽風の響きとなった。この映画のゴジラの性格づけ、個性のきわだちに応じたものである。ゴジラの登場場面をさらに劇的なものに、臨場感と緊迫感に満ちたものに仕立てる。まさに「ゴジラの恐怖」（「ゴジラの猛威」）にふさわしい鳴りを聴かせる。

本曲は十八世紀中頃まで勢力を保持していたという〈フリギア旋法〉を雛形に採って書かれたという。主に重低音金管楽器群によってうたわれる旋律がスローテンポで上昇していく。〈フリギア旋法〉が日本旋法に似ているので、と伊福部は述べている。伊福部は映画音楽でときにこの旋法を採用するが、ゴジラの主題曲はその典型的な例にあげられる。

効果がまず現れるのが、北極海で復活したゴジラが某国軍事基地を襲撃するシークエンスだ。ここはゴジラの破壊活動にゴジラの主題が密着し、短い場面ではあるが鮮烈な印象を与える。東北本線の特急「つがる」の乗客がゴジラの恐怖にさらされるシークエンスも同様だ。ここで鳴り響くゴジラのテーマ曲はゴジラのスペクタクル映像に正面から融合し、あまたの幼年齢者の脳裏に刻み込まれた。

キングコングに付された楽曲がゴジラの主題曲に対抗する。トロンボーンとエレクトーン、打楽器の粗暴な主張が何より受け手の耳を覆う。存在感に満ちた低音を表すトロンボーンのとどろき、無調音を主張する、不気味なムードをたたえるエレクトーンの音色が異次元空間をも引き連れてくる。人間型ともいえる巨大類人猿であるキングコングの曖昧模糊とした位置づけを音からもかもし出す。松戸に現れたキングコングが帯電体質と化すシークエンス、後楽園で暴れるキングコングが地下鉄丸ノ内線の車輌を鷲づかみにしてヒロインの浜美枝を掌中に収めて悦にひたり、国会議事堂方面に進撃するくだり。この二つの見せ場はキングコングの主題の聴かせどころとなった。

ゴジラとキングコング、二大怪獣のテーマ曲が本作の音楽構成の核をつとめる。ではあるが、それらと同等、ときにそれ以上に強烈に耳に流れ込んでくる楽曲がある。南海の孤島・ファロ島の島民が〈南海の魔神〉を鎮めるため、崇めるために唄い踊る祈禱歌である。メインタイトルでこの合唱曲が奏でられることに象徴されるが、ファロ島で現れる、歌と踊りが一体となった舞踊音楽が本作全体のイメージを作り上げる。土着色を濃厚に注ぐ、生命力にあふれる映画空間を立ち上げる。大地で大声を上げるかのごとき開放感をも生む。

異国情緒をたちどころに生じさせるこの祈禱歌は、男性二十人、女性二十六人を数えたという男女混声合唱で唄われた。メラネシアの南ソロモン諸島近辺で用いられるミクロネシア語、さらにポリネシア語、南方・南太平洋の種族が使う言語を基にし、それらの言語に詳しい人物の協力を得ながら伊福部が詞を考案した。その歌詞を掲げる。

A Si anaroi Aseke Samoai A Si anaroi Aseke samoai Ke Keletena Ke Keletena Ina mang fanadoro Sagutia Ina mang fanadoro Sagutia Ke Keletena Ke Keletena Sikuna fanadoro onasau nunafa Sikuna fanadoro onasau nunafa A Si anaroi Aseke Samoai A Si anaroi onasau nunafa Magunu Nitu Magunu Nitu Sikuna Marikan Sikuna Marikan Magunu Nitu Magunu Nitu Rau Rau Rauu u

伊福部民族音楽が高鳴る。島民の歌舞と伊福部の舞曲が渾然と融け合う。これも伊福部音楽の大きな特徴である。少数民族に取材した伊福部の声楽曲、今でも少なからずの作品が確認できない状況のままである一九四〇、五〇年代の伊福部舞踊《バレエ》音楽に必然的に想いが向く。映画音楽、舞踊音楽、声楽曲、これらは同じ人間の胎内から生まれてきたものだ。共通項が探し出せて当然であろう。

色彩感を打ち出す楽曲はほかにもある。五拍子の躍動感を刻みつける楽案を基にしてゴジラとキングコングの対決描写を盛り立てる楽曲、再びキングコングをゴジラにぶつけるために自衛隊がキングコングをゴジラの近くに運搬する作戦準備に添っていくマーチ、タコのために音楽を書くのか、と伊福部を絶句させたという大ダコの主題曲、南方の秘境ムードを引き出す響き、細かな情景音楽、状況音楽――。実にバラエティに富んでいる。いずれも本作がたたえる〈巨大な風景画〉のイメージを駆り立てる、雄大感に満ちた楽曲である。

そうした音楽世界のなかをゴジラとキングコングのテーマ曲がライト・モチーフ演出の奥義を示しながら存在感を放ってくる。一九六〇年代の東宝ＳＦ特撮怪獣映画を支える伊福部映画音楽采配が本作には充満している。怪獣のライト・モチーフを多用し、それを臨機応変に駆使する手法。これは以降の伊福部怪獣映画音楽の根幹を築いた。

映画は誰もが予想したように、当たり前のように、結局は引き分け、痛み分けの形で終結する。ゴジラとキングコング、どちらにも花を持たせた。音楽もである。どちらが勝とうとさしたる問題ではなかった。映画はおもしろければよい。楽しければよい。興行だから集客、収入面が重視されるのは当然だが、それでも映画人の飽くなき気概と探究心が思いきりほとばしり出た作品だった。

4　モスラ対ゴジラ［音楽：伊福部昭］

東宝DVD名作セレクション
TDV26145D

サウンドトラックCD
東芝EMI「ゴジラ大全集」
TYCY-5348

東宝作品　カラー・東宝スコープ　八九分　一九六四（昭和三十九）年四月二十九日公開（併映作品／坪島孝監督作『蟻地獄作戦』）観客動員／三五一万人

〈メイン・スタッフ〉
製作／田中友幸　監督／本多猪四郎　特技監督／円谷英二
脚本／関沢新一　本編撮影／小泉一　特技撮影／有川貞昌、富岡素敬　美術監督／北猛夫　録音／矢野口文雄　照明／小島正七

〈メイン・キャスト〉
宝田明（酒井市郎）、星由里子（中西純子）、小泉博（三浦博士）、佐原健二（虎畑次郎）、ザ・ピーナッツ［伊藤エミ&伊藤ユミ］（小美人）、田島義文（ハッピー興行社・熊山）、藤木悠（中村二郎）

東宝の「ゴジラ」シリーズ第四弾であり、『キングコング対ゴジラ』の大ヒットの大きな要因となった巨大怪獣同士の闘い、ゴジラ対怪獣の構図を前面に打ち出した娯楽映画である。東宝SF特

撮怪獣映画の代表作の一つである『モスラ』で一躍人気怪獣となったモスラがゴジラの相手役をつとめる。

モスラを善のシンボルとしてとらえ、恐怖の象徴物と設定されたゴジラとの〈善対悪〉の闘いを見せる。前作『キングコング対ゴジラ』と同じく、エンタテインメント色を濃くたたえた造りで進めていく。ただし、コメディ色はさほど採り入れられていない。逆に、シリアスで真面目なテーマを訴えかけてくる。

〈善対悪〉の構図は映画全体を貫く。モスラとゴジラの次元にとどまらず、人間同士の信頼という大命題が物語の核をなし、人間不信の風潮がはびこっていた現代社会への警鐘が映画をよりリアルなものとする。前作と比べ、本作のメッセージ色はかなり濃い。単なるエンタテインメント怪獣映画には終始しない。製作側の想いの丈が受け手に伝わってくる。脚本は関沢新一による。彼の熟達した腕が本作を大人が観ても、子供が観ても何か深いものに考えをおよばせていく作品に仕立て上げた。関沢は映画をこう進めていく。

虹模様の巨大な卵が台風一過の静之浦・西浜の沖合に流れ着いた。漁民たちはそれを悪徳業者の熊山（田島義文）に売った。熊山と組んだ黒幕の虎畑次郎（佐原健二）は、その卵から出てくる〈何か〉を見せ物とする娯楽施設を建てて、と大儲けを企む。新聞記者の酒井市郎（宝田明）、カメラマンの中西純子（星由里子）、三浦博士（小泉博）の前にインファント島の小美人（ザ・ピーナッツ）とモスラが現れた。それはモスラの卵で、超巨大台風のためにインファント島から静之浦まで流されてしまったのだ。小美人は卵の返還を訴える。三人は小美人を連れて熊山たちに掛け合う。だが、彼らは聞く耳など持たない。逆に、卵と一緒に見世物にするから小美人を売ってくれ、といい出す。絶望した小美人はモスラと島に帰っていった。そうした折り、倉田浜干拓地からゴジラが出現し、名古屋市を蹂躪した。モスラの力を借りたら、という案が出る。彼女たちの懇願は断っておきながら。といって、ゴジラの脅威から逃れる手立てはほかにない。三人は意を決し、インファント島におもむく。島民たちは三人の申し出を拒絶した。小美人の唄声が聞こえてくる。彼女たちは緑の泉でたたずんでいた。三人は再度願い出る。小美人は受諾しない。だが、彼らは真摯に訴えた。聖なる岩でモスラは死期を待っていた。三人の想いがモスラを動かした。モスラは最後の力を貸すという。一方、ゴジラは静之浦に近づいていた。仲間割れをした虎畑と熊山はゴジラが破壊したホテルの瓦礫の下に消えた。ゴジラはドーム型の孵化機を壊し、巨卵に手をかけようとする。そのとき、モスラがやってきた。激闘を展開する二大怪獣。闘いののち、卵を羽の下に収めるとモスラは絶命した。小美人は卵の前で歌を唄い始める。卵が鳴動し始めた。やがて双子のモスラ幼虫が生まれた。さっそく二匹はゴジラに立ち向かっていく――。

これほど人間社会の膿がにじみ出るゴジラ映画も珍しい。モスラが棲息する南海の孤島・インファント島が描かれるシークエンスでは原水爆への作り手のメッセージがほとばしる。同島におもむいた主人公たちと島民、小美人が交わす会話に作品テーマが凝縮される。観客に訴えたい要素を一つのシークエンスにとことん注ぎ込む関沢の構成、本多の演出が滋味を発揮する。しかし、それはあくまで調味料の一つという理解も可能であり、映画全体が発してくる主題は人間社会により密着した〈人と人の信頼〉である。

この時世、人間同士のきずなや心のふれあい、信頼関係といったものが希薄になり、それを憂える声が出ていた。劇中、そうした台詞がいくつも出てくる。その意味では小市民映画的、大仰にいえば社会派映画の色合いもどことなく漂っている。怪獣映画を通して主な観客層となる子供たちにもそうしたことを、漠然としたものでもよいから感じ取ってほしい、という作者側の想いが手に取れる。幼年齢者層を連れてくる大人の世代にも、日常生活の積み重ねのなかでつい忘れがちなそれらのことにもう一度想いを向けてほしい、との狙いも受け取れる。そのような意味で、共感を得られやすいゴジラ映画となった。『キングコング対ゴジラ』とはこの点で方向性が明らかにちがう。

一方、テーマ、主張に気を取られすぎると映画本来の魅力を見逃す。どこまでも要素、映画の根幹に流れる成分と理解したほうがよい。娯楽怪獣映画のおもしろさ、楽しさに意識を集中させるべきであり、何よりテーマ至上主義はこうした種の映画にはそぐわない。とらえ方によっては矮小にも映るメッセージ性を引き連れながら、映画はモスラ成虫とゴジラ、モスラ幼虫とゴジラの激闘をヤマ場に設置し、ゴジラによる破壊活動、ゴジラ対自衛隊の攻防を丹念に描いていく。スペクタクル感に富んだパノラミックな円谷特撮映像を見せつける。本編と特撮が同次元で融合する。ミクロとマクロの混合という観念を呼んでくる。

本多と円谷の力量は本作でも満ちあふれる。脚本の関沢新一の力もいうまでもない。ドラマは人間側の事件を進め、特撮は怪獣描写を大上段の構えで見せていく。モスラとゴジラの闘いを中心とした円谷特撮も円熟の域に達している。中盤のゴジラ対モスラ成虫、最終盤のゴジラ対モスラ幼虫は、本多の本編演出、伊福部昭の音楽効果もあり、ゴジラ映画史としてはもちろん、東宝ＳＦ特撮怪獣映画史の上でも屈指の名シークエンスとなった。

また、自衛隊とゴジラの攻防はその構図、カラー設計、キャメラワーク、音楽効果などがあいまって屈指のスペクタクル・シークエンスとなった。中盤以降から本多のドラマパートと円谷の特撮パートが濃密にからまり始め、終盤ではそれが一大クライマックスを形成する。怪獣対決映画構成術の完成形の一例を差し出した。こういった面からも、本作が東宝特撮怪獣映画の頂点を築いたと解釈しても許されよう。


『キングコング対ゴジラ』に引き続き、伊福部昭が音楽を担当した。伊福部は前作にほどこした音楽演出のスタイルと同じく、ゴジラとモスラの動機、ライト・モチーフを前面に設置した音楽采配を採った。

銅鑼とピアノの内部奏法による衝撃音から曲が始まり（東宝スコープ・マーク）、ゴジラの主題の高らかなとどろきと同時にメインタイトルが映し出され、同テーマの進行とともにメイン・スタッフ、キャストのクレジットが現れては消え、モスラの主題に至ってタイトル・シークエンスが終わる。このゴジラとモスラのモチーフがメドレー形式で奏されるメインタイトル曲が何よりもそれを象徴している。

両怪獣の決闘シークエンスもまた、各テーマ曲が交互に現れ、延々と奏でられる。怪獣のライト・モチーフを交錯させ、合成し、大曲をなす。伊福部怪獣映画音楽の特徴的語法の一つである。その完成形がここにある。『ゴジラ』で原型が提示され、『キングコング対ゴジラ』で明確な主張性を発揮したゴジラのテーマ曲のきわだちもまた、伊福部ゴジラ作品中、トップクラスといえる。

しかし、それだけでは一本調子となる。インファント島の小美人が唄う二種の歌曲、その旋律と響きが本作の音楽世界を極上なものに仕立てた。『キングコング対ゴジラ』でのファロ島の祈禱歌、舞曲と同じく、メラネシア、ミクロネシア、ポリネシアの民族音楽の旋法を視野に入れた、伊福部以外の何ものでもないと誰をもうならせるメロディを周到に配置した。歌詞もマレー＝ポリネシア言語に属する言葉で自作した。伊福部の作家性、信念を浮き彫りにする。

劇中で小美人を演じるザ・ピーナッツ（伊藤エミ＆伊藤ユミ）が歌唱する、端麗で優美な調べが耳に滲み入る賛美歌「聖なる泉」、バーバリックで土着色を濃厚に発してくる「マハラ・モスラ」が映画全体に豊潤な色艶を与えた。民族色にあふれる「マハラ・モスラ」のメインフレーズは、モスラのテーマ曲を兼ねる。この二つの歌曲の歌詞は次の通り。

「聖なる泉」

Na intindihan mo ba Na intindihan mo bam mairoun doan maganda baron Punta ka lang dito Ka lang dito Harika,at marupo Harika,at marupo rururururu rururururu

作詞をした伊福部による意。「乃れ知るや　ここに美わしき泉あるを　暫しここに来たり　暫しここに憩え」

「マハラ・モスラ」

Mahal Mahal Mothra〔Mahal Mahal Mothra〕Tama Tama Mothra〔Tama Tama Mothra〕Laban Guerra Laban（Laban Laban Guerra Laban Laban Guerra Laban）（Magutan gol Magutan gol Magutan gol Magutan gol）Laban Guerra Laban（Laban Laban Guerra Laban Laban Laban Guerra Laban）Mahal Mah al Mothra〔Mahal Mahal Mothra〕（Magutan gol Magutan gol Magutan gol Magutan gol）Tama Tama Mothra〔Tama Tama Mothra〕（Laban Laban Guerra Labanan Laban Laban Guerra Labanan）（以下略）

〔〕は女声合唱、（）は男声合唱で唄われる。伊福部による訳詞の大意は、「尊きモスラ　正義のモスラ　戦え　この大いなる戦を　護りたまえ　生まれ来る子等を　願わくば」といったもの。

このような歌詞が唄われる、民族色濃厚な伊福部の歌曲が豊満なる音楽世界をいざなう。前者の「聖なる泉」の歌詞に関しては箏奏者の佐藤康子が、この詩の基となった〈原詩〉はタガログ語で書かれた蓋然性が強い、という注目すべき研究を発表している（CD『伊福部昭　二十五絃箏曲集（伊福部昭十年祭のための）』／二〇一六）。

本作ではマーチは流れないが、その完成度、どこを切っても伊福部ゴジラ映画音楽の因子がこぼれてくるかのごときイメージ、南方の風土・空気感を立ち込めさせる歌曲類、ゴジラとモスラ、加えてモスラの巨卵のライト・モチーフの主張、これらも含め、充実度は『キングコング対ゴジラ』と双璧と思わせる。

ゴジラの主題とモスラの主題。伊福部はこの二種の音楽柱を立てて映画を音楽から演出した。モスラやインファント島の小美人が主導を握る映画展開に応じ、小美人が唄う歌も二曲用意した。その一つ、「聖なる泉」は伊福部映画音楽歌曲中、最も知られるものとなった。『キングコング対ゴジラ』で打ち立てられた伊福部の怪獣対決映画における音楽スタイルは本作でもって明確に定まったとみてよい。

5　三大怪獣　地球最大の決戦［音楽：伊福部昭］

サウンドトラック CD
東芝 EMI「ゴジラ大全集」
TYCY-5349

東宝 DVD 名作セレクション
TDV26146D

東宝作品　カラー・東宝スコープ　九三分　一九六四年十二月二十日公開（併映作品／山本嘉次郎監督作『花のお江戸の無責任』）観客動員／四三二万人

〈メイン・スタッフ〉

製作／田中友幸　監督／本多猪四郎　特技監督／円谷英二　脚本／関沢新一　本編撮影／小泉一　特技撮影／有川貞昌、富岡素敬　美術監督／北猛夫　録音／矢野口文雄　照明／小島正七

〈メイン・キャスト〉

夏木陽介（警視庁・進藤刑事）、星由里子（東洋放送・進藤直子）、小泉博（帝都工大・村井助教授）、若林映子（サルノ王女&金星人）、ザ・ピーナッツ［伊藤エミ&伊藤ユミ］（小美人）、伊藤久哉（暗殺団黒眼鏡）、志村喬（塚本博士）

ゴジラ映画第五弾は、ゴジラ、キングギドラ、ラドン、モスラ、四怪獣による闘いをたっぷりと見せる。中近東・セルジナ公国のサルノ王女の暗殺計画をめぐるドラマに軸を合わせつつも、復活

したゴジラとラドンの猛威、人間側の対応を堅実に描いていく。さらに、かつて金星を滅亡に追い込んだ宇宙超怪獣キングギドラが日本を襲撃する。モスラ（幼虫）が加わった地球三大怪獣がいかにキングギドラを撃退するかを娯楽色豊かに見せる。相当に盛りだくさんな内容だが、映画世界が破綻することはない。

モスラ幼虫も含めた四大怪獣が富士山麓に集結し、大激突するクライマックス・シークエンスへのなだれ込みが心地よい。それと進行を合わせてサルノ王女と暗殺団、サルノ王女と進藤兄妹のエピソードも波瀾の展開を見せながら落着を迎える。演出の本多猪四郎、脚本の関沢新一、特撮の円谷英二、チームワークのよさが達してくる。東宝怪獣のなかでも屈指の人気を誇るキングギドラは本作でデビューを飾った。キングギドラを華々しくスクリーンに登場させるために作られた映画でもあった。以後、キングギドラはゴジラの永遠のライバルとして、平成の時代まで連綿と闘いを繰り広げていく。映画の構成は以下の通りである。

黒部峡谷の霞沢に巨大隕石が落下した。帝都工大の村井助教授（小泉博）たち調査隊が現地に入った。ラジオ局の放送記者・進藤直子（星由里子）は、金星人と名乗って街頭で地球滅亡の危機を訴える労務者風の若い女（若林映子）を追う。直子の兄で警視庁警備課の刑事、進藤（夏木陽介）は新聞に掲載された女の写真を見て驚く。彼は来日するセルジナ公国のサルノ王女の護衛に就く予定だったが、王女が乗る特別機は反王室側の一味によって爆破された。サルノ王女とその女が瓜二つなのだ。女は九州・阿蘇に現れ、ラドンの復活を予言した。それは的中した。女は次に横浜港に現れ、日本を訪れていたインファント島の小美人（ザ・ピーナッツ）が乗る予定の「寿山号」の出航を警告する。同船は太平洋上でゴジラに襲撃された。女はサルノ王女だった。暗殺団が彼女の命を狙い始める。ゴジラは横浜港に上陸した。上空にラドンも現れた。サルノは次に、金星の文明を破壊し尽くした宇宙超怪獣キングギドラの地球襲撃を予言する。すると霞沢の巨大隕石からキングギドラが誕生した。進藤と直子はサルノを富士山麓の塚本研究所に連れていく。暗殺団も研究所に向かう。サルノの予言を気に留めて客船に乗らず、直子に同行していた小美人はモスラ幼虫を呼ぶ。キングギドラを倒すためには地球の三大怪獣が力を合わせるしかない。モスラがその説得にあたるのだ。ゴジラとラドンが闘う富士山麓にキングギドラが近づく。モスラもその場に来た。だが、二怪獣はモスラの呼びかけに応じない。モスラは単身キングギドラに挑む。モスラはまたたく間に窮地におちいる。戦況を眺めていたゴジラとラドンはモスラのピンチについに立ち上がる——。

映画としてのおもしろさという点では、自ら金星人と名乗る謎の美女、その正体、興趣に富んだ警告内容、予言が次々と的中する過程、ミステリー映画風展開に探し出せよう。エンディングではサルノ王女、彼女を命がけで護った進藤の別れの情景が観る者の胸ににじみ込む余韻を生み出す。空港内ロビーでの、金星を死の星としたキングギドラの襲撃を地球人に報せ、警戒をうながす意志による金星人の霊魂憑依から解放されたサルノ王女の帰国セレモニーでふたりは再会する。サルノは公国の王位継承者。進藤は一介の日本人市民。複雑に込み上げる感情を押し殺しながら両者は見つめ合う。

男女の感情を通わせたふたりの別離の場が公の会見場……。オードリー・ヘプバーンとグレゴリー・ペックが共演したアメリカ映画『ローマの休日』（一九五四／ウィリアム・ワイラー監督）の終幕を誰もが想起する。若林映子もオードリーが扮したアン王女を意識しながら演じたという。彼女がその前に出演した、東宝ＳＦ特撮怪獣映画『宇宙大怪獣 ドゴラ』（一九六四／本多猪四郎監督、円谷英二特技監督）での濃厚なフェロモンを振り撒くセクシー悪女とは打って変わった、凛とした美しさもそうしたムードを高める。ゴジラ映画、怪獣映画らしからぬ味わいに包まれて映画は完結する。

こうした人間ドラマ側に位置する劇要素は、怪獣に主に焦点が合わされる中盤以降は当然のごとく影を薄くしていき、点描風となる。これは小さくないウィークポイントとなった。ではあるが、これらはやはり物語の幅を拡げる成分であり、映画の主軸は怪獣たちがつとめる。

宇宙超怪獣キングギドラは本作で圧倒的な存在感を放ち、東宝怪獣中屈指の人気を得た。製作が遅延した黒澤明監督作『赤ひげ』（一九六五／黒澤プロダクション、東宝）の代替え作ではあっても、あわただしいスケジュールのなか、ゴジラの好敵手に相応する、この時代では究極的と称してもよいまがまがしさを持った大怪獣を作り上げた。美術監督の渡辺明の手によるデザインはやはり秀逸の一語に尽きる。キングギドラに鮮烈なデビューを飾らせるための企画立てだった背景もあってか、ゴジラもラドンもモスラも、この宇宙超怪獣の引き立て役の感が強かった。

一方、富士山麓におけるゴジラ、ラドン、モスラとの決戦シークエンスではほかの怪獣と入り乱れる格闘描写になる。そのためにキングギドラの超怪獣たる迫力と威容は格段に薄くなる。地球三大怪獣との格闘場面ではこの怪獣のすさまじさはさして迫ってこなかった。つまりは、キングギドラ個性があふれ出たのは、誕生描写から松本城の瓦を吹き飛ばし、三つの口から黄色い引力光線を吐き散らして横浜や都心を破壊するシークエンスのみだったともいえる。

しかし、壮大なプロットを的確に、巧妙にまとめ上げた関沢新一の脚本は賞賛に値する。四大怪獣を登場させる映画のなかに大人の鑑賞に耐えうるドラマを挿み込み、西部劇映画や時代劇映画の伝統的な作風である〈グッド・バッド・マン〉もののカタルシスも盛り込んだ。怪獣同士を闘わせる怪獣映画のなかにもう一本の映画が作り出せるほどの材料を詰め込んだ。『宇宙大怪獣ドゴラ』における作劇術を雛形に据えた趣《おもむき》もあり、活劇色の濃い娯楽映画を得意としていた関沢の個性に満ちている。

伊福部昭の三作連続登板となった。本多猪四郎による東宝SF特撮怪獣映画の音楽は伊福部昭。こうした図式が完全にできていた（「変身人間」シリーズにはあてはまらない）。彼の音楽采配の核に置かれるのがライト・モチーフ演出である。音楽上の示導動機によって特定の対象はもちろん、場面、想念、情緒などを音楽から表現する手法で、伊福部怪獣映画音楽語法では要《かなめ》のポジションに据えられる。

この音楽形式は『ゴジラ』の時点ですでに導入されていた。伊福部にとって初めての怪獣対決映画となった『キングコング対ゴジラ』では前面で機能し、次の『モスラ対ゴジラ』でもその手法を押した。ライト・モチーフ術、怪獣のテーマ曲の躍動と交錯が本作の音楽世界を構築する。東宝マーク、メインタイトル、主なスタッフとキャストのクレジットが各怪獣のストップ・モーション映像に乗る流れにかぶさるタイトル音楽で早くも本作における音楽スタイルは提示される。

劇中、ゴジラ、ラドン、モスラ（『モスラ対ゴジラ』の巨卵の主題が用いられた）のテーマ曲が繰り返し奏でられる。ラドンは東宝作品『空の大怪獣 ラドン』（一九五六／本多猪四郎監督、円谷英二特技監督）

での主題ではなく、同じく東宝作品『大怪獣バラン』（一九五八／同）におけるバランのテーマ曲を一つの原曲に採った楽想となった。音楽の鳴り、響きで怪獣意匠、怪獣造形を表現する伊福部の確固たる個性と美学が音楽構成の中心軸を貫く。

そうしたなか、新怪獣キングギドラのテーマ音楽のとどろきはやはり圧倒的だ。トロンボーン、ホルンを主体とする重低音金管楽器群のグリッサンド、ティンパニなど打楽器群の打ち込み音が一大音群を作り上げ、オーケストラ一体となって粗暴なサウンドを画面に注ぎ込む。伊福部怪獣主題音楽は数多く存在するが、その激烈さはトップクラスといってよい。

円谷映像としては今一つだったのでは、と伊福部が回顧したキングギドラの誕生シーンの音楽采配、響きも圧巻だった。キングギドラの衝撃波で松本城の屋根瓦が吹き飛ぶくだり、首都圏に飛来したキングギドラが引力光線で横浜マリンタワー、東京タワー、ビル街を破壊していくシークエンスを飾った楽曲は、キングギドラの猛威を最大級に引き立てる。伊福部の音楽がキングギドラの暴君ぶりをよりグレードアップさせた。

この映画は怪獣が四種も出る。各怪獣の主題曲を奏でるだけで音楽世界は覆われてしまう。この種の映画の宿命でもあろう。ところが伊福部は、異国情緒を引き出すサルノ王女などセルジナ公国側の楽曲、大隕石調査隊が黒部ダムに到着するくだりを装飾する山岳音楽、通称「黒部谷のテーマ」を筆頭に細かな楽曲配置で映画空間に拡がりと奥行きを与えている。そうした音楽空間のなか、伊福部は惜しげもなく怪獣の主題を押していく。『モスラ対ゴジラ』の音楽構成を正面から引き継いでいる。ただ、対象となるキャラクターが四種であるがゆえに、各主題のモチーフ、フレーズをより旋律的に、機能的に使い込む。それぞれの響きで各怪獣の個性をうたう。この手法は以降の伊福部怪獣映画音楽の基本型となった。

本作でも小美人役のザ・ピーナッツは歌曲を披露する。といっても、『モスラ』『モスラ対ゴジラ』で唄われた民族色の濃いものではなく、純然たる歌謡曲「幸せを呼ぼう」だった。劇中、当時人気絶頂だった青空千夜・一夜が司会する公開テレビ番組「あの方はどうしているのでしょう？」に招かれた小美人がステージ上で、そしてキングギドラを倒すためにモスラをゴジラとラドンの交渉役に送るためにインファント島からモスラを呼ぶ場面、この二箇所である。ザ・ピーナッツのヒットナンバーを手がけてきた岩谷時子が作詞を、宮川泰が作曲を担当した。伊福部は何一つかかわっていない。歌詞を掲げる。

「幸せを呼びに行こう　なつかしい島へ　はるかな　あのお空と　とけあう　海で　幸せよ
なぜ泣くの　ほゝえみを　忘れずに　幸せを　呼ぼう／幸せを呼びにゆこう　なつかしい島へ
はるかな　あのお空と　とけあう　海で　幸せよ　なぜなやむ　そよ風と　くもにのる　幸せ
を　呼ぼう」

旋律・音色・詩、いずれもモスラ、インファント島に直接的に結びつく要素はない。演じるザ・ピーナッツのスター性にすがった演出だった。これも時代を感じさせた。観客の多数はザ・ピーナッツの歌を違和感なく受け取り、娯楽映画の味わいにひたったであろう。劇音楽を担当する伊福部の意志はここには入り込めなかった。ゴジラ映画の位置づけ、娯楽怪獣映画が落ち着く先、それがこの箇所にどことなく象徴されていた。

6　怪獣大戦争［音楽：伊福部昭］

東宝作品　カラー・東宝スコープ　九四分　一九六五（昭和四十）年十二月十九日公開（併映作品／岩内克己監督作『エレキの若大将』）観客動員／三七八万人

〈メイン・スタッフ〉

製作／田中友幸　監督／本多猪四郎　特技監督／円谷英二

脚本／関沢新一　本編撮影／小泉一　特技撮影／有川貞昌、富岡素敬　美術／北猛夫　録音／小沼渡　照明／小島正七

〈メイン・キャスト〉

宝田明（富士一夫）、ニック・アダムス（グレン）、水野久美（波川女史）、久保明（鳥居哲男）、沢井桂子（富士ハルノ）、土屋嘉男（X星人統制官）、田崎潤（桜井博士）

東宝 DVD 名作セレクション
TDV26147D

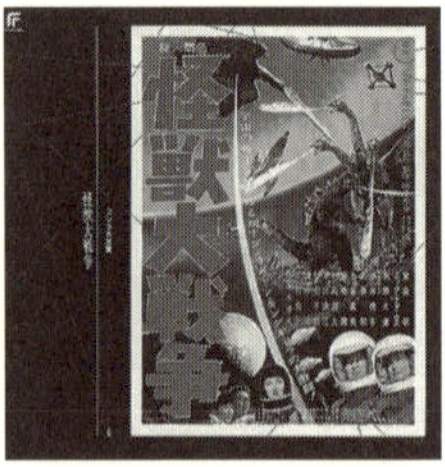

サウンドトラック CD
東芝 EMI「ゴジラ大全集」
TYCY-5350

前作『三大怪獣　地球最大の決戦』で圧倒的といってよい存在感を示した宇宙超怪獣キングギドラが再びゴジラ、ラドンとぶつかり合う。東宝特撮映画の独壇場である怪獣映画とSF地球侵略映

画『地球防衛軍』（一九五七／本多猪四郎監督、円谷英二特技監督）『宇宙大戦争』（一九五九／同）の成分が正面から融合した。

本作では〈怪獣を操って地球征服を企む異星人対人類〉〈宇宙人の手先となった怪獣対地球怪獣〉という、以降のゴジラ映画の一つの大きな特色となる物語世界が初めて用いられた。映画は娯楽性に富む。関沢新一による脚本、本多猪四郎によるドラマは洒脱な雰囲気を引き出し、ユーモア色も端々に盛り込まれる。東宝活劇コメディ映画の色づけも隠し味として効いている。そうしたなか、円谷英二が率いる特撮が表現する宇宙描写、怪獣シーンが見どころを作る。映画は地球征服を企むX星人対地球人の攻防を丹念に描きつつ、大怪獣スペクタクルのクライマックスに移行する。物語も『地球防衛軍』『宇宙大戦争』の次元に近い。

地球連合宇宙局の富士一夫（宝田明）とグレン（ニック・アダムス）は、P－1号で木星の裏側で発見されたX星探検に向かった。X星に降り立ったふたりは、キングギドラの猛威のために地上に定住できないというX星人に遭遇する。キングギドラを撃退したいのでゴジラとラドンを貸してほしい。X星人統制官（土屋嘉男）は富士とグレンに願い出た。見返りは癌特効薬のデータだという。その頃、富士の妹・ハルノ（沢井桂子）の恋人で発明家の鳥居哲男（久保明）は、耳障りな大音響を鳴らす女性用護身器を開発し、製品化を検討するという世界教育社の波川女史（水野久美）と面談していた。彼女はグレンと恋仲の関係だ。X星人はすでに地球に潜入していた。X星人は円盤から光線を放って明神湖の湖底からゴジラ、鷲ヶ沢の断崖からラドンを引き揚げ、富士、グレン、桜井博士（田崎潤）を連れてX星に帰還した。X星でゴジラとラドンはキングギドラを退散させた。三人は二怪獣をX星に残して癌の特効薬データとともに地球に戻る。しかし、それには統制官による宣戦布告が吹き込まれていた。キングギドラははじめから彼らの支配下にあり、ゴジラ、ラドンも操って地球を攻撃するという。グレンは、波川がX星人で世界教育社が彼らの地球侵略工作の拠点だと知る。グレンに計算外の愛情を抱いた波川は抹殺された。彼女は死の直前、X星人はある特殊な音を耳にすると苦悶して動けなくなる、とグレンに教えた。彼らが鳥居の発明をつぶそうとした理由が読めた。富士たちはこの音を大音量で流し、同時に怪獣を操る磁力線を遮断して三怪獣をX星人から切り離す作戦を立てる。X星人は予告よりも早く怪獣による攻撃を始めた。富士、グレンらは作戦を開始する。攻防の末、X星人は全滅した。コントロールから解放された三大怪獣、ゴジラ、ラドンとキングギドラの激闘が展開する——。

勧善懲悪SF地球侵略映画の作劇にのっとった物語が正攻法に進行する。そこに東宝が誇る人気怪獣ゴジラ、ラドン、キングギドラによる大怪獣映画が正面から加わる。だが一方で、怪獣が戦争兵器、戦闘のための小道具に甘んじてしまった感触が強くなった。娯楽性は申し分ない。当時としては東宝SF特撮怪獣映画の頂点を示した。

それはたしかなのだが、本作の真の魅力は、X星統制官や世界教育社社長（田武謙三）を司令塔とするX星人が進める地球侵略計画であり、富士、グレン、鳥居、桜井らがいかに対抗していくかにある。そのため、三大怪獣がX星人のコントロールで操作される兵器という性格がより表に出てしまった。ゴジラ映画だからゴジラを中央に押し出そうという姿勢はさほど見出せない。その点ではやや物足りなさを覚えさせる。

当時の、ゴジラ映画にまとわりつく世間の風潮、空気感が映画を包み込む。この時代、巷《ちまた》には怪獣映画ブームが湧き起こっていた。怪獣たちが幼年齢者層のアイドルと化しつつあった。製作側もそれは十分に把握していた。だから子供たちに喜んでもらうための趣向を凝らした。その一例が怪獣の擬人化であり、愛嬌を感じさせる仕種の採り込みである。

本作のゴジラは〈シェー〉をする。赤塚不二夫のギャグ漫画『おそ松くん』（「少年サンデー」連載）が一世を風靡している最中であり、おそ松くんたち六つ子、チビ太、イヤミなどのキャラクターにも人気が集まっていた。イヤミが得意とするポーズ〈シェー〉は、子供たちのあいだで大流行していた。それをゴジラがやってみせた。この時代におけるゴジラ映画、ゴジラの立ち位置をここまで端的に切り取った例もそうそうあがらないであろう。ゴジラが、ゴジラ映画が誕生しておよそ十年。こうした時代相に覆われていた。

ではあるが、これらの風潮は今に始まったことではない。『キングコング対ゴジラ』ですでにそうした傾向は表に出ていた。『ゴジラ』当初の真摯なテーマ性、メッセージ色、ポリシーはどうした、という声も一部からは聞こえてきたという。しかし、映画は時代性に準ずる。何より娯楽を追い求めた映画であることに変わりはないが、観客対象がより幼年齢層に近づいた。これはある意味、決定打だった。それを理解しなければならない。

『キングコング対ゴジラ』から『怪獣大戦争』に至る本多猪四郎監督作四本の変遷。この流れに日本が歩んできた道程、世相の変遷、時代感の変化が明確に表れている。大仰にいえば、シリーズ映画でこそ見えてくる戦後日本の一つの姿である。

『怪獣大戦争』はまた、ゴジラ映画の衣を借りたSF地球侵略映画だった。口当たりのよい甘味料が注がれた戦争映画だった。多くの観客は三大怪獣が大暴れする怪獣映画を観に来た。そうした人々に怪獣映画、空想科学映画のおもしろさ、楽しさを教え、さらには武力を用いて国家間で戦闘、殺戮を繰り返す戦争の愚かさ、虚しさをさりげない形で、子供でもわかるような平易な語り口で示した。これは製作側の嘘偽らざる想いであったであろう。それは認めたうえで、やはり今一度述べたくなる。怪獣はもはや高度文明を誇示する側に操作される生物兵器と化した。しかし、映画を観ているあいだはそうしたことをいうのは野暮、無粋と思える。怪獣映画の醍醐味を実感させる。これぞ本作の力である。

キングギドラに着目すれば、デビュー作の『三大怪獣　地球最大の決戦』を除き、本作とのちの東宝作品『怪獣総進撃』（一九六八／本多猪四郎監督、有川貞昌特技監督）、東宝映像が製作協力した『地球攻撃命令　ゴジラ対ガイガン』（一九七二／福田純監督）と、昭和期「ゴジラ」シリーズの出演作はすべてが侵略者対地球人、キングギドラはその生物兵器という図式のもとに成り立っていた。

伊福部昭の十二本目の東宝SF特撮怪獣映画音楽作品である。伊福部の音楽構成も本作の構造にオーソドックスに応じている。自身が担当した『地球防衛軍』『宇宙大戦争』の作曲設計に『キングコング対ゴジラ』『モスラ対ゴジラ』で練り上げたゴジラ映画音楽の核、とりわけ『三大怪獣　地球最大の決戦』で確立された、ゴジラをはじめ複数の怪獣が登場する映画を飾った音楽手法を形成したファクターが渾然と融合した。まさしく映画を音楽から語っていく。映画音楽の大きな効用である。

　異星人による地球侵略を描く東宝SF映画とゴジラ映画に代表される怪獣映画が一つになったという視点からも東宝SF特撮怪獣映画の歴史の一頁を刻んだ作品といえる本作だが、伊福部による音楽構成の基本軸もSF近未来戦争映画に準拠する。怪獣キャラクターは音楽構成の核をなす一成分という扱いでもある。

　『地球防衛軍』では「地球防衛軍マーチ」、『宇宙大戦争』では「宇宙大戦争マーチ」と、伊福部が音楽を手がけたSF近未来戦争映画ではマーチ（伊福部自身はアレグロと称する）が音楽構成の中心軸に置かれる。映画の見せ場（戦闘シークエンス）をうたう伊福部マーチが画面に多大なるエネルギーを注ぎ、観客の興奮を力業で呼び起こす。

　本作でも、映画のイメージを決定づけるメインタイトル曲、すなわち東宝マークからタイトルバックを飾り、劇中ではクライマックスを奏で上げる「怪獣大戦争マーチ」の機能度はずば抜けていた。数ある伊福部マーチのなかでも一、二を競う人気曲となった。本作が伊福部映画音楽愛好家のあいだで常に話題に上る作品となっている背景の一つには、この「怪獣大戦争マーチ」の存在がある。鑑賞者の鼓動を高鳴らせてやまない。劇中での効果も抜群だった。伊福部マーチが、ひいては映画音楽が生み出す映画快感、劇的昂揚の最適例にあげられる。マーチは劇中では一回しか使われないのだが、その機能度ははかり知れない。本作のシンボルとして以後、現在に至るまでその存在感はまったく色褪せていない。

　一方、こうした解釈法もある。マーチの効果はもちろん認めるが、ゴジラ、ラドン、キングギドラのライト・モチーフが音楽構成の正中線に確実に据えられたからこそ伊福部のゴジラ映画音楽、怪獣映画音楽になった、という見方である。前作『三大怪獣　地球最大の決戦』で確立されたとみなされる、複数の怪獣の主題を映像情報、映像展開に応じて細かくあてていき、巨大な楽曲、映像付随音楽をなす。こうした伊福部の音楽采配が早くも風格を漂わせている。

ゴジラは、「ゴジラの恐怖」（「ゴジラの猛威」）からもう一歩進み、フレーズそのものにもゴジラを喚起させる響きを採り込んでよりテーマ曲としての存在感を表す。『三大怪獣　地球最大の決戦』における楽想構造をそのままに、ゴジラと同じく楽句自体にも機能性を含ませたラドンの主題、前作の激烈な鳴りを弱めずに、テーマ曲としての力強さを再現するキングギドラの主題。三怪獣のライト・モチーフを画《え》の情報に従って付し、ときに連結させる伊福部の音楽演出がゴジラ映画、怪獣映画の味わいをストレートに表し出す。

本作でゴジラ映画も第六作となった。娯楽映画としてしっかりと大衆に根づいた。音楽もそうした時代色がうかがわれる。テーマの断片をブリッジ曲として用いる手法はこの時代の伊福部ゴジラ映画音楽の特徴の一つに差し出せる。映画最終盤、三大怪獣のバトル描写に付着する怪獣格闘音楽（三怪獣の主題の連結、交錯）は、怪獣対決を音楽で表現する手法の終着地でもある。

音楽による宇宙表現も滋味をかもした。富士とグレンが搭乗するP－1号が月の裏側にたたずむX星に近づく過程、X星に着陸したのちの場面展開、ゴジラとラドンをX星に送り込んだ富士たちがX星の地下基地に潜入するシークエンスなどで流れる、硬く金属的な楽音で演出する宇宙的質感、それに不気味感をまぶし込む楽曲など。X星人の主題動機をつとめる、無機質的な低音を使い込んで調性を消す鳴り。これらは伊福部映画音楽での宇宙表現の典型的なものだ。

クラブ「星の花」で鳥居、ハルノが波川と面会する場面のバックで流れる曲は、ＮＨＫ交響楽団のコンサート・マスターを長年つとめた黒柳守綱の演奏によるものだという。黒柳徹子の父親としても知られる黒柳守綱は、日本でも指折りのヴァイオリニストだった。優美かつ哀切味豊かな彼のヴァイオリンの調べが、『怪獣大戦争』に甘美な色艶、粋なムードを加えた。

『怪獣大戦争』は、伊福部マーチの効能と躍動が注がれることで脈動を打ち始めた。オープニングタイトルと映画の最大の見せ場を飾った、地球人の叡智のほとばしりをうたい上げる「怪獣大戦争マーチ」の効果はまさしく絶大であり、東宝ＳＦ特撮怪獣映画と伊福部マーチの相関関係、蜜月関係をこれほど誇示する作品はゴジラ映画、怪獣映画のなかではほかにあがってこないであろう。

怪獣主題の親しみやすさ、役割の主張も映画の娯楽色をより強めている。ゴジラ、ラドン、キングギドラの主題の対立、接合、融合で怪獣描写を彩る伊福部の音楽采配は、以降のゴジラ映画、怪獣映画の音楽構成の核を担っていった。

ゴジラ・エビラ・モスラ南海の大決闘

怪獣島の決戦ゴジラの息子

怪獣総進撃

第三章　二大巨匠の手にゆだねられたゴジラ映画音楽

7　ゴジラ・エビラ・モスラ　南海の大決闘［音楽：佐藤勝］

東宝DVD名作セレクション
TDV26148D

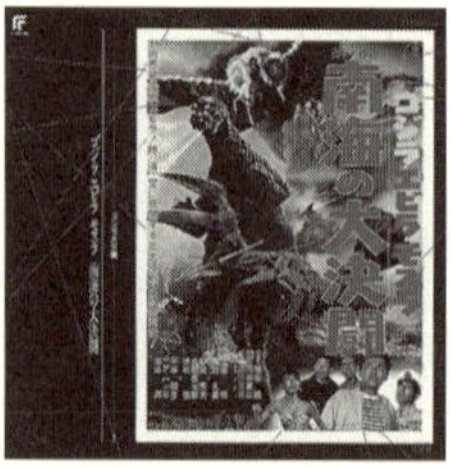

サウンドトラックCD
東芝EMI「ゴジラ大全集」
TYCY-5351

東宝作品　カラー・東宝スコープ　八七分　一九六六（昭和四十一）年十二月十七日公開（併映作品／松森健監督作『これが青春だ！』）観客動員／三四五万人

〈メイン・スタッフ〉

製作／田中友幸　監督／福田純　特技監督／円谷英二　脚本／関沢新一　本編撮影／山田一夫　特技撮影／富岡素敬、真野田陽一　美術監督／北猛夫　録音／吉沢昭一　照明／隠田紀一

〈メイン・キャスト〉

宝田明（吉村）、水野久美（インファント島民・ダヨ）、当銀長太郎（市野）、砂塚秀夫（仁田）、平田昭彦（「赤イ竹」竜尉隊長）、田崎潤（「赤イ竹」基地司令官）、ペア・バンビ（小美人）

血気盛んな若者たちがふとしたことから南海の孤島に漂着する。彼らはその孤島で世界征服計画を推進している秘密組織の陰謀を阻止しようとする。そうした過程にゴジラ、エビラ、モスラの闘

争が盛り込まれる。活劇系娯楽映画を得意とした福田純の軽快で切れ味のよい演出により、冒険活劇映画の色合いが濃くなったゴジラ映画である。

本作は当初『ロビンソン・クルーソー作戦　キングコング対エビラ』として製作されるはずだった。そのため、ゴジラのキャラクター設定もキングコングがモデルとなっている。映画の端々に一九六〇年代中期を迎えた日本の風俗、世相が注がれる。若者たちと秘密結社・赤イ竹の攻防が主軸に据えられる。その過程でゴジラとエビラの闘いが二回描かれ、さらに終盤ではモスラ成虫も登場する。南海の孤島が舞台ゆえに映画的空間の拡がりは感じられず、息苦しさは払いきれないが、展開に富んだドラマ構成がその欠点を覆った。深刻なテーマを押し出さないために明るさが基調を築き、子供たちが素直に楽しめる作品となった。

本作においては従来のゴジラ映画と同じような見方は相応しない。一九六〇年代も半ばが過ぎ、一九七〇年代が近づいてきた。高度成長時代も過渡期を過ぎた。なかだるみ感、閉塞感が生まれていた。そうした時代背景が生んだゴジラ映画でもある。

それまでのゴジラ映画との相違点は物語からも容易に拾い上げられる。明るくて屈託ない。しかし、重厚感はない。ゴジラ映画、SF特撮怪獣映画は子供のための娯楽映画。東宝興行部ではこうした見方がすでに定着していた。製作側もそれはわかっていた。かつてほどの製作費は計上できなくなった。新しいゴジラ映画のあり方を模索した。その一つの方向性を提示する一本となった。演出が本多猪四郎から福田純に交代したのはまさにその象徴でもある。重厚で真面目さが信条の本多の演出から軽やかなノリのよい福田の演出へ。ゴジラ映画も新時代を迎えようとしていた。

関沢新一が脚本を書いた。岡本喜八の「独立愚連隊」シリーズ、「暗黒街」シリーズを髣髴させる、テンポのよい物語運びが調子を呼ぶ。この時代の若者の感覚や思想、風俗が映画に旨味を注ぐ。コミカルな味つけが要所に置かれるので、深刻な状況におちいっても明るさを失わない。福田純の演出の持ち味でもある。前作『怪獣大戦争』よりも幼年齢者向けになったこともあろう、ゴジラを軸とした怪獣対決描写、見せ場が要所を飾る。エビラ、大コンドル、赤イ竹、モスラがゴジラにからんでいく。映画は次のように進んでいく。

南太平洋で遭難した彌太の弟・良太（渡辺徹）が兄の捜索を訴えるために上京した。市野（当銀長太郎）、仁田（砂塚秀夫）と知り合った良太は葉山に行く。ヨットに乗り込んだ彼らは船内でライフルを持つ男・吉村（宝田明）に出くわす。三人は一晩、船内に泊まる。翌朝、ヨットは洋上に。良太が勝手に出航させたのだ。吉村は銀行破りだった。南洋に達すると嵐に襲われた。海面から巨大な〈ハサミ〉が現れ、ヨットを破壊した。彼らは南海の島に漂着し、怪しげな基地を発見する。大型船が黄色い汁を撒きながら入江に着き、捕虜らしき集団を降ろす。男たちが小舟で海に逃走したが、巨大エビ（エビラ）に喰われた。捕虜の女（水野久美）が脱走し、吉村たちに合流した。女はインファント島のダヨ。レッチ島には秘密結社〈赤イ竹〉の核兵器製造工場があり、働き手として島民が連れてこられた、彌太という日本人がインファント島にいる、と語る。一同が隠れる洞窟にゴジラが眠っていた。彼らは赤イ竹基地に潜入したが、みつかって逃げた。良太は探査用気球に足を取られ、空に舞う。気球はインファント島に墜ち、良太は彌太（伊吹徹）と再会した。仁田が赤イ竹に捕まる。ゴジラを覚醒させる手を市野が提案した。大きな網を編んで待て、との小美人（ペア・

バンビ）の伝言を持って彌太と良太はレッチ島に向かう。目覚めたゴジラはエビラと激突する。エビラは逃げた。吉村たちは赤イ竹基地から囚人を解放する作戦を立てる。ゴジラが基地を襲撃した。赤イ竹首脳陣は核爆弾の自爆装置を仕掛け、大型船で島を出た。だが、エビラが船を破壊した。仁田の発案で偽の黄色い汁にすり替えられていた。ゴジラが海で再びエビラと一戦を交えるなか、モスラがレッチ島に飛来してきた——。

物語はただ一点、勧善懲悪である。若者たちはみな好漢で観る者に受け容れやすく、悪役をつとめる赤イ竹首脳陣との対比がはっきりしている。彼らの青春映画でもある。青春だから冒険に命をかけられる。窮地に直面しても彼らはどこか楽観的だ。明るさを忘れない。その意味では東宝青春映画の一本ともとらえられる。青春時代真只中の若者たちが突然、怪獣に遭遇し、奇々怪々な事件に捲き込まれ、という。

第一作『ゴジラ』の時代ではまったく考えられないことだ。たった十二年でここまで変化した。時代の変遷はあまりにも早い。リーダー格の宝田明は気障で粋な個性味を発揮し、伊吹徹は浪花節的日本男児を体現し、渡辺徹は一本気な若者像を表現する。砂塚秀夫は絵に描いたようなお調子者であり、赤イ竹幹部役の田崎潤、平田昭彦、大型船船長の天本英世などの赤イ竹首脳陣は漫画チックなまでにデフォルメされる。東宝、東宝ＳＦ特撮怪獣映画の常連俳優たちの演技が存分に楽しめるのも本作の魅力である。

ゴジラが当時人気絶頂だった加山雄三の得意のポーズを真似したり、居眠りをしたり、女（ダヨ）に関心を持つなどの描写はキングコングを想定して書いた脚本の名残なのだが、ゴジラがこうした設定となった（加山雄三の物真似は円谷英二のアイディアだったという）。ではあるが、当時の子供たちは歓迎した。喜んだ。ゴジラがより身近な存在となったのだ。ゴジラが人気アイドル怪獣となった。これらの側面からも、本作は軽くはあるが、時代感に沿ったゴジラ映画となった。ゴジラ映画の新たなステイタスが生まれたのだ。

福田純の演出も奏功した。彼の代表作の一本にあげられる、宝田明、浜美枝主演の冒険活劇映画『100発100中』（一九六五／東宝）との接点が容易に探れる。同作の無国籍的活劇映画のノリ、方向性に寸分なく重なる。ただし、福田には重厚感に包まれる作品群もある。活劇映画や犯罪映画にも注目すべき作品が多々ある。『暗黒街撃滅作戦』（一九六二／東宝）『暗黒街の牙』（一九六二／同）『血とダイヤモンド』（一九六四／宝塚映画）などでのハードボイルド感覚は印象深いものがあった。とはいえ、やはり本作に近いのが『100発100中』であろう。あの語り口、しゃにむに劇を進めていく福田のエネルギーがゴジラ映画の演出に適応するとみなされたと思われる。主演の宝田明との相性のよさもあるいはあったのかもしれないが。

音楽は佐藤勝が担当した。小田基義監督から依頼された『ゴジラの逆襲』（一九五五／東宝）以来、十一年ぶりのゴジラ映画音楽作品である。佐藤が再びゴジラ映画音楽を書くようになったのは、監督が本多猪四郎から福田純に交代したことに起因する。福田と佐藤は前年（一九六五年）、『100発100中』で初めて仕事をして意気投合し、一九六六（昭和四十一）年には三船敏郎が主演した骨太の活劇映画『怒濤一万里』（三船プロダクション）を放って早くも名コンビぶりを見せた。本作の依頼も福田から直接佐藤のもとに寄せられた。福田と佐藤、三度目の顔合わせ作である。

佐藤にとってのゴジラ映画の前作（『ゴジラの逆襲』）から十一年が経過した。この間、佐藤は映画音楽作曲の研鑽と経験を積み、このときはすでに日本映画界になくてはならぬ作曲家の地位にのぼりつめていた。ゆえに本作に付された楽曲群は彼の現時点での作家性、映画音楽手法はもちろん、彼がこの時代をどのようにとらえていたかを知るには格好の作品となる。一九六六年時の日本に漂っていた匂いが佐藤の音楽に乗って迫ってくる。南海の空気感を呼び込むまでには至らないが、佐藤の響きが無国籍風情緒をかもし出す。

佐藤はかつて自分のゴジラ映画音楽を自虐的にこう述べた。「僕の〈ゴジラ〉はふざけているからね。てんでふざけているんだ」。これを額面通りに受け取るわけにはいかない。むしろ自作品、しかも映画音楽の入学試験と定義づけた作品が含まれるゴジラ映画音楽を照れ隠し風に〈ふざけたもの〉といえるまでの作曲家に達した彼の自信の表れと受け取れる。小田基義監督作『三太と千代の山』（一九五二／新理研プロダクション）で映画音楽作曲家としてひとり立ちを果たして十五年近くが経った。このときはすでに日本映画界を担う映画音楽作曲家の位置づけにあった。その佐藤だからこその発言であろう。

佐藤は研ぎ澄まされた嗅覚を持つ作曲家である。音楽的バックグラウンドも奥が深い。その点では、この時代、主に新東宝、日活を場として映画音楽作曲家活動をしていた渡辺宙明と双璧と映る。福田純の映画はおおむね暗さがない。当時の東宝のスクリーンを飾っていた青春映画、東宝の看板シリーズである加山雄三の「若大将」シリーズに象徴されるような爽快感が本作にはある。陽気で暗さが表出しない東宝調活劇映画、犯罪映画を思い起こさせる空気が漂っている。佐藤の音楽演出も冒険映画感覚を併せ持ちつつ、映画の進行に応じた付曲を行っていく。

映画冒頭の耐久ラリーダンス・コンクールなどではエレキ・サウンドが響きわたるゴーゴー音楽が流れる。ドラマが動き出すと軽快感に富む弦や木管の鳴りを主体にし、若者たちの行動に添っていく。小帆船「ヤーレン号」が洋上を快調に進む流れにはリズム感を強調した楽曲がつく。状況音楽、描写音楽で映画を補強するスタイルだ。これは佐藤がよく用いる付曲術であり、若者が主人公をつとめる青春映画、活劇映画ではなじみの響きが心地よく聴こえてくる。ホルンのとどろき、木管楽器群の躍動などはまさに佐藤音楽の真骨頂と述べたくなる。岡本喜八監督作、黒澤明監督作を飾った鳴りを例に出すまでもないであろう。佐藤ファンにはたまらない映画空間がドラマ進行に拍車をかけていく。

オープニングから「ヤーレン号」が海上に出現した巨大な〈ハサミ〉に遭遇するくだりまで、さらには若者たちがレッチ島に漂着して島の秘密を知る過程、これらも巨視的には同様の音楽形態になる楽曲が付着する。音色から、調べから受け手の情動をあおっていく音楽演出が全開する。機敏な音楽スタイルともいえる。ビッグバンド・ジャズ調の心踊るサウンドのたたみかけも映画の熱を高めていく。

ゴジラの存在が確認される箇所から怪獣映画色が濃厚になる本作に呼応し、佐藤も怪獣を音楽表現する楽曲を多く押し出していく。だからといってアプローチを大きく変えるわけではない。エビラの主題は現代感覚を打ち出すエレキギターの音色がつとめる。若者たちが洞窟内で昏睡するゴジラに出くわすシークエンスで奏されるゴジラのテーマ曲も怪獣色は薄く、人間界側の楽曲に置いてもおかしくはない鳴りを聴かせる。不気味感は十分にあるが、曲だけを聴いて怪獣を連想させる向きはそう多くはないであろう。ゴジラとエビラの対決描写を装飾するスコアもスポーティーなイメージを抱かせる。佐藤が述べた〈ふざけた〉というのはこのあたりを指している。

しかし、これも佐藤の作家性、個性なのだ。黒澤明監督作『用心棒』（一九六一／黒澤プロダクション、東宝）における「やくざのテーマ」を喚起させる音型がそこに探し出せるのは偶然ではない。桑畑三十郎がゴジラ、やくざがエビラ。こうしたとらえ方も決して的外れではない。

本作の音楽構成の大きな部分をつとめたのが、小美人役のペア・バンビが唄う「モスラの唄」（岩谷時子作詞）である。モスラの主題を兼務する。メインタイトルののち、スタッフ、キャストのクレジットが現れていく流れをこのメロディが担った。ゆえに映画のメインテーマでもあった。

南国ムードを漂わせる夜明けの風景映像にふさわしい音色を配した響きが映画の雰囲気を存分に高め上げる。劇中の「モスラの唄」も違和感は少しもない。木管楽器群が奏でる民族音楽調の伴奏も映画のムードにマッチングしている。この歌は唯一の佐藤版モスラ・ソングとなった。

モスラを彩る歌となれば、本多猪四郎監督、円谷英二特技監督作『モスラ』（一九六一／東宝）の古関裕而、『モスラ対ゴジラ』の伊福部昭が即座に頭に浮かぶ。そのなか、本作は佐藤版モスラ歌曲が楽しめる作品でもあった。

8　怪獣島の決戦　ゴジラの息子〔音楽：佐藤勝〕

東宝DVD名作セレクション
TDV26149D

サウンドトラックCD
東芝EMI「ゴジラ大全集」
TYCY-5352

東宝作品　カラー・東宝スコープ　八六分　一九六七（昭和四十二）年十二月十六日公開（併映作品／丸山誠治監督作『君に幸福を　センチメンタル・ボーイ』）観客動員／二四八万人

〈メイン・スタッフ〉

製作／田中友幸　監督／福田純　特技監督／有川貞昌　脚本／関沢新一、斯波一絵　本編撮影／山田一夫　特技撮影／富岡素敬、真野田陽一　美術／北猛夫　録音／渡会伸、伴利也　照明／山口偉治、小島正七

〈メイン・キャスト〉

高島忠夫（楠見博士）、前田美波里（マツミヤサエコ）、久保明（真城伍郎）、平田昭彦（藤崎）、佐原健二（森尾）、土屋嘉男（古川）、黒部進（気象観測機・機長）

『怪獣島の決戦　ゴジラの息子』は怪獣映画ブーム、怪獣ブームが吹き荒れた一九六七（昭和四十二）年の掉尾を飾る形で公開された。ブームの渦中に登場する本家本元ゴジラ映画の新作だっ

たからであろうか、話題作りには余念がなかった。前作『ゴジラ・エビラ・モスラ　南海の大決闘』よりもさらに主たる観客層（子供）に狙いを定めた戦略が採られた。ゴジラの息子ここに誕生、である。本作の要《かなめ》となるゴジラの息子は映画封切り前に〈ミニラ〉と名づけられた。宣伝キャンペーンとして東宝はメディアにパブリシティを仕掛け、名前の一般公募を行った。子供たちの興味を駆り立てずにはおかない趣向が盛り込まれた宣伝ののち、映画は公開された。

スタッフは前作からさして変わっていない。製作は田中友幸。脚本は関沢新一と斯波一絵の共作による。関沢と斯波は森谷司郎の監督デビュー作で佐藤勝が音楽を担当した加山雄三主演の戦争活劇映画『ゼロファイター　大空戦』（一九六六／東宝）で組んでおり、本作はコンビ第二作目となった。監督は福田純、特技監督は前作の特技監督補から〈補〉が取れた有川貞昌という布陣である。関沢と斯波が練り上げた物語は次のようなものだ。

南海のゾルゲル島で楠見博士（高島忠夫）以下、隊員たちが国連のシャーベット計画実験準備にいそしむ。食糧危機に備えて不毛の土地を開発するために気象コントロールで島を凍結させようというのだ。ある日、フリー記者の真城伍郎（久保明）が島に上陸した。楠見は仕方なく彼を雑用係にする。真城は岬で若い女（前田美波里）を目撃する。実験が始まるが、島の中央部から妨害エネルギーが発生した。コントロールを失った合成放射能ゾンデが予定外の高度で爆発し、島は数日間、異常高温に包まれる。環境変化と合成放射能物質の影響で島に棲息する大カマキリが巨大化した。カ三匹の大カマキリ（カマキラス）は妨害エネルギーの出処の山を崩し始める。巨大な卵が現れた。カマキラスが卵の表面を破ると、ゴジラの赤ん坊とみられる小さな怪獣（ミニラ）が出てきた。ミニラの産声（悲鳴）に応えるようにゴジラが島に上陸する。妨害エネルギーはミニラがゴジラを呼ぶサインだった。ミニラを救ったゴジラが去るとあの娘が現れ、ミニラに食物を与えた。娘は考古学者・松宮博士の遺児・サエコ。島の異常事態に楠見たちも彼女の洞窟に移る。隊員たちが高熱に倒れた。サエコと真城は解熱剤となる赤い沼の水を採りに行く。クモンガの眠る谷の先の沼ではゴジラがミニラに放射能熱線の吐き方を教えていた。古川（土屋嘉男）が錯乱して発砲し、楠見が負傷した。薬草を求めて外に出たサエコがカマキラスに襲われる。ミニラが彼女を助けに来た。両怪獣の激闘でクモンガが覚醒する。クモンガに襲撃されたサエコと真城は岩陰に隠れる。クモンガは一行が身を寄せる洞窟に巣の膜を張った。サエコと真城は海岸に無線アンテナを立てた。クモンガは狙いを定めたミニラを糸でからみ取る。ゴジラが現れた。楠見は実験の再開を命じた。怪獣たちを凍らせ、その隙に島を脱出しようというのだ――。

新怪獣カマキラス、クモンガがゴジラの相手役に抜擢されてゴジラ親子と闘う。この二怪獣は着ぐるみではなくて操演で動かされた。人間が入らない操演用のぬいぐるみゆえに重量感はまるでないが、逆に人間の動きとはかけ離れた表現が可能となった。二つ足、四つ足怪獣からの脱却に結びつき、カマキリやクモをモチーフとした昆虫怪獣の姿が目新しさを生んだ。ゴジラ、ミニラ、カマキラス、クモンガ、四怪獣の闘争は本作の最大の売りとなった。

特技監督として名実ともにひとり立ちを果たした有川貞昌が注目を集めた。彼は円谷英二が育て上げてきた東宝特殊技術チームのなかにおいても第一の愛弟子にあげられる。特撮映像の組み立て方、見せ方、描写法などは師・円谷のものと基本的には大きな変化は見出せないが、有川特撮のカラーといってよい特徴性はつかみとれる。前作と同じく南海の孤島という狭い舞台空間ということもあり、怪獣描写にパターン化が見られたのはたしかだが、対象物を前方に設置したあおりの構図や細かいカットの積み重ねなどを用い、一本調子になるのを避けた。そのために閉塞感はさほど生じない。前作の経験が活かされた。特技監修という名目で円谷英二がかかわっている。クレジット上は有川よりも大きく扱われている。だが、円谷は実質的にはアドバイザーの立場での参加だった。特撮はあくまで有川の手による。なかでもカマキラスとクモンガの映像表現と造形は瞠目に値する。これらの側面からも「ゴジラ」シリーズ中の小さくない節目に置かれる作品とも受け取れる。これは当然のことながら本編演出の福田純との連携に深く関与するものでもある。

本作は、一言でいえば児童向け映画だ。子供のためのゴジラ映画であることはまちがいない。ところが、中身は大人の鑑賞に十分に耐えうる、観応えのある仕上がりとなった。これは関沢と斯波による脚本の功績であろう。ゴジラの息子とはいっても、それほど秀逸な姿格好には見えないミニラが看板なのだから幼児向け映画、場合によってはゲテモノ映画とみられる恐れのある作品ではあるが、ＳＦテイストというよりも空想科学映画的な味わいが隅々にまで行き届いている。思いのほかハードな空想科学志向を持っているため、興味が薄れそうになる子供たちの意識をミニラの存在が惹きつける傾向もうかがえた。一孤島内から出ることもなく、出演者もごく限られている。低予算映画的な匂いは漂ってはいるが、舞台空間描写が要所に採り込まれていた。南国の島に欠かせぬトロピカルな芳香も嗅ぎ取れる。密林の奥から何が出てくるかわからない。得体の知れない生き物が棲息しているかもしれない。こうした無人島の不気味感も迫ってくる。

秘境冒険映画でなじみの設定、味つけもそれなりに配置される。グアム島で行ったというロケーション（海外ロケがパン・アメリカン航空の協力のもとに敢行された）の効果はこの映画の肝となった。ターザン映画のジェーンを誰もが想起するはずのサエコのキャラクターは鮮烈だった。ポール・ゴーギャンの絵画的ともタヒチ・ガール風とも形容可能な衣裳に日本人離れした身体を包んだサエコ役・前田美波里が映画全体に極上の華やかさを注ぐ。彼女はこの映画の象徴でもある。

本作のゾルゲル島は南洋の空気感と香りが感じ取れる。福田の演出も堅実で、特に楠見博士以下、隊員たちがサエコの洞窟に移ってからの熱を帯びた劇展開は鑑賞者を飽きさせない。灼熱の太陽が照りつける熱帯地方から始まり、豪雪が降り注ぐ極寒の地で終幕を迎える劇構成も劇空間の広さを味わわせる。舞台空間の転換が映画的カタルシスを生む。

子供たちの視線は当然のことながらミニラに集まる。ゴジラの息子を見せるのが第一目的なのだから当たり前だ。ただし、ミニラの扱いは子供たちの受けを期待することを主眼に置かず、ゴジラの息子を描くのだから自然にこうした描写になるのだ、という按配だった。とはいっても、ゴジラ映画を長年観続けてきた向きには許容できない部分も多々あったと思われる。ミニラのあの造形に嫌悪感を覚えたファンも少なくなかったはずだ。ゴジラ映画の新作が〈ゴジラの息子〉と知り、実際のミニラのビジュアルを見て、鑑賞意欲をなくした人々が続出したのではないかとも想像される。これは決して軽視できることではなかった。失ったものは小さくなかった。しかし、これらを気に留めずに接すれば、本作のおもしろさや楽しさはストレートに達してくる。

出演陣にも言及しておきたい。前田美波里はヒロインの光彩を放っている。高島忠夫、久保明、平田昭彦、佐原健二、土屋嘉男が彼女の周りを固め、彼らを黒部進、鈴木和夫、西条康彦、当銀長太郎、丸山謙一郎、久野征四郎、大前亘などの面々がフォローしている。特にメイン・キャスト級の五人は東宝SF特撮怪獣映画の〈顔〉であり、ここでも堂々たる存在感を示している。福田作品ではあるが、本多組といっても差し支えない彼らの丁々発止とした掛け合いがなんとも味のある、和やかなムードをかもし出す。ここに宝田明、小泉博や藤木悠が加われればまさしく特撮怪獣映画スター揃い踏みとなる。ゴジラ映画、東宝特撮映画の常連俳優たちが作品のスケールを一段と上げた。

『ゴジラ・エビラ・モスラ　南海の大決闘』に引き続き、佐藤勝が音楽を書いた。もちろん福田純からの要請による。本作に付された楽曲群を佐藤ゴジラ映画音楽の白眉といいきってもかまわない。佐藤映画音楽を形成するあらゆるサウンドが充満している。音楽要素はきわめて濃い。福田純とのコンビも四作目。『ゴジラ・エビラ・モスラ　南海の大決闘』よりも福田と佐藤の密着度はさらに強まった感が強く、佐藤による音楽映画といった趣《おもむき》さえある。佐藤は常に口にしていた。映画音楽で大切なのは何より音色だ、と。こうした彼の映画音楽理念が本作からは容易につかみ取れる。

佐藤の初のゴジラ映画音楽作品は、前述の通り、小田基義監督の招きによる『ゴジラの逆襲』である。二作目が『ゴジラ・エビラ・モスラ　南海の大決闘』。この二作のあいだには十一年という歳月が横たわっている。佐藤にとり、佐藤音楽にとり、この時間はまことに実りのあるものだった。肩に力が入りすぎたふしもあった『ゴジラの逆襲』、音楽で描出しようとする要素がさほどは多くなかった『ゴジラ・エビラ・モスラ　南海の大決闘』とはちがい、本作は音楽の対象となる成分が目白押しだ。佐藤もさぞかし腕が鳴ったことであろう。

映画に登場するもの多数に佐藤はテーマ曲を与えた。本作での佐藤音楽の特色をあげれば、その細かなテーマ設定となる。ゴジラ、ミニラ、カマキラス、クモンガは当然のこと、ヒロインとなる前田美波里（サエコ）のテーマ、高島忠夫を隊長とする実験隊を彩る楽案、冷凍ゾンデ、合成放射能ゾンデの主題……。楽音の個性を存分に引き出す、音色を強調した主題動機を映像に付し、対象をうたう。

南洋の無人島、ゾルゲル島の風景のなか、〈シャーベット計画〉の実験員、佐原健二と土屋嘉男が実験カプセルの点検に向かう様子をバックにしたスタッフ、キャストのクレジット部分で流れるメインタイトル曲に本作の音楽カラーはある程度詰まっている。あまた設置された主題のなかから主にミニラのテーマ、実験隊のテーマ、二種の音楽要素でタイトル曲は練られる。

主題が多ければ多いほど、パターンにはまってしまうケースもある。しかし、本作の佐藤音楽にはそうした傾向はない。流れてくる音楽はリラックス感に満ちている。よけいな力を抜き、娯楽色に満ちた冒険活劇映画に彼がよく配す音楽意匠にも重なってくる。佐藤としては映画内容に応じたまでであろうが、彼の進化ぶりが伝わってくる。『ゴジラの逆襲』の時代は新人だった佐藤も、厳しく過酷な、それでいて作家魂を猛烈に駆り立てられたに相違ない黒澤明との仕事を幾本も経験して映画音楽作曲家として想像を絶するほどのスケール・アップを遂げ、この時期はすでに新たな時代に突入していた。一つの頂上をきわめた作家だからこそ生じさせる、一種のゆとりといったものが本作の楽曲群からは滲出している。

各主題曲の積み重ねによる音楽構成が色とりどりの光沢を放つ。重量感を漂わせるゴジラの主題が音楽構成に一本芯を通らせる。コミカルでピュアな印象を抱かせるミニラのテーマ曲と好対照を示す。クモンガの主題曲も耳に焼きつく。カマキラスの動機は驚くほどアヴァンギャルドで実験性豊かな響きを立てるのだが、劇中ではさほど目立たなかった。これは欠点にあげられる。

一方、人間側の楽曲も負けてはいない。サエコをうたうきらびやかで情感豊かな鳴りが観る者に血の温もりを覚えさせる。軽快感を打ち出して映画に潤滑油を注ぐ。実験隊のテーマや冷凍ゾンデのテーマなども怪獣主題の対極に置かれる。映画を織りなす要素を佐藤は主題曲で書き分け、音色、旋律、律動によって的確に表現する。

こうした細かな主題設定が映画の進行に拍車がかかる中盤以降で効力を発揮する。複数の音楽成分をからみ合わせ、劇的展開に音も正面から相乗する。サエコがジャングルでミニラとコミュニケーションを図る場面で現れる、ゴジラ、ミニラ、サエコの主題を接続させた状況音楽をはじめ、サエコとミニラ、ゴジラとミニラの交流、カマキラス、クモンガとミニラの闘い、さらにゴジラも参戦して大激闘に発展する流れに付着するスコアも同様なアプローチで書かれた。

冷凍ゾンデの実験が進行するなか、怪獣たちの決戦が見せ場を作る終盤なども佐藤の音楽が正面からあおっていく。色彩感豊かな佐藤の音楽設計に牽引される。観客の意識を劇世界に惹きつけるのも映画音楽の大きな役目である。佐藤の本領発揮の手さばきと理解できる。

本作はときにゴジラ映画が完全に年少者向けに成り下がった象徴作といわれる。たしかにそうした側面はあろう。それでもこの映画は接していて気持ちがよい。佐藤の音楽が豊かだからだ。佐藤は生涯で三百本以上の作品を遺した。その代表作群のなかに本作を入れても少しも違和感は生じない。

9　怪獣総進撃［音楽：伊福部昭］

東宝 DVD 名作セレクション
TDV26150D

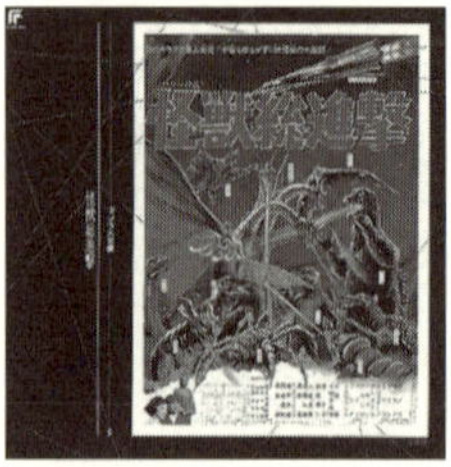

サウンドトラック CD
東芝 EMI「ゴジラ大全集」
TYCY-5353

東宝作品　カラー・シネマスコープ　八九分　一九六八（昭和四十三）年八月一日公開（併映作品／本多猪四郎監督作『海底軍艦』［改訂新版］、渡辺和彦監督作『海ひこ山ひこ』）
観客動員／二五八万人

〈メイン・スタッフ〉
製作／田中友幸　監督／本多猪四郎　特技監督／有川貞昌
脚本／馬渕薫、本多猪四郎　本編撮影／完倉泰一　特技撮影／富岡素敬、真野田陽一　美術／北猛夫　録音／吉沢昭一
照明／平野清久

〈メイン・キャスト〉
久保明（SY―3号艇長・山辺克男）、小林夕岐子（真鍋杏子）、愛京子（キラアク星人）、田崎潤（吉田博士）、土屋嘉男（大谷博士）、伊藤久哉（多田参謀少佐）、佐原健二（月基地隊長・西川）

ゴジラ、ラドン、ミニラなど地球怪獣軍と侵略者の手先・キングギドラの激闘、人類対キラア

ク星人の攻防が描かれる。一時代を席捲した特撮怪獣映画（怪獣）ブームの掉尾を飾ろうと、今までに東宝が生み出した怪獣を一堂に集め、東宝怪獣映画のフィナーレにふさわしい作品を製作した。東宝SF特撮怪獣映画を長年支えてきた本多猪四郎が馬渕薫（木村武）と共同で脚本を書き、演出にあたった。

そうした背景のもとに作られた作品だったが、番組構成の妙もあって結果的に中身の濃い興行を展開し、以後、「ゴジラ」シリーズ、東宝怪獣映画シリーズは細々とした形で継続されることになった。といっても、東宝SF特撮怪獣映画黄金期は名実とも本作で大きな節目を迎えたことに変わりはない。ゴジラ、キングギドラ、ラドン、ミニラ、アンギラス以外の怪獣はほぼ顔見世程度に終わった。本多と馬渕が導き出したゴジラ映画、東宝SF特撮怪獣映画の集大成は次のようなものである。

二十世紀の終わり頃。怪獣たちは小笠原諸島にある小笠原怪獣ランドで人間に管理されていた。突然、黄色いガスが怪獣ランドを襲った。ガスの猛威は怪獣にもおよぶ。何者かが怪獣ランドを侵略したのだ。北京にモスラ、モスクワにラドン、ロンドンにマンダ、パリにゴロザウルス、ニューヨークにゴジラが出現し、猛威をふるった。月開発基地で活動するムーンライトSY－3の艇長・山辺克男（久保明）、副艇長の岡田（当銀長太郎）らは国連科学委員会本部の要請を受けて怪獣ランドに向かう。コントロール・センターに潜入した彼らの前に大谷博士（土屋嘉男）、技師の真鍋杏子（小林夕岐子）が現れた。大谷はキラアク星人（愛京子）を紹介する。キラアクは地球征服を画策していた。キラアクに操縦された所員たちとの攻防の末、山辺は大谷をとらえる。しかし、大谷は自ら命を絶った。大谷にはコントロール装置が埋め込まれていた。杏子が東京・丸の内に姿を見せた。ゴジラ、ラドン、モスラ、マンダが同界隈に出現し、破壊活動を行った。怪獣ランドの吉田博士（田崎潤）はキラアクの狙いが伊豆に地底基地を築くことにあると見る。杏子が侵略者の使者として総合防衛司令部に来た。杏子を操るリモコン装置を山辺が外した。防衛隊戦車軍は怪獣に蹂躙される。キラアクは山辺らに富士火山脈一帯の支配を宣言する。怪獣が月からの発信で操縦されていると知った山辺はSY－3でキラアクの月根拠地に急行し、発信機を破壊する。透明障壁を破られたキラアクは鉱石化した。高温以外では活動できないのだ。逆に怪獣を操ってキラアクを攻撃しようとする地球人側に対し、地底基地のキラアクはキングギドラを呼ぶ。富士山麓に集結する地球怪獣軍。キングギドラが降り立った。大決戦の幕が開いていく――。

　東宝SF特撮映画の傑作群である『空の大怪獣 ラドン』（一九五六）『美女と液体人間』（一九五八）『ガス人間第一号』（一九六〇）『妖星ゴラス』（一九六二）『マタンゴ』（一九六三）『フランケンシュタイン対地底怪獣《バラゴン》』（一九六五）『フランケンシュタインの怪獣　サンダ対ガイラ』（一九六六）などを送り出した本多・馬渕（木村武）コンビとしては人間ドラマが弱い。というよりも、ほぼない。この点が本作の大きな弱点である。ではあっても、誰もが見たい地球怪獣軍と侵略者の手先であるキングギドラの激闘、人類対キラアク星人の攻防はテンポよく進む。怪獣オールスター映画ではあるが、かなり硬派な内容だ。馬渕と本多の共同脚本、本多の演出が単なる子供向け映画にはしていない。手堅い味を出している。イベント映画に終始せず、一本の娯楽映画として成立させた。彼らの誠実で真摯な態度が清々しい。

人類対宇宙からの侵略者、地球怪獣軍対キングギドラが基本プロットに置かれる。この部分で『怪獣大戦争』と真っ向から重なる。怪獣は、ゴジラ、ラドン、モスラ、キングギドラ、アンギラス、ミニラ、マンダ、クモンガ、ゴロザウルス、バラゴン、バラン。十一怪獣が登場し、地球と月を行き来する映画ゆえにスケール感はより大きくなった。

怪獣で忠臣蔵映画はできないか。この発想から本企画が生まれた。準備稿における仮題は『怪獣忠臣蔵』。キラアク星人のネーミングは〈吉良悪〉から採られた。ゴジラがキラアク星人の地底基地を踏みつぶす終盤の見せ場が準備稿では〈討ち入り〉に該当するものだった。特定区域にとどまらずに世界各地、月世界までにわたる広大な映画空間は福田純が演出をした前二作では味わえなかったもので、〈怪獣映画の集大成作〉に相応する。怪獣による大都市破壊描写も久々であり、地球人対侵略者の構図も明快だ。東宝ＳＦ特撮怪獣映画だからこそのおもしろさ、楽しさは十分に達してくる。

観客動員は二五八万人。数字的には怪獣ブームが過ぎ去ったことを再認識させる興行となった。前作『怪獣島の決戦　ゴジラの息子』から五十万人ほど減少した。ところが、子供（主に男児）の稼働率は前作よりも上がった。アダルト層は明らかに減ったが、子供を中心とした家族連れの割合が増えた。怪獣オールスター・キャスト、怪獣総出演を喧伝して東宝は同作を封切った。これが予想を超えるインパクトを生んだのだ。

加えて、青春映画などと抱き合わせる二本立てを組まなかった番組編成（それまで皆無ではなかったが）が奏功した。本作の同時上映作は一九六三（昭和三十八）年製作の東宝ＳＦ特撮映画『海底軍艦』

（一九六三／本多猪四郎監督、円谷英二特技監督）の改訂版（短縮版）と短編アニメーション映画『海ひこ山ひこ』（渡辺和彦監督）。この組み合わせが男児を中心とする子供たちの獲得につながり、活気のある興行を打つことができた。観客対象を幼年者に見定めた番組作りが子供たちの大動員に結びついた。

観客総数は減ったのに幼年者層の割合が増えた。これがポイントとなった。子供たちの周りには引率者が必ずいるからだ。東宝ＳＦ特撮怪獣映画の新たなポジションがみつかった。この種の映画が生きながらえていく道を開拓した。この意味合いにおいても『怪獣総進撃』は日本ＳＦ特撮映画史の一つの要の部分に置けるであろう。

伊福部昭が久しぶりにゴジラ映画の音楽を手がけた。三年ぶりの登板となった。伊福部は今までのゴジラ映画、ＳＦ特撮怪獣映画で展開してきた己の音楽手法に正面からのっとった曲づけを正攻法に行った。

本作では本多猪四郎監督、円谷英二特技監督作『三大怪獣　地球最大の決戦』（一九六四／東宝）『怪獣大戦争』の流れをふまえた音楽設計が採られる。地球怪獣軍が宇宙から襲撃してくるキングギドラを迎え撃つ。本作もコンセプトはかつての二作と基本的には変わらない。だから当然の処置と理解できる。自己の映画音楽理念に裏打ちされた音楽を常に書き続けてきた伊福部の映画音楽特性を明確に提示する楽曲群が本作を彩っていく。

なかでも『怪獣大戦争』との関係が濃い。人類側の叡智を奏でるマーチ、怪獣たちのテーマ、地球人に宣戦布告をする異星人側に据えられる楽曲、この三種の音楽成分で押し進める。細かな状況音楽、場面表現音楽、情景音楽が周辺に配置される。『怪獣大戦争』の音楽構造と大部分が重なる。

とりわけメインテーマでもあるマーチ（「怪獣総進撃マーチ」）の響きが鑑賞者の情動をあおってやまない。重厚きわまりないメインタイトルののち、スタッフ、キャストのクレジットが打たれるバックで本マーチが流れる。劇中では、地球征服を企むキラアク星人に操られて丸の内地区で破壊活動を行うゴジラ、ラドン、マンダ、モスラ幼虫に対して防衛隊が攻撃を仕掛けるシークエンス、富士山近辺に進撃した防衛隊が攻撃準備にいそしむくだり、SY－3号の山辺、岡田たちがキラアク星人の月面基地から脱出する箇所、燃える怪獣ファイアドラゴンとSY－3号の空中戦など、複数の見せ場でテンポ、アレンジを細かに変えて奏される。

ゴジラ映画でここまで人間の叡智をうたうマーチが多用された作品はない。本多・円谷コンビによるSF地球侵略映画『地球防衛軍』（一九五七／東宝）『宇宙大戦争』（一九五九／同）に結びつく音楽世界だ。時代も一九六〇年代中盤から終盤にさしかかった。かつて人々を恐怖におとしいれた怪獣の存在感もやや曖昧化してきた。『怪獣大戦争』では怪獣を超兵器として用いる発想が生まれた。怪獣の背後に立つ、強大な敵（異星人）と人類が戦闘する図式が生まれた。この映画もそれを突き進める。そうした映画世界に呼応する音楽演出が求められる。SF地球侵略映画の音楽構成にきわめて近くなるのは当然であろう。

怪獣のテーマ音楽は音楽を構成する一要素に置かれる。『地球防衛軍』『宇宙大戦争』の音楽世界に怪獣主題が入り込むというイメージだ。「怪獣総進撃マーチ」はこの一作で数ある伊福部マーチ中、指折りの人気曲となった。伊福部の管弦楽作品『SF交響ファンタジー　第一番』（一九八三）のクライマックスをうたう楽曲の一つとして現在では広く知られている。

怪獣主題が音楽全体の一要素とはいっても、怪獣のライト・モチーフが本作の大きな柱をつとめることに変わりはない。登場怪獣すべてにテーマ曲が与えられたわけではないが、ゴジラ、ラドン、キングギドラの楽案を連結・交錯させる巨大な怪獣格闘音楽を伊福部は用意した。怪獣オールスターによる大激闘を見せる映像に各怪獣の主題をそのつど、一つ一つつけることはできない。三怪獣の主題を交互に、次々と、臨機応変に奏でて怪獣の闘いを装飾する。

オープニング、怪獣ランドが紹介されるシークエンスで現れた楽曲は怪獣個々のテーマではなく、あくまでも怪獣全体のイメージ曲だった。怪獣ランドに集められた怪獣たちを飾る性格を有していた。メインタイトルをうたい上げ、富士山麓に怪獣たちが集結する場面でも奏でられるスコアも、バラゴン、ラドンなどの音型は提示するが、怪獣全体の主題曲である。

キラアク星人側に据えられる楽曲群が人類側を象徴する「怪獣総進撃マーチ」と対峙する。大谷博士、真鍋杏子らが勤める怪獣ランドのコントロール・センターに黄色いガスが突如流れ込み、ガスが怪獣ランドを包み込むくだりで初出する。黄色いガスの主題でもある。コントロール・センターに潜入した山辺たちがキラアク星人と対面するシーン、洞窟に潜入した山辺と多田参謀少佐（伊藤久哉）らの前に姿を現したキラアク星人が富士一帯の占領を宣言する箇所、これらで奏でられるキラアク星人の主題が人間側の楽曲と対抗する。

異星人側の楽曲がミステリアスで不気味な味わいをかもすため、人間たちの熱き血潮を覚えさせる「怪獣総進撃マーチ」の躍動的な響きが映画に向かう者の感情をさらに高めていく。昂揚感を生んでいく。映画の流れ、ドラマツルギーを伊福部マーチが真っ向から盛り立てる。その掛け合い、呼吸感は本多・伊福部コンビならではのものだ。

伊福部は「怪獣総進撃マーチ」を劇中の要所に配置し、本多の作劇を音楽から補強する。マーチの鳴りがこの映画を包み込む。複数の怪獣の主題、怪獣群（怪獣軍）を奏でる重々しいスコア、人類を武力で制圧しようとするキラアク星人側に表現する楽曲郡も加わる。情景音楽、いずれのカテゴリーにも属さない場面表現音楽類も抜かりはない。この種の映画の音楽手法の一つの雛型を築き上げた伊福部の行き届いた演出が存分に味わえる。

ゴジラ・ミニラ・ガバラ　オール怪獣大進撃

ゴジラ対ヘドラ

地球攻撃命令　ゴジラ対ガイガン

ゴジラ対メガロ

ゴジラ対メカゴジラ

メカゴジラの逆襲

第四章　一九七〇年代の芳香が漂うゴジラ映画音楽

音楽担当者プロフィール

●宮内國郎（みやうちくにお）

一九三二（昭和七）年二月十六日生――二〇〇六（平成十八）年十一月二十七日歿（享年七十四）

東京都世田谷区生まれ。幼少の頃から音楽に親しむ。国立音楽大学付属高校在学中、アメリカの大作曲家、ジョージ・ガーシュインの伝記映画『アメリカ交響楽』（一九四五／アーヴィング・ラッパー監督）を鑑賞して深い感銘を覚え、ジャズに傾倒する。宮内が十六歳のときだった。ベニー・グッドマン、カウント・ベイシー、ハリー・ジェームズらの音楽にのめり込み、それとともにイーゴリ・フョードロヴィチ・ストラヴィンスキー、アラム・イリイチ・ハチャトゥリアンといった先端的作曲家の現代音楽作品も聴き込んでいく。

宮内はやがてジャズ・トランペッターを志すようになった。〈日本のハリー・ジェームズ〉と称される、ジャズ界の花形トランペッターである松本文男に師事する。進駐軍まわりのバンドに入ってトランペットを演奏する日々を送るが、肺結核をわずらって喀血し、プレイヤーを断念する。それでも音楽にかかわりたかった。宮内は作曲家をめざすようになった。入野義朗、斎藤一郎、松井八郎らのアシスタントをつとめながら作曲法を学び、腕を磨いていく。

一九五〇年代後期からはテアトル・ド・ポッシュに所属する。

宮内の作曲・編曲家としてのデビューはラジオ番組だった。一九五九(昭和三十四)年のフジテレビ開局時には試験放送の段階から関与し、ドラマ、ニュース番組、バラエティ番組などのオープニング・テーマ、番組内音楽などの作曲に従事する。そうして彼の名は業界内で徐々に知られていった。

一九六〇(昭和三十五)年、フジテレビのプロデューサー・円谷皐と親しかった関係で東宝作品『ガス人間第一号』(本多猪四郎監督、円谷英二特技監督)の音楽を担当し、周囲の注目を一躍集める。この年、同じく東宝作品『恐妻党総裁に栄光あれ』(青柳信雄監督)の音楽も手がけ、映画音楽作曲家としての活動を本格的に始める。

とはいっても、映画音楽担当作品はさほどあるわけではない。東宝作品『ただいま診療中』(一九六四/青柳信雄監督)、そして同じく東宝作品『ゴジラ・ミニラ・ガバラ　オール怪獣大進撃』(一九六九/本多猪四郎監督)などが宮内映画音楽の代表的な響きといえる。

宮内國郎の名を何よりも世に広めたのは、映画音楽ではなくテレビ映画音楽だった。TBS系列の『ウルトラQ』(一九六六)『ウルトラマン』(一九六六、六七)、日本テレビ系列の『快獣ブースカ』(一九六六)、フジテレビ系列の『戦え!マイティジャック』(一九六八)と、円谷特技プロダクション(円谷プロダクション)作品の劇音楽を次々と担当し、その地位を不動のものとした。

一九七〇年代に入っても、フジテレビ、ピー・プロダクション制作『スペクトルマン』(一九七一、七二)の主題歌、TBS、円谷プロダクション制作『トリプルファイター』(一九七二)、円谷プロダクション制作、東京12チャンネル制作『恐竜戦隊コセイドン』（一九七八、七九）などの主題歌、劇音楽を書き、多くのファンを楽しませた。

一九七九（昭和五十四）年、円谷プロダクション、TBS制作『ザ☆ウルトラマン』で久々にウルトラ・シリーズに劇音楽を提供した。その後は再び表立った活動は展開しなかったが、二〇〇四（平成十六）年には円谷プロダクション制作、テレビ東京系列放送の深夜テレビ・ドラマ『ウルトラQ dark fantasy』に『ウルトラQ』のメインテーマをアレンジした主題曲を提供し、宮内ファン、ウルトラ・マニアからの喝采を浴びた。

二〇〇六（平成十八）年十一月二十七日、逝去。

●眞鍋理一郎（まなべりいちろう）

一九二四（大正十三）年十一月九日生—二〇一五（平成二十七）年一月二十九日歿（享年九十）

東京・神田の生まれ。家庭環境により幼少の頃から教会音楽に親しむ。中学校の音楽教師、教会の聖歌隊長をめざし、東京工業大学を経て東京藝術大学音楽学部の声楽科に入学する。しかし、やがては作曲家を志すようになり、三年生のときに作曲科に編入する。同科では池内友次郎に師事する。在学中はＮＨＫ交響楽団などでファゴットの演奏をしたこともあった。

東京藝大生時、フランス映画、イタリア映画を積極的に鑑賞する。特にルキノ・ヴィスコンティ、

ロベルト・ロッセリーニ、フェデリコ・フェリーニらによる刺激的でリアリスティックなイタリア映画に心を奪われた。

東京藝大卒業後、まずは劇音楽作曲の道を模索する。親戚の伝手を得て、当時、映画音楽の指揮者として活躍していた吉澤博のもとで映画音楽の〈イロハ〉を学ぶ。その吉澤から仁木多喜男を紹介され、以後は仁木の助手として友人の山本直純とともに映画音楽作曲の修行を積んでいく。一九五〇年代の仁木作品、または吉澤がかかわった映画音楽のアシスタントの仕事を通じて映画音楽作曲技法を習得し、一九五六（昭和三十一）年、日活作品『愛情』（堀池清監督）で映画音楽作曲家の第一歩を踏む。同年、川島雄三の日活作品『洲崎パラダイス 赤信号』で映画音楽作曲の醍醐味を知り、主に日活、新東宝のプログラム・ピクチャーで己の技法に磨きをかけていく。

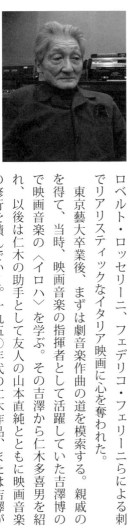

一九五〇年代後半から六〇年代前半にかけては年に十本前後の映画作品の音楽を担当するなど、日本映画音楽の第一線の作曲家として多くの監督と顔を合わせる。日活活劇がこの時代の中心的な仕事となるが、なかでも光彩を放ったのが『暖簾』（一九五八／宝塚映画、東宝）『貸間あり』（一九五九／同）『人も歩けば』（一九六〇／東京映画、東宝）などの川島雄三との作品であろう。

しかし、眞鍋理一郎の名を映画界にとどろかせたのは大島渚との一連のコンビ作だった。松竹大船作品『愛と希望の街』（一九五九）『青春残酷物語』（一九六〇）『太陽の墓場』（同）『日本の夜と霧』（同）などで響かせた、一種不条理で実験色をたたえるかのごとき音楽意匠は眞鍋音楽の個性を端的に差し出すものだった。

その後も眞鍋は映像音楽を主舞台に活動を展開し、さまざまな監督と組んで自己の音楽語法を披露していく。商業用劇映画から文化映画、ドキュメンタリー映画、教育映画の類《たぐい》に至るまで担当作品数は二百本ほどとなる。

一九六〇年代以降の代表作としては、東宝の「血を吸う」シリーズ、つまりは山本迪夫監督作『幽霊屋敷の恐怖　血を吸う人形』（一九七〇）『呪いの館　血を吸う眼』（一九七一）『血を吸う薔薇』（一九七四）がまずはあがり、松本正志監督作『狼の紋章』（一九七三／東宝）、小沼勝監督作『花と蛇』（一九七四／日活）、晩年に名コンビを組んだ浦山桐郎監督との『青春の門』（一九七五／東宝）『青春の門　自立篇』（一九七七／同）『龍の子太郎』（一九七九／東映動画）などが続く。テレビ映画の音楽も手がけ、なかでもテレビ映画版「金田一耕助」シリーズ（「横溝正史」シリーズ）を飾った楽曲群は眞鍋の一つの代表作にふさわしいものとなった。

二〇〇二（平成十四）年七月には川崎市民ミュージアムが眞鍋の映画音楽における業績をふりかえる企画展「〈映画〉を聴く　眞鍋理一郎の映画音楽」を開催し、多くのファンを集めた。二〇〇九（平成二十一）年九月には八十五歳を祝う記念演奏会「眞鍋理一郎　85歳記念コンサート」が催され、純音楽作品の新作が披露された。

二〇一五（平成二十七）年一月二十九日、逝去。

10 ゴジラ・ミニラ・ガバラ　オール怪獣大進撃［音楽：宮内國郎］

東宝DVD名作セレクション
TDV26151D

サウンドトラックCD
東芝EMI「ゴジラ大全集」
TYCY-5354

東宝作品　カラー・シネマスコープ　七〇分　一九六九（昭和四十四）年十二月二十日公開（併映作品／福田純監督作『コント55号　宇宙大冒険』、長浜忠夫監督作『巨人の星　行け行け飛雄馬』）観客動員／一四八万人

〈メイン・スタッフ〉

製作／田中友幸　監督／本多猪四郎　脚本／関沢新一　撮影／富岡素敬　美術／北猛夫　録音／刀根紀雄　照明／原文良

〈メイン・キャスト〉

矢崎知紀（三木一郎）、佐原健二（三木健吉）、堺左千夫（強盗犯人・千林）、天本英世（南信平）、中真千子（三木タミ子）、鈴木和夫（強盗犯人・奥田）、石田茂樹（アパートの管理人）

ゴジラ映画、東宝特撮怪獣映画は一九六八（昭和四十三）年に封切られた『怪獣総進撃』（本多猪四郎監督、有川貞昌特技監督）で一時代の幕を下ろした。同作が予想以上の興行内容を展開し、いわゆる

子供映画週間の一番組としての住み処をみつけたため、東宝は怪獣オールスター映画の第二弾、とはいってもＨ本映画衰退期ゆえに製作費はさして確保できず、スケールを大幅に縮小した作品を製作することにした。それが『ゴジラ・ミニラ・ガバラ　オール怪獣大進撃』である。

監督に本多猪四郎、脚本に関沢新一と、ゴジラ映画最盛期を担った監督と脚本家を擁した本作は、それまでのゴジラ映画の概念をくつがえす、言い方を換えれば、従来の概念を一掃する、まったく新たなゴジラ映画となった。これからのゴジラ映画はどう進んでいけばよいのか。いかなる道を選択すればよいのか。作り手側の自問自答、模索が一本の映画として形をなしてきた。

従来のゴジラ映画の劇世界からは一変した作品であることは物語からも見える。ゴジラ映画の既成観念からは離れたうえで児童向け劇映画と受け止めれば快作と映る。ではあるが、『怪獣総進撃』の余韻を引きずり、再び怪獣オールスター映画を名乗るゴジラ映画として期待に胸を膨らませていた向きには肩透かしを味わわせるものだった。映画館に馳せ参じてきたあまたの子供たちは落胆したのではなかったか。関沢はこのような映画世界を打ち立てた。

東京の下町。父親（佐原健二）はディーゼル機関車の運転士、母親（中真千子）はパートタイマーの家庭のひとり息子、小学校二年生の三木一郎（矢崎知紀）は気弱で引っ込み思案。いつも〈ガバラ〉といういじめっ子（伊東潤一）の標的にされる。鍵っ子でひとりぼっちの一郎の楽しみは、廃墟ビルでがらくたを集めることだ。同じアパートに住む玩具アイディアマン、南信平（天本英世）がよき相手になってくれる。一郎は両親の帰宅が遅い日はがらくたで組み立てたコンピューターを操作して空想の世界に入る。ジェット機で怪獣島に飛ぶのだ。そこには怪獣が何匹も棲んでいる。

ゴジラ、ミニラ、アンギラス、ゴロザウルス、クモンガ、カマキラス、エビラ、マンダ、凶悪なガバラ。カマキラスに襲われた一郎はミニラに救出される。一郎は自分のことをミニラに話した。ミニラも気が弱い。意地悪で強いガバラとは闘ったことがない。夢から醒めた一郎は遊びに出る。いつものように廃墟ビルでがらくたを集めていた一郎は免許証を拾った。五千万円を強奪して逃走中の男二人組（堺左千夫、鈴木和夫）がビルに隠れていて、そのうちのひとりが免許証を落としたのだ。一郎は夕食を終えると再び怪獣島に飛ぶ。ミニラを呼んだが、いない。ガバラが現れ、追いかけてきた。逃げた一郎はミニラと会った。ひとりで生きる練習をしろ、とゴジラに叱咤されたミニラはゴジラの特訓を受けていた。それでもガバラに勝てない。一郎は強盗犯二人組に捕まり、ビル内に監禁された。目を閉じ、またもや怪獣島に飛ぶ。ミニラがガバラに挑んでいた。ガバラは強い。それでもゴジラの助けを借りながらなんとかガバラに勝った。車に押し込まれそうになった一郎は、ガバラに懸命に挑んだミニラの姿を思い出す。ミニラだってがんばったんだ。一郎は勇気を振り絞って強盗犯に立ち向かっていく——。

「ゴジラ」シリーズは『怪獣総進撃』でやはりピリオドが打たれていた、本作はかつての流れを断ち切る新種のゴジラ映画だった。怪獣ブームは過ぎ去った。しかし、巨大ヒーローものはいまだ根強く人気を集めている。怪獣ブームもまだ完全に火が消えていないのなら、従来のようなものは困難であろうが、スケールを小さくした、より子供の視線に寄ったゴジラ映画、怪獣映画ならまだいけるのではないか。そうした作品で子供向け（家族向け）興行を組みたい。このような思惑が東宝側にあったのであろう。

怪獣描写や怪獣同士の対決シーンは頻繁に出てくる。ではあるが、アンギラスやゴロザウルス、マンダは『怪獣総進撃』から、ゴジラが大コンドル（これも含めれば全十怪獣となる）、エビラ、クモンガ、カマキラスらと闘う映像は福田純が演出をし、有川貞昌が特技を担当した『ゴジラ・エビラ・モスラ　南海の大決闘』（一九六六／東宝）『怪獣島の決戦　ゴジラの息子』（一九六七／同）からの流用だった。主役級の三怪獣は当然のことながら新たに撮影されたのだが、ほかの六怪獣、またゴジラやミニラがそれらの怪獣たちと闘う映像は過去の映画のフィルムが持ってこられた。カマキラスのある一カットだけが唯一の新規撮影だった。

さらに怪獣シーンはすべて一郎の夢だったという設定は観客を大いにとまどわせたはずだ。もう一つ、この映画のミニラは言葉をしゃべる。テレビ幼児番組におけるぬいぐるみキャラクターと少しも変わらない。一郎とミニラが会話をする。これには映画に向かう子供たちも意外だったのではないか。

だから『ゴジラ・ミニラ・ガバラ　オール怪獣大進撃』はゴジラ映画ではあるのだが、やはり番外篇ととらえるのがふさわしい。特撮シーンの多くを既成フィルムで間に合わせた、低予算の子供向け映画であることはまちがいない。しかし、映画として取るに足らなかったのかというと、それはまったく別の話となる。本作はそうした流用フィルムが用いられる映画世界を築き、今の子供たちを取り巻く生活環境、核家族問題、庶民文化、社会風俗など、この時代の世相と空気をゴジラ映画のなかに取り込んだ。一九七〇年代を間近にした日本の一風景を鋭く切り出した。こうした味つけが本作を生き生きとしたものに仕立てた。依頼側が求める方向性に沿った物語を的確に、娯楽色豊かにつむぐ脚本家・関沢新一の力が存分に披露された。

〈本多猪四郎の映画〉という視点で本作をとらえるのが妥当と思える。特技部門も演出しているが、どこまでも人間ドラマがメインに置かれる。怪獣を友だちのように受け止めている子供たちへの作り手の優しげな視線が心地よい。一郎と同じアパートに住む南信平が注ぐ彼への愛情、終幕における一郎の母親・タミ子の涙が味わい深い。関沢の物語世界構築の巧みさも当然あるが、本多の演出がこうした滋味を生み出した。こういう面に即し、ゴジラ映画の固定観念を振り払えば、本多映画、屈指の一本にあげられよう。本多猪四郎の映画作家としての誠実さ、品のよさ、真面目さが本作をさわやかなものに仕立て上げた。

ジャズ・トランペット奏者から作曲家に転身したという宮内國郎が音楽を手がけた。彼はかつて、東宝SF特撮映画『ガス人間第一号』（一九六〇／本多猪四郎監督、円谷英二特技監督）の音楽を担当し、〈珠玉の仕事〉といった表現がまさにふさわしい響きを配した。本作はこの種のジャンルの二本目の担当作となった。

宮内はこの時代、円谷特技プロダクション（円谷プロダクション）、TBS制作の特撮テレビ映画シリーズ『ウルトラQ』（一九六六）『ウルトラマン』（一九六六、六七）、円谷特技プロダクション、東宝制作の『快獣ブースカ』（一九六六、六七）、フジテレビ、円谷特技プロダクション制作の『戦え！マイティジャック』（一九六八）などの劇音楽を矢継ぎ早に送り出し、その名声を業界でたしかなものにしていた。だから製作側が、多くの作曲家が日本万国博覧会（一九七〇年三月～九月）の仕事に駆り出されて多忙をきわめていた背景はあったにせよ、宮内に白羽の矢を立てたのは慧眼だった。ゴジラ映画ではあるが、本作は従来の路線とは大きく異なり、怪獣ブームを作り出した大人たちが怪獣に夢中になった子供を優しいまなざしで見つめる、気持ちのよい児童映画だ。こうした味わいの童話的ドラマに宮内の音楽が正面から相乗するのは容易に想像できよう。

宮内は『ウルトラQ』内のエピソード、児童劇の形態を採った「育てよ！カメ」「鳥を見た」「カネゴンの繭」、ときに『ウルトラマン』でも、『快獣ブースカ』ではいうまでもなく、メロディラインと音色を強調した明るく無垢な楽曲を多く書いている。ノスタルジックでメルヘンチック、聴き手の感情を躍動させ、胸を締めつける、キュートでリリカルこのうえない名曲の数々を付してそれら一種の童話を彩った。

そうした背景からも、ゴジラ映画番外篇と取れる、〈ゴジラ〉を題材に採った児童劇映画である本作に宮内が招かれたのは、結果論ではあるのだが、実にまっとうだった。まさにはまり役だった。宮内の音楽世界が注がれて本作は幸福だった。彼の響きが聞こえない本作はまったくイメージが湧かない。

ただし、言及しなくてはならないであろう。本作の音楽世界を支配したのは、実のところは宮内の楽曲ではない。メインタイトル、主たるスタッフ、キャストの名前が打たれるクレジット部分や劇中の要所で流れる主題歌「怪獣マーチ」（関沢新一作詞、叶弦大作曲、佐々木理里歌唱）が映画全編を覆うほどの強烈なインパクトを生んだ。繊細でなごやかでほのぼのとした宮内のスコア群が割を食った感がある。このあたりはあるいは、宮内も複雑なものを抱えたのではないかと思われる。一方、彼はこの「怪獣マーチ」をアレンジした楽曲も劇中の要所で使いこなしている。宮内の音楽家としての力量を伝えるに十分な処置と受け取れる。

夢の世界に入った一郎が怪獣島でゴジラとカマキラスの一戦を観戦するシーン、樹木に登った一郎がゴロザウルス、マンダ、アンギラスなどの怪獣島に棲息する怪獣を眺める場面、ゴジラとエビラ、クモンガ、ガバラの闘い、ミニラがガバラに立ち向かっていく描写、現実世界で一郎が勇気をふるって強盗犯二人組やいじめっ子のガキ大将に挑んでいくシークエンスにかぶさるアグレッシブな楽曲は「怪獣マーチ」をアレンジしたものだ。大きな見せ場を飾る主題曲として扱われている。

宮内の編曲を得た「怪獣マーチ」の調べが鑑賞者の情動をすこぶる刺激する。宮内の劇中曲と「怪獣マーチ」。この二種の楽案で本作の音楽世界は練り上げられる。主張が激しい「怪獣マーチ」の存在感は圧倒的だったが、それも宮内の音楽采配があってのものである。

もう一つ、メインテーマと解釈してもかまわない楽曲がある。宮内作曲によるミニラの主題曲がそれだ。同様のブロックには、軽やかで耳に優しい一郎の主題曲も入ってくる。新怪獣ガバラの動機も聞こえてはくるが、それほど印象には残らない。「怪獣マーチ」、ミニラ、一郎の各テーマ、この三種を音楽柱に設定して宮内は映画を進める。己を押し出す態度は見えない。さりげないとも映る彼の付曲姿勢が映画全体に清潔感、爽快感を吹き込む。音楽を劇中のどこに配置し、いかなる音色、テンポ、リズムを付せばドラマにエネルギーを注ぎ、映画の性格と方向性をより強調できるか。宮内のそうした真摯な作曲態度が受け手に達してくる。

小学校二年生の鍵っ子の男の子を主人公としたホームドラマ。それを本多猪四郎が撮った。本作の真髄はここにある。宮内は一郎の成長過程を柔和な目で見守った。心細やかな『ウルトラQ』『ウルトラマン』『快獣ブースカ』を彩ってきた宮内國郎の音楽がこの映画を支えた。

11　ゴジラ対ヘドラ〔音楽：眞鍋理一郎〕

東宝 DVD 名作セレクション
TDV26152D

サウンドトラック CD
東芝 EMI「ゴジラ大全集」
TYCY-5355

東宝作品　カラー・シネマスコープ　八五分　一九七一（昭和四十六）年七月二十四公開（併映作品／『帰ってきたウルトラマン』『いなかっぺ大将』『昆虫物語　みなしごハッチ』『日本むかしばなし　わらしべ長者』）観客動員／一七四万人

〈メイン・スタッフ〉

製作／田中友幸　監督／坂野義光　特殊技術／中野昭慶　脚本／馬渕薫、坂野義光　撮影監督／真野田陽一　美術監督／井上泰幸　録音／藤好昌生　照明／原文良

〈メイン・キャスト〉

山内明（矢野徹）、川瀬裕之（矢野研）、柴本俊夫（毛内行夫）、麻里圭子（富士宮ミキ）、木村俊恵（矢野敏恵）、吉田義夫（伍平爺さん）、鈴木治夫（陸上自衛隊・幹部将校）

『ゴジラ対ヘドラ』は異質のゴジラ映画作品だ。前作『ゴジラ・ミニラ・ガバラ　オール怪獣大進撃』は番外作というイメージがついてまわった。しかし、本作は本多猪四郎、円谷英二、関沢

新一たちが積み上げてきたゴジラ映画黄金時代の作品群との接点はおよそみつからない。異端児だ。といっても、「ゴジラ」シリーズの堂々たる新作であることにもなんら変わりはない。余興などではない。まさしくこの時代が産み落としたゴジラ映画である。

〈ゴジラ〉にはこれまでかかわりを持たなかった新たなスタッフ、あるいはさほど関係の濃くない人々がたずさわったがゆえに、一九七〇年代のはじめ、混沌とした空気が漂う現代に〈ゴジラ〉を送り出すのならこういう方向しかないのでは、といった趣旨の映画人の野心と気概がこの映画を成立させた。円谷英二の逝去（一九七〇年一月二十五日）、特殊技術課の廃止、東宝映像株式会社の設立など、映画産業没落期に応じた東宝の組織的改革と人材の流出などの諸々の事情も重なっているが、ゴジラ映画の原点である、本多猪四郎が監督した第一作『ゴジラ』（一九五四／東宝）がそうであったように、ゴジラ映画は時代を映す鏡、日本に覆いかぶさる深刻な社会問題に大衆の視線を向かわせるメッセージ映画の性格を込めることが肝心だという作り手側の熱意が直線的に迫ってくる。ダークに、シリアスに、ペシミスティックに。脚本は馬渕薫（木村武）、演出を担当する坂野義光が共同執筆した。

公害が生み出した怪獣ヘドラが主役をつとめる。過度な環境汚染によって社会問題化した公害はさらに生態環境の破壊、未曾有の奇病を引き起こして世間を震撼させた。静岡県・田子の浦（駿河湾・富士川河口付近の海辺）に沈殿、浮遊するヘドロ（工業廃水や産業廃棄物などの汚染物質を含む汚泥）、一九七〇年七月に東京で発生して学童に甚大な被害をもたらした光化学スモッグ（窒素酸化物や炭化水素が日射によって化学反応を起こしてオキシダント化し、大気中に高濃度に停留したもの）は公害の象徴となった。一年前、〈人類の進歩と調和〉のスローガンのもとに開催された日本万国博覧会を大成功させた日本は、一方で公害問題に揺れ動いていた。この二つは一九七〇年代初期における日本のまさに裏と表のアイコンだった。高度成長を無我夢中になって推し進めてきた日本が背負う重い代償だった。

本作の作り手はここに着想を得た。だから映画の中身はかなりハードだ。地球環境のシンボルとも解釈できるゴジラが、文明を謳歌して享楽にひたってきた人類が垂れ流した公害のメタファーとして出現した怪獣ヘドラと死闘を繰り広げる。プロットの段階からして陰鬱で深刻なイメージをかもしてくるゴジラ映画は、取り方によっては第一作以来である。老若男女に大々的に差し出そうとする映画だったら、ここまでは無理だったのではないか。トーンダウンしたのではないか。子供相手の映画だからこそ思いきった主張を込めた映画が作れることもある。本作の特異性がここでも目につく。異形作と呼ぶにふさわしい。映画はこうつづられる。

富士山麓にたたずむ駿河湾の海面に黒い海坊主のような怪物が出現した。老漁師の伍平爺さん（吉田義夫）が海洋生物学者・矢野徹（山内明）のもとにオタマジャクシ状の大きな奇魚を持ってきた。矢野は魚を詳しく検分する。テレビでは駿河湾に現れた怪物がタンカー二隻を沈めた事件を報じていた。矢野は岸辺に息子の研（川瀬裕之）を待たせ、奇魚が獲れた海底に潜った。巨大なオタマジャクシ状の怪物が現れる。怪物はヘドラと名づけられた。研は夢を見る。夕陽に沈む太陽を背にゴジラが咆哮をあげる。ヘドロに覆われる海の水平線に姿を現したゴジラは、汚染した海に放射能熱線を浴びせた。矢野はヘドラを分析する。奇魚の小片が次々と合体して大きくなった。同夜、巨大化したヘドラが港に上陸した。ヘドラは煙突から噴き上がる排煙を吸い込んだ。ゴジラが現れた。激突する二怪獣。勝負はつかず、両怪獣は海に去る。矢野の妻（木村俊恵）の弟・行夫（柴本俊夫）の案内で矢野は埠頭に行き、ヘドラの破片を採取する。未知の鉱物が発見され、矢野はヘドラを地球外生物と結論づけた。ヘドラが街に再上陸した。飛行期に入ったヘドラが撒き散らす高濃度硫酸ミストを浴びた人々は白骨化し、ビルの鉄骨は腐食し、崩れ落ちた。矢野は電流でヘドラを乾燥させる手段を講じる。行夫は富士の裾野で公害撲滅のゴーゴー決起集会を催す。ヘドラが富士の裾野に飛来する。ゴジラも来た。ヘドラの前にゴジラは苦境に立たされる。若者たちはタイマツを振りかざしてヘドラに立ち向かったが、あっという間に静けさが訪れた。矢野、研、自衛隊の幹部らがみつめるなか、ゴジラとヘドラ、二大怪獣の最終決戦が始まる——。

坂野義光が監督と脚本を担当した。一九五五（昭和三十）年に東京大学文学部美学美術史学科を卒業して東宝に入社し、主に黒澤明のもとで助監督修行に励んできた経歴を持つ。のちに東宝水中撮影班を設立し、何本かの劇場用映画の水中撮影の指揮を執っていた。一九七〇（昭和四十五）年、日本万国博覧会の三菱未来館の映像イベントの映像・音響の演出にたずさわったのが縁となり、プロデューサーの田中友幸から新しいゴジラ映画の企画立てを命じられた。それで生まれてきたのが本作である。彼はこの映画で映画監督デビューを果たした。

企画段階から先頭に立って進めてきた映画だけに、坂野のこの仕事にかける情熱がストレートに達してくる。ここまでの異色作が誕生したのは、坂野自らが発案し、ベテラン脚本家の馬渕薫との共作の形で脚本を書き、本編演出のみならず特撮部門も陣頭指揮に立ち、スタッフ編成にも積極的に関与したからと思える。坂野のワンマン映画、プライベート・フィルムという色合いがなんとなく漂ってはいるが、彼がすべてに率先して取り組んできた結果であろう。

坂野はB級アンダーグラウンド映画の味わい、カラーを込めようとしたとも受け取れる。開巻箇所でそうしたムードを生じさせるサイケデリックな装飾がほどこされたビジュアルのなかに女性歌手（麻里圭子）をモンタージュで登場させる。そして危機感をあおりたてるとともに揶揄する歌をプロパガンダ風に唄わせたり、マルチ・スクリーン技法や科学映画風アニメーション、ブラックな加工映像を劇中の要所に挿入したりと、従来のゴジラ映画とは明らかに異なる、前衛的で扇情的な仕掛けが採られた。坂野義光という映像クリエイターの嗜好・個性があふれんばかりにこぼれてきた。

本作のもう一つの特色、それは映画の至るところに時代の空気感、雰囲気、風俗、環境、若者たちの息遣いが匂い立ってくることである。『ゴジラ・ミニラ・ガバラ　オール怪獣大進撃』でも一九七〇年代初期の時代感、庶民の生活感情、感覚は表出していたが、ここではその色がマクロ的に拡がった。高度成長時代を謳歌し、日本万国博覧会を経験して表面上は先進大国となった日本の土台を支える人々のなまなましい体臭、表面上だけの繁栄にしらけ、厭世観を心にたずさえた若者たちが作り出した風俗と生態が絶妙な隠し味となった。そうした効果もあり、「ゴジラ」シリーズ中、特筆すべき異質作となって熱狂的支持者を生んだ。ゴジラ映画で唯一のカルト・ムービーとも称され、「ゴジラ」シリーズの最高傑作との声もときにあがる理由がこのあたりに見出せる。

「ゴジラ」シリーズの流れからは驚くほどの異色作となった本作だが、その少なからずの部分を背負ったのが眞鍋理一郎の手による音楽である。

時代色をこれ以上はないと思えるほど表出してくる主題歌「かえせ！太陽を」（坂野義光作詞）が強烈なインパクトを生む。音楽面ばかりでなく、この映画を構成するすべての成分がこの歌に集約されるといってもよい。奇妙奇天烈なノリをかもし出すと同時に何ともいえぬ歯切れのよさ、さらに不気味さも隠し味で漂わせてくる歌詞が唄われる。曲そのものはロック感をたたえたポップス調なのだが、映画のテーマを鋭く突き出してくる。タイトルバックをはじめ、劇中の要所でヒロインの麻里圭子の唄声でペシミスティックに、頽廃的に、ときに男声合唱の野太い声で断片が訴えかけるように唄われるこの主題歌の響きとカラーには圧倒される。『ゴジラ対ヘドラ』といえばまずは「かえせ！太陽を」なのだ。

若者たちの溜まり場である、キッチュでサイケデリックなアングラ・バーで麻里圭子が唄う「かえせ！太陽を」は、この映画のイメージを瞬時に築き上げる。ここまで歌が主張を発したゴジラ映画は後にも先にもない。社会的希求性も申し分ない。まるで悪夢のなかから聴こえてくるような感触もある。

混沌とした一九七〇年代のはじめ、閉塞感に包まれた社会現状を打破しようと革命を夢見た若者たちが多くいた。安保反対、内閣打倒、学生待遇改善、等々。一方、何をやっても結局は無駄、大人は何もわかってくれない、理解できないのだから、としらけた想いのまま投げやりに生きる若者たちもいた。いずれも理想と現実のはざまでもがいていた。この歌はこうした彼らの叫び、慟哭もまた帯同する面持ちもあった。

この映画で聞こえてくる歌、劇中音楽の鳴りは、公害が深刻な社会問題となっていた時世はもちろん、一九六〇年代末期、七〇年代初期の日本にどんよりと漂っていた空気、匂いに意識を向けないと本質を味わえない。あの時代は「かえせ！太陽を」の世界につながるような空気感・風俗・文化・音楽があふれていた。フォーク、ロック、アングラ・ミュージックが流行ってもいた。「かえせ！太陽を」と真っ向から重なるメッセージ・ソングが流れていた。本作はそういった社会の断面を鋭角的にえぐり取る映画であるがゆえに音楽も当然の呼応だった。

主題歌の存在感があまりに強いと、劇音楽の印象が薄くなりがちだ。しかし、本作にはあてはまらない。眞鍋映画音楽術の特徴でもある。眞鍋理一郎の実力が至るところから浮き出る。眞鍋の映画音楽はともすれば耳になじみにくい。輪郭を明確に提示しない作曲スタイルが少なくない。映画音楽作曲家として歩み始めた時代に担当した川島雄三の監督作、眞鍋映画音楽の代表作として広く認知されている大島渚との一連の協同作業で頻繁に現れる、ときに無機的・硬質的な作風がそうしたイメージを受け手に与える。

ただし、断言できるわけではない。映画音楽は映画が求める音を付さねばならない。内容や傾向、監督の意向やドラマツルギーに添わなくてはならない。だから眞鍋の個性が勝手にひとり歩きをしたわけではない。それでも彼の作家性は表出する。眞鍋の映画音楽形態であることはまちがいない。

眞鍋は本作において主要キャラクターにはっきりとしたモチーフを与え、それらを劇状況、劇展開に応じて設置する演出を採った。ヘドラの主題、ヘドラ側の楽曲に彼の個性がほとばしる。温もりはまったく感じさせない。つかみどころのないヘドラという怪獣を眞鍋は音色、楽音のうごめきを重んじた設計で奏でる。

子供たちが多く観るゴジラ映画、怪獣映画だからといって眞鍋は己の楽風を少しも変化させていない。前衛的、サイケデリックなサウンドを押す。映画の序盤、ヘドラの正体が明らかになるまでの音のたたみかけは眞鍋の独壇場だ。これらはゴジラ映画のなかで異様な響きに聞こえる。本作の異端児ぶりは眞鍋の音楽演出でさらに強調された。眞鍋の音楽采配があったがために公害怪獣ヘドラの混沌とした存在、映画が描こうとする対象がより光り輝いた。眞鍋の音楽様式と映画が求め、発しようとする劇的因子が渾然化する。

ゴジラ映画だからゴジラの主題曲は眞鍋も抜かりなく設置している。伸びやかで開放感を覚えさせる金管楽器の音色が主張を発する。ヘドラの場合とは打って変わり、ゆったりとした空間の拡がりを引き出す音楽を眞鍋はゴジラに付した。ヘドラ側のスコア群との対照を露わにした。ヘドラの主題が本作の音楽空間のあまたを占めるが、地球の憤りや嘆きといった要素をも含んだと思わせるゴジラのモチーフが、ヘドラ側の楽曲群が覆いかぶらせた暗澹たるムードを吹き払う。

主題歌や現実音楽は別とし、眞鍋が本作に導いたスコアはヘドラとゴジラ、どちらかの範疇に収まるといってもかまわない。そのなか、ゴジラが飛行能力を初めて披露するくだりやエンディングをうたい上げる、思いきり明るさを引き出す軽快で昂揚感に満ちた楽曲は映画全体に対しての清涼剤的役目をつとめた。唐突ではあったが。ヘドラを倒せばきっと地球にオアシスが戻ってくる。音楽はそう語りたかったのであろう。それでも環境が改善されない限りヘドラは尽きることなく出現してくるのだ。眞鍋も音楽からこの映画のメッセージをわかりやすく伝えた。

12　地球攻撃命令　ゴジラ対ガイガン［音楽：伊福部昭の既成曲より］

東宝DVD名作セレクション
TDV26153D

サウンドトラックCD
東芝EMI「ゴジラ大全集」
TYCY-5356

東宝作品　カラー・シネマスコープ　八九分　一九七二（昭和四十七）年三月十二日公開（併映作品／『帰ってきたウルトラマン』『ミラーマン』『かしの木モック』『昆虫物語　みなしごハッチ』『天才バカボン』）観客動員／一七八万人

〈メイン・スタッフ〉

製作／田中友幸　監督／福田純　特殊技術／中野昭慶　脚本／関沢新一　本編撮影／長谷川清　特技撮影／富岡素敬　美術／本多好文　録音／矢野口文雄　照明／佐藤幸次郎

〈メイン・キャスト〉

石川博（小高源吾）、梅田智子（志摩マチコ）、菱見百合子（友江トモ子）、高島稔（高杉正作）、藤田漸（世界子供ランド会長・須東フミオ）、西沢利明（世界子供ランド事務局長・フジタ）、村井国夫（志摩武士）

一九七一（昭和四十六）年の夏休み興行に公開された坂野義光監督の野心作『ゴジラ対ヘドラ』は、社会的メッセージが強いこともあって一部のマスコミからはそれなりの話題作として迎えられた。

公害怪獣ヘドラのインパクトは小・中学生を中心としてある程度のアダルト層にまで達し、大衆の関心を駆り立てた。子供相手の映画には変わりないが、ヘドラとゴジラが凄絶な闘いを見せる内容の売り込みが話題性に結びついた。

同作は特撮テレビ映画作品の併映の効果も少しばかりはあり、それなりの興行力を発揮した。また、新聞や雑誌の映画評でも採り上げられた。映画マスコミ、評論家筋の反応は賛否両論だった。そのメッセージ性は讃えられたが、やはり子供だまし、荒唐無稽などといった、怪獣映画が常に浴びせられる文句が並んだ。

ゴジラ映画は『ゴジラ対ヘドラ』で若干ながらも盛り返した。同作の撮影が終了するあたりですでにゴジラ映画の次回作の準備が開始され、馬渕薫（木村武）と関沢新一、東宝ＳＦ特撮怪獣映画を支えてきた両巨頭がそれぞれに脚本の執筆を始めていたという。馬渕作は『ゴジラ対宇宙怪獣地球防衛命令』、関沢作は『キングギドラの大逆襲！』（どちらも仮題）。この二種の脚本が『地球攻撃命令　ゴジラ対ガイガン』のプロットの大基となった。だから本作は馬渕案と関沢案を統合した形と理解しても大きなまちがいとはならないのだが、実際のところは関沢案が全面的に採用されたようだ。ガイガン、ゴジラタワーは馬渕案、異星人に操られた宇宙怪獣が地球に攻撃を仕掛けてきてゴジラをはじめとする地球怪獣が迎撃するという流れは関沢案に従ったものだという。しかし、本作の脚本家としては関沢新一のみがクレジットされた。決定稿も関沢の筆によるものである。このように映画は進行していく。

劇画家の小高源吾（石川博）は、マネージャーの友江トモ子（菱見百合子）からゴジラタワーを建設している世界子供ランドの仕事をもらった。子供たちに〈完全な平和〉を学ばせるという事務局長（西沢利明）の話に彼は違和感を覚える。小高はランドのオフィスの入り口で事務局長らに追われた娘（梅田智子）が落としたテープを拾う。彼は会長室で少年のような会長（藤田漸）に会った。あるテープが盗まれた、と事務局長が会長に報告した。計画に支障を来す、と会長は答える。小高の前にテープを落とした娘が高杉（高島稔）と一緒に現れた。志摩マチコという娘はテープの返還を小高に求める。マチコと高杉はランドを探っていた。彼女の兄でコンピューター技師の武士（村井国夫）がランドで「謎の二本のテープ」とマチコにいい残して消息を絶ったのだ。テープを再生しても何もつかめない。しかし、怪獣島のゴジラとアンギラスが反応した。アンギラスが偵察のために日本に向かう。小高はタワーで武士のライターをみつけた。会長の素姓を探るべく彼の実家を訪ねた小高は、彼が事務局長と瓜二つの中学校教師と山で遭難死した事実を知る。相模湾に現れたアンギラスは防衛隊の攻撃を浴びて引き返した。小高はタワーで武士の無事を確認する。だが、タワーに潜入した小高たちは捕らえられた。テープを奪還した事務局長は宇宙に向けて流し始めた。二つの光が地球に近づいてくる。キングギドラとガイガンだ。M宇宙ハンター星雲から来た会長たちは先住種族が滅ぼした故郷を捨て、地球を侵略するという。彼らは二大宇宙怪獣を操って東京を破壊し始める。防衛隊も歯が立たない。そのとき、海からゴジラとアンギラスが出現した。地球怪獣対宇宙怪獣の闘いが始まる――。

監督は『ゴジラ・エビラ・モスラ　南海の大決闘』（一九六六／東宝）『怪獣島の決戦　ゴジラの息子』（一九六七／同）を演出した福田純がつとめる。『ゴジラ対ヘドラ』の坂野義光が続投する話は出なかった。ある意味、軌道修正を図ったのであろう。子供たちを中心とした観客が単純明快に楽しめる、ストレートな娯楽要素の詰まったゴジラ映画を、という東宝側、特に興行サイドの思惑が働いたのだと思われる。『ゴジラ対ヘドラ』は娯楽を正面からうたい上げる映画ではなかった。メッセージ色や諷刺を多く盛り込むゴジラ映画だった。時勢が作らせた映画という性格がやはり強かった。本作では幼年齢者層が気軽に入り込める、明るく楽しい娯楽映画への回帰を図った。「東宝チャンピオンまつり」に馳せ参じてくる子供たち、家族たちを直線的に満足させようとするゴジラ映画を再び送り出すことにしたのだ。

こうした方針のもとに製作された映画だから、本作が怪獣たちの闘いをなるべく多く見せようとする映画になったのも当然だった。観客はゴジラが敵怪獣と闘う姿を堪能したいのだ。だから物語は二の次とされた。まずは怪獣あり。闘いあり。特撮あり。いかに怪獣シーンを長く、停滞させることなく続けていくか。経費をなるべくかけずに。製作費の切り詰めが課題かつポイントでもあった。

こうした造りが本作以降のゴジラ映画の主流をなしていく。以降の流れの特色となった。本作がそのフォーマットを形成した面が強い。過去作からのフィルム流用がその効果の一端を担った。本作の主役といえるガイガンはそのフォルムの強烈さもあり、一躍人気怪獣の仲間入りを果たした。キングギドラとチームを組んだガイガンとゴジラ、アンギラス組との闘いの娯楽性はなかなかのものである。

本多猪四郎・円谷英二コンビによる隆盛期のゴジラ映画の芳香を一掃させるわけでもなく、そうしたムードをそこはかとなく残しながら、子供たちの目線を常に、より意識し、ゴジラ対敵怪獣のスペクタクルを低予算で徹底的に描く。それが本作だった。

「ゴジラ」シリーズ中、音楽面での最大の異端作がこの映画かもしれない。福田純作詞、宮内國郎作曲・編曲による主題歌「ゴジラマーチ」（レコードのB面収録は「やっつけろガイガン」）は除外し、この映画のために書かれた劇音楽は一つもないのだ。

東宝マーク部分から伊福部昭の音楽が流れてくる。劇中もそれは変わらない。しかし、一部を除いて伊福部が過去に東宝作品に付した既成曲から持ってこられた。『暗黒街の顔役』（一九五九／岡本喜八監督）『宇宙大戦争』（同／本多猪四郎監督、円谷英二特技監督）『海底軍艦』（一九六三／同）『モスラ対ゴジラ』（一九六四／同）『三大怪獣　地球最大の決戦』（同）『フランケンシュタイン対地底怪獣《バラゴン》』『キングコングの逆襲』（一九六七／同）『怪獣総進撃』『緯度0《ゼロ》大作戦』（一九七〇／同）『商魂一代　天下の暴れん坊』（同／丸山誠治監督）。すべてが田中友幸のプロデュース作品である。

公開時、この映画を観たあまたの人々が〈これぞゴジラ映画の音楽だ〉と膝を打ったはずである。『怪獣総進撃』以降、また伊福部ファンならば、本多猪四郎監督、円谷英二特技監督作『怪獣大戦争』（一九六五／東宝）以降のゴジラ映画音楽に多少なりとも違和感は覚えていたであろうし、「東宝チャンピオンまつり」で伊福部が音楽を担当した旧作が再上映されていた背景もあろう。そうした理由もあって、新作でいわば〈いつもの音楽〉〈耳になじんだ響き〉を聴いて満足感、安心感を抱いた鑑賞者が多かったと思われる。しかし、これはこの映画のスタッフが狙ったことでもあった。そうした鳴りを呼び込もうとしてかつての音源を持ってきたのだ。過去の映画で流れた音楽が再使用されたと気づいた向きは少なかったと思われる。

　伊福部映画音楽作品、並びに田中友幸が総合プロデューサーをつとめて東宝が製作協力した、一九七〇（昭和四十五）年に大阪で開催された日本万国博覧会における三菱未来館の展示イベントで上映されるサークロマ立体映像作品『日本の自然と日本人の夢』（板野義光演出）のために書かれた、伊福部楽曲が本作の主題曲扱いで付された。助監督をつとめる所健二の手による選曲は的を射ていた。

　『暗黒街の顔役』からの響きがかぶさる東宝マークから始まり、メインタイトル前では『モスラ対ゴジラ』よりの本来の「ゴジラのテーマ」（いわゆる「ゴジラの恐怖」のイントロ部分）がとどろき、スタッフ、キャストのタイトル・クレジット部分では『日本の自然と日本人の夢』の「火山」が、ときおり入るビーム音とともに鳴りわたる。映画のオープニング、これから描かれるゴジラ映画の物語世界にふさわしい鳴りで映画は始まる。「火山」は、『日本の自然と日本人の夢』が確認できない現状もあり、現在に至っても本作のメインテーマという印象が押し寄せる。幼年齢者を対象とするゴジラ映画、怪獣映画の方向性に合致する音楽演出だった。流用曲とは思えないほどマッチングしていた。

　音楽制作費の削減、時間的問題も含んでの窮策ゆえに、こうした措置は致し方ないものだった。映画作家が気に入った映画の音楽をオマージュとして持ってくるのとは次元が異なる。日本映画困窮期ならではといえる苦肉の策だった。本作は「ゴジラ」シリーズ中、オリジナル曲がつけられなかった唯一のゴジラ映画となった。これもまた時代が、日本映画衰退時代がもたらした、ある意味不幸な出来事だったのであろう。

東宝怪獣のなかでもずば抜けてシャープでハイセンスなデザインを持つ新怪獣ガイガンは本作でデビューした。だが、伊福部音楽が流れる映画で誕生したにもかかわらず、ガイガンは伊福部のテーマ曲を得られなかった。さらにいえば、ガイガンは己の主題曲らしき響きを既成曲からすら与えられなかった。タイトルロール作であるのに主題曲は持てなかったのだ。ガイガンがおよそ三十年の時間を隔てて復活を遂げた、東宝映画作品『ゴジラ FINAL WARS』（二〇〇四／北村龍平監督）でも明確なテーマ曲はなかった。この点ではやはり恵まれない怪獣といえよう。

伊福部は後日、本作に接してその選曲に感心した。よくここまで合わせた、という感想を述べてもいた。選曲者にとっては最大の賛辞である。極論すれば、映画音楽は映画で音楽が流れ、映像に曲が付着すれば成立する。それがオリジナル曲であろうが、既成曲であろうが、大きくは変わらない。あまたの鑑賞者は何もこだわらない。映画から、劇中から流れ、映画館のスピーカーから再生されれば、それはその映画の〈映画音楽〉なのである。

そうした事情がからむ音楽世界のなか、主人公たちがゴジラタワーの破壊作戦を進める最中にゴジラ、アンギラス、ガイガン、キングギドラが激突するシークエンスなどで響いてくる、『日本の自然と日本人の夢』のために作曲された「火山」と「嵐」は既成映画の色が付着していない。だからきわめて大きな効果を呼び込んだ。鮮烈に鳴り響いた。イベント音楽・アトラクション音楽は時期が来れば消え去る運命にある。しかし、映画に採用されたために広く、末永く大衆に聴かれるものとなった。この二曲にとっては幸せなことであったろう。映画のアーカイブ化によって映画音楽はいつでも聴ける時代となった。伊福部の音楽もそうして聴かれ継がれていく。

13　ゴジラ対メガロ［音楽：眞鍋理一郎］

サウンドトラック CD
東芝 EMI「ゴジラ大全集」
TYCY-5357

東宝 DVD 名作セレクション
TDV26154D

東宝映像作品　カラー・シネマスコープ　八二分　一九七三（昭和四十八）年三月十七日公開（併映作品／『パンダコパンダ　雨ふりサーカス』『ジャングル黒べえ』『飛び出せ！青春』）観客動員／九八万人

〈メイン・スタッフ〉

製作／田中友幸　監督・脚本／福田純　特殊技術／中野昭慶
原作／関沢新一　本編撮影／逢沢譲　特技撮影／富岡素敬
美術／本多好文　録音／林顕四郎　照明／森本正邦

〈メイン・キャスト〉

佐々木勝彦（伊吹吾郎）、林ゆたか（陣川博）、川瀬裕之（伊吹六郎）、森幹夫（防衛隊前線本部長）、富田浩太郎（海底王国人・黒服の男）、大月ウルフ（海底王国人・灰色の服の男）、ロバート・ダンハム（海底王国・アントニオ）

前作『地球攻撃命令　ゴジラ対ガイガン』は、この時代、子供たちのあいだで定着していた「東宝チャンピオンまつり」のメイン番組としての存在感を放った。ゴジラ映画を引き続き製作すべきか。打ち切るべきか。東宝社内でも議論伯仲となったというが、同作がまずまず及第点の興行成績を上げたこともあり、次作製作にゴー・サインが出された。

ただし、時間的猶予はあまりなかった。そのために特急で撮影することになった。『地球攻撃命令　ゴジラ対ガイガン』で好評を博したガイガンの再登場、四怪獣（四キャラクター）による大決戦、ゴジラ軍対凶悪怪獣軍のタッグマッチ形式が本作でも継承された。それが『ゴジラ対メガロ』である。

物語構成は前作に続いて関沢新一による。といっても、関沢本人は脚本を執筆していない。彼が考案したストーリー案に従い、監督連続登板となった福田純が自ら脚本を書いた。時間がないのだから、関沢の脚本が仕上がるのを待つよりも実際に演出をする福田が書いたほうが手っ取り早い。時間が稼げる。こうした製作側の判断があったという。

ゴジラは脇役に近い位置に据えられる。真の主役は正義のロボット、ジェットジャガーが担う。甲虫がモチーフに採られた昆虫怪獣メガロが敵役かつ準主役をつとめる怪獣バトル映画である。ジェットジャガーとメガロの対峙構図のもと、前作でデビューを飾ったガイガンがメガロの用心棒怪獣に徹する。ゴジラとガイガンがそれぞれの立ち位置につき、複数による怪獣バトル、怪獣タッグマッチに拡大する。映画も子供たちにもわかりやすい流れで進む。

アリューシャン列島の外れにあるアスカ島で地下核実験が行われた。ある日、ヒト型電子ロボットを開発している青年科学者・伊吹吾郎（佐々木勝彦）、彼の幼い弟・六郎（川瀬裕之）、吾郎の後輩・陣川博（林ゆたか）の三人は北山湖で大地震に遭遇する。湖水は地割れによって湖底に吸い込まれ、北山湖は乾し上がった。研究所に戻った吾郎たちは二人組の侵入者（富田浩太郎、大月ウルフ）に襲われる。格闘の末に彼らは逃走した。開発中の電子ロボットの足下に赤い砂が落ちていた。それは海底三千キロの地層のものだった。完成したロボットはジェットジャガーと命名される。侵入者が再び現れ、研究所を占拠した。三百万年前に海底に没したレムリア大陸の末裔にあたる海底王国シートピアの一部が地上人による核実験のために破壊された。ふたりは報復の地上攻撃を始めるための工作員だった。王国の長・アントニオ（ロバート・ダンハム）は守護神の昆虫怪獣メガロを地上に放つ。男たちはジェットジャガーを奪い、伊吹兄弟をコンテナに閉じ込めて北山湖に運ぶ。湖の地割れからメガロが出現した。工作員の遠隔操縦で操られるジェットジャガーは、メガロを誘導しながら東京に向かう。陣川に救出された吾郎らはジェットジャガーの超音波操縦を試みる。メガロは自衛隊の攻撃をものともしない。ジェットジャガーのコントロールを奪還した吾郎は、ゴジラの協力を得るためにジェットジャガーを怪獣島に向かわせる。アントニオはM宇宙ハンター星雲に通信を送ってガイガンの応援を求めた。人類を救おうという意思がジェットジャガーにめばえ、自ら巨大化するとメガロに突進する。そこにガイガンが降り立つ。ジェットジャガーは窮地におちいる。そのとき、ゴジラが駆けつけた。ゴジラとジェットジャガー組、メガロとガイガン組、両チームによる大決戦が始まる——。

本作の核心はジェットジャガーが握る。特撮テレビドラマの巨大ヒーローにインスパイアされたキャラクターで、SF特撮怪獣ものの主導がすでにテレビ分野に移っていたことを明示した。特撮テレビ・ヒーローの主要素を基にしたゴジラ映画であり、ゴジラ映画の衣を借りて作った巨大超人ヒーロー映画でもある。そのために児童たちの受けをあからさまに買おうとしたゴジラ映画となり、前作の侵略者対地球人のプロットにゴジラ、その好敵手が前面でからんでくる構成を踏襲したストーリーが練られた。

ジェットジャガーの印象が強く、ゴジラは複数の怪獣が見せるバトルを形成する一出演者の次元から脱しきれなかった。ゴジラがいなくても成立する物語でもあった。ガイガンも同様といえ、今度は異星人ではなく海底王国人に操られる単なる怪獣兵器という、キングギドラがたどったパターンにおちいった。ガイガンはもともと侵略者側の手先として登場した宇宙怪獣だからキングギドラとは異なるが、存在感は格段に薄くなった。それでもゴジラは大切に扱われる。ジェットジャガーが主役でメガロが対抗するのはたしかなのだが、ゴジラの活躍は十分に盛り込まれる。ゴジラ映画の枠から逸脱してしまうことはない。

映画は細かい点などは気に留めずに前半部を邁進し、中盤からは怪獣描写、怪獣同士の闘いを徹底的に見せていく。子供たちの期待に真正面から応じる。だから飽きさせない。主要観客層の興味を駆り立てる物語作りは成功した。年少者の嗜好にとことん寄ったゴジラ映画となった。関沢新一のプロ意識の強さ、福田純の職人業が光る。怪獣好きの子供が喜びそうな娯楽色をとことん込めようとした。

『ゴジラ・ミニラ・ガバラ　オール怪獣大進撃』や前作で用いた、特撮シーンを盛り込むための手段である、過去のゴジラ映画やSF特撮怪獣映画から映像を持ってくる手法も効果を上げた。他作品からのフィルム流用の頻度は前作をしのぐ。旧作フィルムと新撮映像の接合はより巧みになった。映像編集の妙技も味わえる。おもしろくなればよい。楽しくなればよい。受け手としては複雑な想いも生じるが、製作者側のわりきった処置ぶりは清々しささえ覚えさせる。些少な製作費と時間に縛られるなか、盛りだくさんの怪獣映画を作らなければならない。致し方ない方法だった。少ない製作費のなかで何ができるか。どのような方策があるか。その一つの回答だった。前作はこうした課題を既存フィルムの流用で少しは克服した。厚みは確実に増した。本作もそれが奏功し、スケール感の増大につながった。

本作の音楽担当者・眞鍋理一郎は、『ゴジラ対ヘドラ』において彼の大きな作家性である、アヴァンギャルドで実験精神豊かな楽想を多く配して現代日本の汚物にまみれながら生まれてきた公害怪獣ヘドラのアイデンティティを耳になじみにくい旋律、耳障りなサウンドで導いた。眞鍋音楽に包まれる怪獣映画であることを実感させる。

眞鍋はこの映画ではまた別種ともいえる響きを用い、彼にとっての前作となる『ゴジラ対ヘドラ』とは打って変わった音楽演出を採った。前作よりもさらに対象観客層の年齢が下がり、完全なる子供向け映画となったゆえに眞鍋にそういう音楽を書かせたのであろう。

福田純のゴジラ映画となれば佐藤勝の音楽が当然考えられる。しかし、『ゴジラ対ヘドラ』と本作は眞鍋理一郎が音楽を書いた。佐藤がこの二作を担当したら実に興味深い音楽世界を差し出したことは疑いない。佐藤音楽に飾られた『ゴジラ対ヘドラ』『ゴジラ対メガロ』も観てみたかった想いは当然のごとくある。といっても、この二作は眞鍋音楽が付されてなんら違和感はなかった。むしろ眞鍋が音楽を書くにふさわしい作品だった。眞鍋にとっても、この二本のゴジラ映画の仕事は大きな意味があったにちがいない。眞鍋映画音楽を鳥瞰するうえでもこの二作は重要な役割をつとめるとみられる。

眞鍋の音楽は、前衛的、難解、無機的、なじみにくい、などの側面ばかりがひとり歩きする傾向が多く認められる。映画音楽分野もまったく同様で、やはり川島雄三、大島渚作品で流れてきた楽曲の印象がどうしても拭いきれない。

だが、実際にこれらの響きを検証していくと、実はそれほどのものでもないことがわかる。娯楽色の濃いプログラム・ピクチャーや老若男女に見せることを主眼に据えたドキュメンタリー映画類などではまっとうな、耳に自然に溶け込んでくる、聴きやすい楽曲も多数書いている。映像効果も高い。なんとなくつかみにくい、すぐには入り込めないイメージもその作風から抱かせる眞鍋の映画音楽だが、容易に親しめる、諸人が抵抗なく聴き込める仕事も意外なほど存在する。いくつかある団体歌、校歌などはその代表例であろう。

そのなか、こと映画音楽分野に限ってみれば、この『ゴジラ対メガロ』などはその筆頭格となる。ゴジラ映画という理由もあり、最も多くの人々に愛された眞鍋映画音楽作品が本作であろう。

『ゴジラ対ヘドラ』からは打って変わった音楽設計ではあるのだが、眞鍋の意識下にある基本スタイル、采配は大きくは変化していない。本作をつむぐ重要キャラクターであるゴジラ、メガロ、ジェットジャガー、さらには海底王国シートピア、侵略者の迎撃にあたる人類側などに主題を与え、それらを軸に据えて音楽を構成する演出が採られる。曲の相貌は硬くない。ゴジラやジェットジャガーの主題は誰でも親しめる響きを有している。

一方、メガロやシートピアに付随する主題、サウンドはいわゆる眞鍋音楽を象徴するとも取れる、一種の実験音楽の方向を示している。輪郭のはっきりした旋律、色彩感に富んだ音色は現さず、どちらかといえば耳に融け込みにくい楽音の鳴りが付される。メガロとシートピアは同じカテゴリーに置かれるものといった味付けがほどこされた。本作の音楽構成のなかでは眞鍋の嗜好が前面に出たスコアである。

これらのサウンド設計は眞鍋のまさしく真骨頂といってよい。音楽愛好家、映画音楽ファンが〈眞鍋トーン〉と呼ぶ響きが確認できる。無機質感を覚えさせ、同時に血の温もりを感じさせない音響を積み重ね、鑑賞者の耳に達する音自体の主張でメガロ、シートピアの存在と立ち位置を表していく。

これらの要素からも、眞鍋が映画音楽分野で積極的に用いた音楽語法は、子供たちが多く観るゴジラ映画でもそれほど大きくは形態を変えていないことがわかる。『ゴジラ対ヘドラ』と比較しても、音楽的に観客に寄り添った部分は増えていない。映像展開に正面から呼応し、映画に向かう者の意識を惹きつける効果音楽や物語進行に添い、場面状況を盛り立てていく楽曲群、カーチェイスなどのアクション場面を彩る、一九七〇年代初期の音楽感覚が前面にあふれるスコアも眞鍋の響きであることを実感させる。

作家は己の信念、創作に対しての理念、作風はそうそう変えない。自分の意志を貫く。それが個々の作家性につながる。ではあっても、プロだからこそ柔軟に対処する場合もある。ましてや映画音楽は映画効果の一つだ。そうした眞鍋のとらえ方が本作ではより色濃く出ている。メガロ、シートピア側の楽想と対蹠の位置にあるゴジラ、ジェットジャガー側の主題がそのような感触を呼び込んだ。

なお、眞鍋は本作で歌を二種書いた。関沢新一作詞、子門真人歌唱による「ゴジラとジェットジャガーでパンチ・パンチ・パンチ」と「メガロをやっつけろ」である。前者はエンディング曲でもあった。文字通りパンチの効いた歌で、ゴジラ映画で流れる歌曲のなかでも屈指の人気曲となった。『ゴジラ対メガロ』といえば「ゴジラとジェットジャガーでパンチ・パンチ・パンチ」。今でもこうしたファンが圧倒的に多いと思われる。この歌を聴けば、誰もがあの時代に即座に還っていけるであろう。

サウンドトラック CD
東芝 EMI「ゴジラ大全集」
TYCY-5358

東宝 DVD 名作セレクション
TDV26155D

14　ゴジラ対メカゴジラ［音楽：佐藤勝］

東宝映像作品　カラー・シネマスコープ　八四分　一九七四（昭和四十九）年三月二十一日公開（併映作品／『ウルトラマンタロウ』『新造人間キャシャーン』『侍ジャイアンツ』『アルプスの少女ハイジ』『ハロー！フィンガー5』）観客動員／一三三万人

〈メイン・スタッフ〉

製作／田中友幸　監督／福田純　特技監督／中野昭慶　原作／関沢新一、福島正実　脚本／山浦弘靖、福田純　本編撮影／逢沢譲　特技撮影／富岡素敬、山本武　美術／薩谷和夫　録音／矢野口文雄　照明／森本正邦

〈メイン・キャスト〉

大門正明（清水敬介）、青山一也（清水正彦）、田島令子（金城冴子）、平田昭彦（宮島秀人）、岸田森（南原［インターポール捜査官］）、ベルベラ・リーン（国頭那美）、小泉博（和倉博士）

東宝映像作品『ゴジラ対メカゴジラ』は、東宝SF特撮怪獣映画を支えてきたひとりである関沢新一、日本SF界の巨人で専門誌「SFマガジン」の初代編集長でもあった福島正実が原作者にクレジットされた。福島は以前に「変身人間」シリーズの一本で東宝SF特撮映画中、屈指の傑作となった怪奇スリラー映画『マタンゴ』（一九六三／本多猪四郎監督、円谷英二特技監督）の原作を星新一と共同執筆したことがある。だからゴジラ映画にかかわってもそれほど不思議なことではなかった。福島と旧知の間柄である田中友幸プロデューサーが沖縄国際海洋博覧会（一九七五年七月〜七六年一月）の仕事で顔を合わせた彼に意見を求め、ある程度のアイディアをもらい、それを基に関沢が肉づけをほどこして〈原作〉のようなものをまとめたという。両者による〈原作（原案）〉を監督の福田純と山浦弘靖が共同で脚色した。ゴジラ誕生二十周年記念映画である。

鑑賞者を児童に限定して作られたゴジラ映画ではない。諸人が楽しめるゴジラ作品となっている。異星人による地球侵略ものが基本線に置かれる。異星人が地球に乗り込んできて怪獣兵器を使って侵略活動を始める。だが、人類（地球）の守護神という設定のゴジラがそれを阻止する。本多猪四郎・円谷英二コンビによる『怪獣大戦争』を嚆矢として一九六〇年代中期以降のゴジラ映画の最大の潮流となり、七〇年代にはすっかり定番化した物語パターンを踏襲する。

監督は前二作に続いて福田純がつとめた。彼は一九七〇年代のゴジラ映画の顔だった。前二作に比べれば潤沢な製作費、児童向けをそれまでよりは意識しなくてよいことなどがプラスに働いたのか、福田にとって久々に辣腕が振るえるゴジラ映画となった。映画はゴジラとメカゴジラ、両雄の闘いに突き進んでいく。

沖縄国際海洋博覧会の建築技師・清水敬介（大門正明）と弟の正彦（青山一也）が見物するなか、歌舞を披露する安豆味王族の末裔の娘・国頭那美（ベルベラ・リーン）が突如おびえだす。怪獣が襲来する幻影を見たのだ。正彦は玉泉洞で奇妙な金属片を拾った。建設現場で洞穴が発見され、壁画とシーサーの置物がみつかった。敬介は首里大学考古学研究所の金城冴子（田島令子）から安豆味王家の伝説を聞く。冴子はシーサーの置物を城北大学の和倉博士（小泉博）に鑑定してもらおうと東京に向かう。機内で敬介と冴子は再会した。ルポライターの男（岸田森）も乗っている。上空に富士山のような黒雲が湧き上がった。冴子は壁画にある予言の一節を思い出す。和倉はシーサーの台座の象形文字を調べる。その晩、和倉宅に何者かが押し入り、置物を奪おうとしたが、敬介が阻んだ。古代人の予言通りに富士山からゴジラが出現した。アンギラスが立ちはだかるが、倒された。ゴジラは湾岸コンビナート群を破壊する。ゴジラの正体は地球征服を企むブラックホール第三惑星人が操るサイボーグ・ゴジラだ。そのゴジラが全貌を現した。ゴジラは海中に没し、メカゴジラは第三惑星人の秘密基地で修復を受ける。和倉が象形文字を解読した。敬介と冴子は客船で沖縄に行く。金属片がスペースチタニュウムと突きとめて玉泉洞に行った宮島秀人博士（平田昭彦）と正彦らは第三惑星人に拉致される。敬介も玉泉洞で彼らに襲われるが、ルポライター、実はインターポール捜査官・南原に救われた。古代人の予言はまたも的中する。シーサーの置物を安豆味城の石の祠の屋根に置くと目から光線が照射され、海岸の断崖を崩した。眠れるキングシーサーが出現した。那美の祈りの歌でキングシーサーは覚醒する。姿を現したメカゴジラに挑むが、劣勢に追い込まれる。そのとき、海からゴジラが出現した。

最終決戦のときが来た――。

ここ数年来、特撮スタッフを率いていた中野昭慶は本作で初めてゴジラ映画の特技監督となった。彼は森谷司郎監督作『日本沈没』（一九七三／東宝映像、東宝映画）で円谷英二、有川貞昌に続く東宝の第三代特技監督に就任した。しかし、この肩書きでゴジラ映画を手がけたことはなかった。『ゴジラ対ヘドラ』も含めて三作品は立場的には〈特殊技術〉だった。本作は中野のゴジラ映画における〈特技監督デビュー作〉なのだ。

中野はメカゴジラの基本デザインも自ら手がけた。東宝怪獣のなかでも屈指のフォルムを誇るガイガンの基本的な意匠も彼の発想による。ブリキのゴジラの玩具の表面を叩いて凹凸《おうとつ》をつけてメカニカルでシャープなゴジラのイメージを膨らませ、それに中世ヨーロッパ調の甲冑をまとわせる感覚で装飾をほどこし、デザインを仕上げていったと聞く。武器仕様や性能などのあまたの設定も中野が考案した。物語の鍵を握り、終盤、異星人がコントロールするメカゴジラと闘う沖縄・安豆味王族の守護神、キングシーサーは、ギリシャ神話に登場する伝説獣に着想を得たという。

そうしたプロットのもと、一九七二（昭和四十七）年五月十五日に本土復帰を果たし、沖縄国際海洋博開催を翌一九七五（昭和五十）年に控える沖縄が主舞台に設定された。田中友幸が沖縄海洋博の三菱未来館の総合プロデューサーに就いており、〈原作者〉のひとりである福島正実も沖縄海洋博に企画委員として加わっていたからである。本土から虐げられてきた琉球（沖縄の別名）人（安豆味王族の末裔もこの総称に含める）の怨念ともいえよう想念が映画の根幹にまとわりつき、安豆味王家にまつわる民話や予言もストーリー展開のアクセントに相応する伝奇ロマン色を浮き出させる。

ゴジラ型サイボーグのメカゴジラをメイン・キャラクターとし、異星人による地球征服計画などのＳＦ色が作品イメージを支配する。一方で、沖縄海洋博を控え、高度成長の波が押し寄せる沖縄の当時の現況も思いのほかリアルに描かれる。本土と沖縄の微妙な関係、ヤマトンチュ（本土人）に抱く琉球人の複雑な感情、開拓する側とされる側の交錯点でもある当地の特異な性格がかもす空気がそれとなく旨味として効いている。娯楽映画だから観光映画の範疇にも置かれるが、それらが映画の幅を拡げた。

佐藤勝はゴジラ映画四作の音楽を担当した。東宝作品『ゴジラ・エビラ・モスラ　南海の大決闘』（一九六六）『怪獣島の決戦　ゴジラの息子』（一九六七）、そして本作と、その内の三本が福田純とのコンビ作だ。佐藤ゴジラ映画音楽の性格と方向性、位置づけをわかりやすく提示している。

「映画音楽の入学試験だった」という東宝作品『ゴジラの逆襲』（一九五五／小田基義監督、円谷英二特技監督）は例外とし、佐藤がゴジラ映画の音楽を手がけたのは一九六〇年中盤以降のことだった。日本映画界の屋台骨を担う幾人もの巨匠・名匠監督、敏腕監督との仕事を重ねて自他ともに認める日本映画音楽の第一人者に至ったのちに福田純のゴジラ映画の音楽を書いた。分野にこだわらずに現場との、作り手との協同関係を重んじて仕事をするタイプである佐藤の個性がこうした面からも見えてくる。

〈ゴジラ〉だからといって特に構えず、むしろ通常の映画ではできない、実験精神旺盛な音楽演出を行える場として堪能した証が響きから達してくる。福田純との作品で進めてきた軽快な冒険活劇映画音楽の延長線上にも位置する。ノリのよい、耳に付着しやすいスコアが、どこか鷹揚な芳香をたたえた福田ゴジラ映画と合致した。福田との絶妙な相性があったからこそ、佐藤映画音楽の代表作の一本にもあげたくなる『怪獣島の決戦　ゴジラの息子』の豊潤このうえない音楽世界が生まれたのである。

本作に佐藤が付した楽曲群もそうしたカラーにのっとられている。『100発100中　黄金の眼』（一九六八／東宝）『大日本スリ集団』（一九六八／同）『野獣都市』（一九七〇／同）から続く福田との最新作がたまたまゴジラ映画だった。そうした感覚だったと思われる。だから佐藤が過去に書いたゴジラ映画音楽との関連性、引き継がねばならない音楽スタイル、音楽構造などは見出せず、どこまでも一九七四（昭和四十九）年時の佐藤流娯楽映画音楽の集大成かのごとき鳴り、語法が直線的にほとばしる。

この映画はそれまでの福田ゴジラ映画と同じく、天真爛漫さに貫かれている。侵略者が強大なロボット兵器を操って地球人に闘いを挑み、人類の〈守護神〉であるゴジラ、さらにアンギラスがその強敵の前に血を痛々しく流し、加えて本土と沖縄の微妙な関係がドラマの背景に置かれようと、明るいイメージがついてまわる。これぞ福田の、佐藤の作家性であり、彼らを織りなすアイデンティティと理解できる。

一部のスコアがスウィング・ジャズを基調とするなど、音色と旋律を立てた音楽空間を佐藤は築いた。打楽器と金管楽器が小気味よくとどろく、映画に向かう者の感情を力業で刺激する東宝マーク曲から佐藤は自己の持ち味を思いきり横溢させる楽想をかぶせる。音楽構成の軸に据えられるのはやはり怪獣の主題だ。このあたりは怪獣映画らしい音楽設計となっている。

メインフレーズがイメージ・ソング「メカゴジラをやっつけろ」（福田純作詞）にも発展したメカゴジラの主題曲は、佐藤ファンはむろん、あまたの観客が昂揚したにちがいない。富士山麓から出現したゴジラ（メカゴジラの仮の姿）にアンギラスが挑む場面に流れる格闘音楽、そのゴジラが本物のゴジラの眼前で正体を現すくだり、ゴジラ、キングシーサー、メカゴジラが最終決戦に挑むシークエンスにおける鳴りは、まさに本作の佐藤音楽のハイライトだ。パワフルでめくるめくようなスウィング感を押し出してくるアグレッシブな鳴りが観る者の昂揚を力業でいざなっていく。音楽もまたメカゴジラが主導を握る。これは映画の性質上、当然の書法だった。

メカゴジラに対抗するのがゴジラだ。佐藤はゴジラにも明快な主題曲を与えた。雷撃に自ら巨軀をさらし、己を磁性化させるシークエンスを飾る、重低音金管楽器の重々しく野太い響きは、佐藤版〈ゴジラのテーマ〉の最終形となった。『『ゴジラ・エビラ・モスラ　南海の大決闘』『怪獣島の決戦　ゴジラの息子』で奏でられた、重厚ではあるが色彩感に欠くゴジラのテーマ曲と不即不離の関係を指し示すような響きを披露する。本作におけるゴジラの主題曲は最終盤の見せ場でも要所で効果を上げる。

ゴジラ映画だから佐藤もメイン・キャラクターのテーマ音楽を重視する。ではあるが、本作の音楽世界の根幹をなすものは怪獣の主題、格闘音楽とはいいきれない。沖縄の景観映像をバックとしたキャスト、スタッフのクレジットが打たれる箇所に付されたメインタイトル曲、琉球音階を用いた滑らかで民謡色を漂わせる楽想がそれを担った。この楽案から発展したと受け取れる、ブリッジ曲としても用いられたきらびやかな音色による旋律（キングシーサーの主題フレーズも同一カテゴリーに収まる）が劇中にちりばめられ、この映画が沖縄の風土・空気感・景観・風俗のうえに成り立っていることをそのつど観る者に示していく。

ベルベラ・リーンがクライマックス前に長々と唄う、歌謡曲調の「ミヤラビの祈り」（福田純作詞）もその一つの役目を果たした。そうした音楽構成のもと、場面内容に添った表現音楽・状況音楽を的確に、さりげなく配置する佐藤の音楽采配は彼が日本映画界を背負う作曲家であることを再認識させる。

どこまでも佐藤映画音楽の範疇でとらえれば、本作を彩った音楽群は佐藤ゴジラ映画音楽の完結版という側面にもまして、岡本喜八監督作『激動の昭和史　沖縄決戦』（一九七一／東宝）、神山征二郎監督作『ひめゆりの塔』（一九九五／同）と併せ、佐藤沖縄映画音楽三部作の一本という受け取り方もできる。沖縄の悲惨な二本の戦争映画のあいだにたたずんでいるイメージを『ゴジラ対メカゴジラ』の音楽は放っているのだ。

15　メカゴジラの逆襲［音楽：伊福部昭］

東宝 DVD 名作セレクション
TDV26156D

サウンドトラック CD
東芝 EMI「ゴジラ大全集」
TYCY-5359

東宝映像作品　カラー・シネマスコープ　八三分　一九七五（昭和五十）年三月十五日公開（併映作品／『アルプスの少女ハイジ』『はじめ人間ギャートルズ』『サザエさん』『新八犬伝』『アグネスからの贈りもの』）観客動員／九七万人

〈メイン・スタッフ〉

製作／田中友幸　監督／本多猪四郎　特技監督／中野昭慶　脚本／高山由紀子　撮影／富岡素敬　美術／本多好文　録音／矢野口文雄　照明／高島利雄

〈メイン・キャスト〉

佐々木勝彦（一之瀬明）、藍とも子（真船桂）、平田昭彦（真船信三博士）、睦五郎（ムガール隊長）、内田勝正（インターポール・村越二郎）、中丸忠雄（インターポール・田川）、伊吹徹（第三惑星人・津田）

前作『ゴジラ対メカゴジラ』で一躍人気キャラクターとなったメカゴジラが再びゴジラと一戦を交える。公募によって選出された高山由紀子の脚本に田中友幸、『ゴジラ・ミニラ・ガバラ　オール怪獣大進撃』以来、およそ六年ぶりにゴジラ映画のメガホンを握ることになった本多猪四郎が意見を出して推敲を重ね、決定稿が練り上げられた。子供向け映画が大勢を占める一九七〇年代ゴジラ映画のなかでも、その重厚で陰惨な物語内容、どっしりとした語り口という部分で抜きん出る。人間ドラマが重んじられ、怪獣描写よりもむしろ孤独で哀れな運命をたどる父娘の悲劇が映画全体を暗く覆う。東宝ＳＦ特撮怪獣映画に己の映画人生を捧げてきた本多猪四郎の最後の監督作品である。

「ゴジラ」シリーズにかかわってきた本多をはじめとするスタッフたちにとり、第一作『ゴジラ』を世に送り出した一九五四年からこの二十年間はさぞかし長いものに感じられたのではなかったか。ゴジラ映画もすっかり様変わりした。キャラクター性はもちろん、映画の位置づけも大きく変わった。庶民の原水爆への恐怖心、危惧の想いをあのような姿形に投影したゴジラも子供たちのアイドル、地球を護る正義の怪獣に転身した。そのゴジラもすっかり疲弊した。一九六〇年代、七〇年代前期を席捲したゴジラ映画も落日の色が濃くなった。ゴジラにしばしの安息を与える時期が来たのではないか。終止符を打ってもよいのではないか。そうした作り手の想いが本作『メカゴジラの逆襲』には込められた。映画はこのように進行していく。

沖縄の残波岬沖。メカゴジラの残骸を捜索する海洋開発研究所の調査船「あかつき」が何ものかに襲撃されて消息を絶った。〈キョウリュウ〉との録音を残して。海洋開発研究所の一之瀬明（佐々木勝彦）とインターポールの村越二郎（内田勝正）は、かつて小笠原の海底で発見した恐竜をコントロールすると豪語して学界を追放された真船信三博士（平田昭彦）の館を訪ねた。娘の桂（藍とも子）

が現れた。父は死んだ、資料はすべて燃やした、と桂はふたりを追い返した。だが、真船は生きていた。恐竜チタノザウルスをコントロール装置で操り、社会への復讐を誓っていた。協力者の津田（伊吹徹）は真船と桂を天城山に案内する。ふたりは再生修理中のメカゴジラを目撃する。ブラックホール第三惑星人のムガール（睦五郎）は真船に協力を要請した。真船の研究ノートを見た一之瀬は彼の理論は正しいと確信し、研究を引き継ぎたい、と桂に申し出る。「あかつき2号」に一緒に乗ってほしい、とも持ちかけた。一之瀬を案じた桂は出航を止めようとするが、津田に阻止される。真船の実験中、桂は事故に遭って絶命した。それをサイボーグとして再生したのが第三惑星人だった。「あかつき2号」はチタノザウルスに襲われた。チタノザウルスが音響計測器の超音波に苦しむ隙に危機を脱した。真船は第三惑星人の計画を無視し、単独でチタノザウルスを出動させる。横須賀に現れたチタノザウルスに防衛隊が攻撃を加えるが、効き目がない。ゴジラが出現し、チタノザウルスに放射能熱線を浴びせた。桂は村越らに追われた。桂は防衛隊員に撃たれ、崖から転落した。彼女は再び第三惑星人に生命を与えられる。メカゴジラの修復は完了した。ムガールはメカゴジラの作動装置を桂につなぐ。桂の生きた頭脳を持った完璧なサイボーグ怪獣、メカゴジラが誕生した。猛威をふるい始めたメカゴジラとチタノザウルスの前にゴジラが立ちはだかった——。

この映画に明るい要素などはない。主要人物の悲劇をひたすら描いていく。『ゴジラ対メカゴジラ』の続篇ではあるが、その仕上がり、方向性はあまりに異なる。〈陽の前作、陰の今作〉という括りでは表せないほどのちがいがあった。高山由紀子の嗜好のもとに組み立てられた作品という点も大きかったのであろう。

『ゴジラ対メカゴジラ』の続篇、子供向けイベント「東宝チャンピオンまつり」の一番組ではあったが、一九七〇年代のゴジラ映画としてはすこぶる重い、子供よりもアダルト層を対象に据えたのでは、と思える内容の作品となった。人間ドラマにスポットが絞られるゴジラ映画も久々だった。真船と桂を地球侵略計画に利用するブラックホール第三惑星人、その兵器であるメカゴジラ、チタノザウルスなどの重要キャラクターは存在するが、骨子は学界ばかりか社会全体、一般大衆に対する復讐心に燃え上がる真船、その父親を献身的に支える娘・桂の悲劇である。この二つの物語成分が映画の形をなす。メカゴジラとチタノザウルス、両怪獣に立ち向かうゴジラでさえ、柱に設置されたドラマ要素にはそれほど深く入り込んでこない。このあたりは高山由紀子の作家性と解釈することもできる。

メカゴジラとチタノザウルスが東京を壊滅させるために出動して以降、三怪獣を描く特撮パートが映画のスペクタクル部分を担い、観客を楽しませていく。そこに本多の演出による真船父娘のドラマ、ブラックホール第三惑星人の地球侵略計画、もはや人間とは呼べない身体となった桂と海洋開発研究所の一之瀬の決して実を結ぶことのない愛がもう一つの作劇因子として機能する。終盤にかけての両者の感情の交錯とぶつかり合いは、女が呪われしサイボーグという特異な設定によって強い悲劇性を訴え上げてくる。

ドラマの語り口は本多側が背負う。本編（本多）と特撮（中野）、二種がそれぞれに映像をつむいでいって重ね合わされ、完成作としての形をととのえる。そうしたイメージを与える。暗く、陰惨な物語だ。ただし、こうしたものもまた東宝ＳＦ特撮映画の味である。正攻法で堅実、まっとうな映画文法を好む本多猪四郎の真骨頂でもあった。

日本映画界が深刻な状況におちいっていたこの時代、ベテラン監督の多数が現場から去っていた。ゴジラ映画、東宝ＳＦ特撮怪獣映画の歴史を作ってきた本多も例外とはいえなかった。『ゲゾラ・ガニメ・カメーバ　決戦！南海の大怪獣』（一九七〇／東宝）を送り出したのちは劇場用映画の現場から離れ、テレビの特撮番組の演出に進出（転身）していた。『メカゴジラの逆襲』は本多の銀幕復帰作となった。

本作における本多演出の特徴性となれば、やはり線を外さない、的を射た人間ドラマ采配に行き着く。高山が導いたプロットも秀逸だったが、感情に安易に流されず、受け手の期待に安直にすり寄らず、異星人の地球侵略計画が進行するなか、じっくりと腰を据え、作劇術に目を配りながら真船父娘のドラマを沈着に描写する手さばきぶりは長年特撮怪獣映画、ときに文芸映画や軽快な現代劇映画、人間ドラマ映画なども演出してきた彼の来し方に想いを至らせる。子供向け映画の衣を借りた大人向け映画といっても決してまちがえとはならない。ここ数本、ゴジラ映画を演出してきた福田純のタッチとはまるでちがった。どちらがよい、悪い、と述べているのではない。だが、作家性の相違は容易に手に取れた。

『ゴジラ対メカゴジラ』と『メカゴジラの逆襲』。ゴジラとメカゴジラの闘いをスペクタクル感豊かに描くという点では一つに結ばれる。だが、水と油ほどの質感のちがいがあった。作り手が異なるのだから当たり前のことだが、そうした味わいをより強めたのが音楽である。本作では伊福部昭が『怪獣総進撃』以来、七年ぶりにゴジラ映画の音楽を書いた。前作の佐藤勝。今作の伊福部昭。印象がまったく変わるのは当然である。福田・佐藤コンビによる前作。本多・伊福部コンビによる本作。はからずもメカゴジラを媒介にし、昭和期「ゴジラ」映画を支えてきた名コンビの作家性と個性、志向の相違点を提示した。

『ゴジラ』で出会って以来、本多猪四郎と伊福部昭はゴジラ映画をはじめとする数多くの東宝SF特撮怪獣映画で協同作業を行ってきた。その両者の最後の顔合わせ作となったのが本作である。本多は六年ぶり、伊福部は七年ぶりのゴジラ映画。ここに名コンビが復活した。しかし、映画から流れてきた音楽群からはそうした華やかさは感じられなかった。伊福部が導いた音楽もまた暗く、重苦しいムードを発している。

伊福部は映画の狙いをふまえ、ドラマツルギーに誠実に、正攻法に対処する。うたい上げるような、受け手の情動を音楽から駆り立てるような演出は本作では採っていない。音楽采配のスタイルはオープニング部の楽曲に象徴的に現れている。メカニカルな響きを引き出す東宝マーク曲、メインタイトルを経て、前作でのゴジラとメカゴジラの対決をダイジェストで紹介する画《え》を背景にスタッフ、キャストのクレジットが出る箇所で、伊福部はゴジラ映画では稀といえるほどの重量感に満ちたタイトル曲を聴かせる。『ゴジラ』において防衛側がゴジラに対して採る行動を躍動的にうたったあの楽案が主導をつとめる。これが本作のゴジラの主題曲となる。

伊福部は『ゴジラ』のメインタイトル曲をおよそ二十年ぶりにゴジラ映画に持ってきた。同作で人類の叡智をうたった楽曲が本作ではゴジラそのもののテーマ曲に変貌した。ここにゴジラ二十年の来し方が象徴されるとも取れる。『ゴジラ』から長い歳月が経過した。ゴジラも時代の趨勢に揉まれて今では人類を外敵から護る立場となった。そうした構図がこのタイトル曲から見えてくる。音楽が表し出そうとするものはすっかり変貌を遂げた。

これは伊福部の映画音楽ではほかにあまり例がない。伊福部も〈時代の変貌〉に適応したのであろう。東宝の音楽関係者の要望（『ゴジラ』タイトル曲の再使用）を受け、彼は抵抗感を抱きつつも応じた。伊福部自らによる音楽設計ではなかった。本多との久々のコンビ作という感慨が引き出してきたものでもなかった。しかし、本多と伊福部、結果的に最後の顔合わせ作になった。ゆえにメモリアルだったとも今現在では受け取れる。『ゴジラ』での同曲のリズミカルで勇壮な鳴り、本作での重々しい、覆いかぶさってくるかのような響き。両者の歴史の積み重ねが迫ってくる。

ゴジラの主題曲の対極にメカゴジラ、チタノザウルスのテーマが据えられる。メカゴジラはロボット怪獣、チタノザウルスは太古の怪獣であり、なまなましいドラマは持っていない。ゴジラも大きくはちがわない。だからこの三種のキャラクターに音色の差異はさほどないといえるかもしれない。主に調性面で相違点を出した。調性音楽に含められるゴジラのテーマ曲と無調で書かれたメカゴジラ、チタノザウルスのテーマ曲が映画中盤以降は拮抗していく。怪獣対決描写を伊福部はそうした音楽演出で押した。ＳＦ特撮怪獣映画音楽を長年手がけ、自己のスタイル、音楽語法を築き上げた伊福部の独壇場である。

メカゴジラは無機質感を表現し、人間側の思念などは通じないチタノザウルスは異空間的な存在感を表す。ゴジラの主題の時間的変化は特例とし、どれほど年月が経とうとも、映画の性格や方向性が変化しようとも、伊福部の音楽手法はまったく動揺しない。伊福部の歩んできた道程が重なってくる。

そのなか、ドラマ部分を背負った楽曲が効力を発揮する。社会に疎外され、世間から抹殺された真船信三とその娘・桂。侵略者に利用され、道具にされる真船父娘の悲劇の物語を伊福部は電気式鍵盤楽器の音色を沿わせた、哀しい旋律で奏でる。怪獣たちのスコアも、とりわけメカゴジラの主題はそうした音楽トーンに合わせている。映画のテーマを的確に押さえた、本多と伊福部の演出が本作を単なる子供向け映画に仕立てない。両者の采配がこの映画を奥の深い人間ドラマ映画に押し上げる。

ラスト、闘いを終え、黄昏色に染まる大海に去っていくゴジラは哀切感が漂う。カタルシスなどはどこにもない。伊福部も悲劇のドラマの締めくくりに呼応した終曲を聴かせた。ホルンの音色がせつなさをかもし出す。寂しさが押し寄せる。ゴジラ映画、本多映画、伊福部ＳＦ特撮映画音楽の掉尾なのか。映画ファンの少なからずにそう思わせた。

その一方で、本多・伊福部コンビの最終作にふさわしい響きでもあった。どこまでも結果論だ。あくまでも受け手側の印象だ。しかし、あの終幕、このドラマにピリオドを打ったのはそのような楽曲だった。実に深みのある鳴りだった。本多ゴジラ映画、本多特撮映画、昭和の伊福部ゴジラ映画音楽はこうして終焉を迎えた。

第五章　新時代ゴジラ映画音楽の黎明

音楽担当者プロフィール

●小六禮次郎（ころく れいじろう）
一九四九（昭和二十四）年十二月十三日生

岡山県岡山市生まれ。幼少の頃より音楽に強く惹かれる。小学校時代の一九六二（昭和三十七）年、岡山で国民体育大会が開催され、地元は大いに盛り上がった。小学校や中学校でも鼓笛隊が編成されるなどした。その影響を受けた小六はリコーダーの演奏に夢中になった。これが音楽家の道をめざす大きな契機となり、音楽の勉強に打ち込んでいった。岡山県立操山高校を経て一九七三（昭和四十八）年三月に東京藝術大学音楽学部作曲科を卒業。作・編曲家としてデビューを果たす。

プロの音楽家になってからの小六は種々様々なジャンルで着実な音楽家活動を重ねていく。数々のテレビ番組音楽、アニメーション音楽を担当したのち、一九八〇年代初めより映画音楽分野にかかわる。橘祐典監督作『ガラスのうさぎ　東京大空襲』（一九七九／大映映像・共同映画全国系列会議）、勝井千賀雄監督作『北極のムーシカ　ミーシカ』（同／にっかつ児童映画室、虫プロダクション）、西牧秀夫監督作『グリックの冒険』（一九八一／共同映画全国連絡会議）などの小品やアニメーション作品で研鑽を重ねていった。

小六の名を映画業界、映画音楽ファンにとどろかせたのが、いうまでもなく橋本幸治監督、中野昭慶特技監督作『ゴジラ』（一九八四／東宝映画）である。当時はまだほぼ無名のポジションであり、業績にもとぼしかった小六は『ゴジラ』で自己が今までにつちかってきた技量をすべて注ぎ込み、結果、高い評価を獲得する。その後は映画音楽、テレビドラマ音楽、舞台音楽、イベント音楽、環境音楽、遊技音楽、ゲーム音楽などの幅広い分野で活動を行っていく。

日本作編曲家協会理事長、東京音楽大学映画放送音楽コース客員教授の役職を担い、後進の指導にもあたる。伴侶である女優兼歌手の倍賞千恵子と組んで歌とトークの地方行脚公演「倍賞千恵子 with 小六禮次郎 Song & Talk」も全国展開でこなす。現在は北海道・野付半島ネイチャーセンターの名誉センター長を妻の倍賞とともにつとめている。

映画音楽の代表作には、アジア太平洋国際映画祭最優秀音楽賞と日本アカデミー賞優秀音楽賞に輝いた後藤俊夫監督作『オーロラの下で』（一九九〇／東映、テレビ朝日、こぶしプロダクション、他）があり、重厚な管弦楽の響きをたずさえながらオーソドックスに押していく音楽演出が狼犬と人間の交流を詩情豊かに描き上げた。ほかに中島貞夫監督作『激動の１７５０日』（一九九〇／東映）、降旗康男監督作『寒椿』（一九九二／同）、関本郁夫監督作『極道の妻たち 赫い絆』（一九九五／同）などがある。

近年はオーケストラ委嘱作品も複数手がける。映像関係ではＮＨＫの大河ドラマなどの仕事が目立つ。映画音楽分野では、後藤俊夫監督作『Beauty うつくしいもの』（二〇〇七／Beauty Partnership）、冨永憲治監督作『ふるさとをください』（二〇〇八／三十周年記念映画「ふるさとをください」製作委員会）などがあがる。土田豊監督作『映画 プリキュアオールスターズ みんなで歌う♪奇跡の魔法！』（二〇一六／２０１６映画プリキュアオールスターズＳＴＭＭ製作委員会）が最新作にあたる。

●すぎやまこういち

一九三一（昭和六）年四月十一日生　本名・椙山浩一

東京・下谷の生まれ。一家揃って音楽通という家庭に生まれる。祖母が毎晩唄ってくれる賛美歌の調べを耳に入れながら育った。小学校に入った頃からは楽器にも親しみ、家族と楽器合奏や合唱を楽しむ日々を過ごした。中学生になると興味の対象は、やがてクラシック音楽に移っていった。特にベートーヴェンの音楽に心を奪われた。成蹊高校ではコーラスの指揮、音楽部の部長、オーケストラ部の指揮者などを経験する。それでもピアノが弾けないという理由から音楽大学進学は断念し、東京大学教育学部心理学科に入学した。東大在学中は高校の音楽部の指導者をしていた。

大学卒業が間近になるにつれ、〈音楽の仕事に就きたい〉という気持ちがますます強くなり、まずは現場で音楽を学ぶ目的をたずさえて文化放送に入社する。音楽番組のプロデューサーをつとめるが、やがてフジテレビの開局に応じて同社に籍を移す。「おとなの漫画」「ザ・ヒットパレード」「新春かくし芸大会」などの花形ディレクター、プロデューサーとして名を馳せていく。番組内使用の楽曲を自ら書いたりもした。同時にCMソングを中心に作曲活動も展開するようになった。多くのアーティストに楽曲を提供する。主なものをあげれば、ザ・ピーナッツ歌唱の「恋のフーガ」「ローマの雨」、ヴィレッジ・シンガーズ歌唱の「亜麻色の髪の乙女」、ガロ歌唱の「学生街の喫茶店」、ザ・タイガース（すぎやまは同グループの名付け親である）歌唱の「僕のマリー」「シーサイド・バウンド」「モナリザの微笑」「君だけに愛を」「花の首飾り」など。なかでも沢田研二を一躍大スターに仕立てたザ・タイガースとすぎやまは切っても切れない関係だった。

ポップス曲の大ヒットを契機にすぎやまはフジテレビを退社し、作曲家として独立する。ジャンルをさらに拡げていき、歌謡曲やCM音楽を書き続けるとともに、TBS制作の『帰ってきたウルトラマン』（一九七一、七二）、竜の子プロダクション制作の劇場版『科学忍者隊ガッチャマン』（一九七三）、東京12チャンネル、東急エージェンシー、日本サンライズ制作『伝説巨神イデオン』（一九八〇、八一）等々のアニメーション作品や特撮テレビ作品の主題歌も手がける。

また、本人が大のゲーム好きということもあり、積極的にゲーム音楽の仕事にも取り組む。その代表作が「ドラゴンクエスト」シリーズであることはいうまでもない。全作品の音楽を担当してファンから絶大な支持を得る。その楽曲群をコンサート用音楽に編んだ『交響組曲「ドラゴンクエスト」』シリーズの公演は数多くの聴衆を動員し、レコードも高いセールスを記録した。一九八八（昭和六十三）年、第三回日本ゴールドディスク大賞を受賞する。ゲーム音楽はそのほかにも『半熟英雄』『ダービースタリオン』「風来のシレン」シリーズなど、多数ある。

すぎやまがゴジラ映画と出会ったのは一九七一（昭和四十六）年のことだった。坂野義光監督作『ゴジラ対ヘドラ』（一九七一／東宝）のイメージ・ソングとなった「ヘドラをやっつけろ！」を作曲した。大森一樹監督、川北紘一特技監督作『ゴジラVSビオランテ』（一九八九／東宝映画）はすぎやまと〈ゴジラ〉、およそ二十年ぶりの再会作となった。

16　ゴジラ［音楽：小六禮次郎］

東宝DVD名作セレクション
TDV26157D

サウンドトラックCD
東芝EMI「ゴジラ大全集」
TYCY-5360

東宝映画作品　カラー・ビスタビジョン　一〇三分
一九八四（昭和五十九）年十二月十五日公開　観客動員／三二〇万人

〈メイン・スタッフ〉
製作・原案／田中友幸　監督／橋本幸治　特技監督／中野昭慶　脚本／永原秀一　本編撮影／原一民　特技撮影／山本武、大根田俊光　美術／櫻木晶　録音／田中信行　照明／小島真二

〈メイン・キャスト〉
田中健（東都日報記者・牧五郎）、沢口靖子（奥村尚子）、宅麻伸（明法大学生・奥村宏）、夏木陽介（林田信教授）、小林桂樹（三田村清輝首相）、小沢榮太郎（神崎大蔵大臣）、内藤武敏（武上官房長官）

一九七〇年代後期から八〇年代序盤、怪獣ブームと称してかまわない現象がまたもや起こった。その中心となったのが、ゴジラ映画、東宝ＳＦ特撮怪獣映画を幼少時に観ながら育ってきた人々に

よる昔を懐かしむ想いだった。といって、ノスタルジーにひたれればそれでよいという向きばかりではなく、新たなもの、つまりは新作ゴジラ映画を待望視する声も同時に高まった。この時分は内外の映画界でSF映画が大流行してもいた。

それまでにも東宝社内ではゴジラ復活の機運はあったのだが、製作までには至らなかった。しかし、田中友幸プロデューサーを長に据えたプロジェクトは、従来のゴジラ対怪獣路線、または第一作『ゴジラ』（一九五四／本多猪四郎監督）を規範としたゴジラ映画の原点回帰となる、ゴジラを再び原水爆の恐怖を引き連れる怪獣と設定してアダルト層も観客対象に据えたもの、この二つで種々のアプローチを行い、最終的に後者で進めることになった。製作協力の田中文雄の意見を参考にし、田中友幸は東宝SF特撮映画、福田純監督、中野昭慶特技監督作『惑星大戦争』（一九七七／東宝映画、東宝映像）のシナリオ・ライターをつとめた永原秀一に脚本を依頼した。

核の恐怖の権化であるゴジラを再び大都市・東京の中心地に放って〈ゴジラ〉とは何か、怪獣映画の存在意義とはいかなるものか、を今再び問いたい。ハリウッド映画にひけを取らぬSFスペクタクル映画を作りたい。こうした方針のもと、監督には『さよならジュピター』（一九八四／東宝、イオ）の本編演出が監督デビューとなった橋本幸治が抜擢された（『さよならジュピター』は原作者の小松左京が総監督を担った）。特殊技術はもちろん一九七〇年代のゴジラ映画を支えた中野昭慶である。以下のような物語が練り上げられた。

伊豆諸島の南端。鯖漁船「第五八幡丸」が猛烈な暴風雨のなかを進んでいた。そのとき、大黒島の火山が大噴火する。「第五八幡丸」は遭難した。東都日報の牧五朗（田中健）は同船を発見した。

生存者は大学生の奥村宏（宅麻伸）ただひとりだった。政府から調査を依頼された生物物理学者・林田信博士（夏木陽介）は奥村の入院先で話を聞き、ゴジラの復活を予感する。彼は三十年前、ゴジラの東京上陸の二次災害で両親を失った過去がある。三田村首相（小林桂樹）は対策本部を設置する。牧は林田博士と接触した。奥村の妹・尚子（沢口康子）が林田の助手をつとめていた。牧は兄妹が対面できるように取り計らう。尚子は牧に好意を抱くが、劇的再会のスクープ記事が目的だったと知り、落胆する。ゴジラがソ連の原子力潜水艦を襲撃した。ソ連がアメリカの攻撃だと判断したために政府はゴジラの存在を公表する。ゴジラが上陸した。井浜原子力発電所を襲ってエネルギーを吸収し、渡り鳥の鳴き声に惹かれるかのように去っていった。ゴジラの帰巣本能に着目した林田はその研究に取り組む。ゴジラを倒すために核兵器を使用すべきだ。米ソはそう主張するが、三田村首相は非核三原則を持ち出して受け容れない。ゴジラは東京に上陸し、中心地を破壊しながら永田町を経由し、新宿副都心へ向かう。林田博士は奥村とともに伊豆大島に行く。ゴジラを三原山の噴火口に落とし、三原山を意図的に噴火させて抹殺する計画が立てられる。ゴジラは西新宿で猛威をふるう。東京湾に停泊するソ連船からゴジラを標的とする核ミサイルが発射された。政府の依頼で嘉手納米軍基地からミサイルが撃ち上がり、東京上空の成層圏で迎撃した。首都防衛戦闘機スーパーXからカドミウム溶液弾を撃たれて動けなくなったゴジラは上空の核爆発の影響で覚醒し、再び暴れ始める。しかし、帰巣本能を利用する作戦が功を奏す。ゴジラは伊豆大島に移動し、三原山噴火口に姿を消していく――。

本編演出の橋本は永原の脚本を、奇をてらうことなく、手堅く演出した。ゴジラ映画のなかでは空前ともいえる豪華俳優陣が演じる各登場人物を特に違和感なくゴジラ映画世界に引き込んだ。主役のひとりである三田村首相に扮した小林桂樹は大仰な演技に終始するが、ゴジラ映画に向ける製作側の熱が招き入れたものと解釈すべきかもしれない。

中野昭慶が率いる特撮陣の力の入れ具合も尋常ではなかった。主舞台となる新宿副都心の超高層ビル街をはじめ、落成したばかりの有楽町マリオンを軸とした有楽町街、井浜原発などのミニチュアワークの完成度も高かった。肝心のゴジラも上半身アップはサイボット（サイバネティックスとゴジラを合わせた造語。要するに機械仕掛けの巨大な人形）を製作し、表情豊かなゴジラを創造した。また、新宿副都心で展開するゴジラと自衛隊の攻防、スーパーXが行うゴジラ撃退作戦など、見どころにも富む。一九七〇年代ゴジラ映画では味わえなかった特撮スペクタクルが堪能できる作品となった。

ゴジラ生誕三十周年記念映画という冠も得た本作は、第一作『ゴジラ』のリブート版でもあった。キャラクターの経年変化で子供たちのアイドルと化したゴジラを原点である恐怖の原子怪獣の設定に戻し、豪勢な配役陣を揃え、諸人を対象とする超大作映画として登場させた。実に怪獣映画らしいタイトルバックから始まる。久方ぶりに雄叫びをあげるゴジラの復活をうたう祝祭的なムードに序盤は包まれるが、やがてその空気は消えていく。復活したゴジラは孤独感に満ちていた。巨大な軀をただ物憂げに動かすだけだった。この生物はいったいどのような感情をたたえて破壊活動をしているのか、といったものを表すべきなのだが、それは少しも見えてこなかった。所在なげに巨軀をさらすゴジラはもの悲しかった。

それもあってこの映画には暗さがつきまとう。明るい雰囲気はない。しかし、これこそが本作の本作たるところだった。第一作『ゴジラ』には核への恐怖感とともに太平洋戦争がもたらした暗い過去が全編に漂っていた。三十年後に同じタイトルで誕生してきた本作では大国が核を保有している現実から生じる危機感がにじみ出てくる。映画の視点が物語進行によって人類寄りになったり、ゴジラ寄りになったりと、被害者と加害者の意味づけが変化してくる。映画の終盤ではゴジラの哀しみが前面に出てくる。だからカタルシスは得られない。曖昧模糊としたこの現代によみがえってしまったゴジラの居たたまれなさが映画に覆いかぶさる。一九八〇年代も半ばに製作された新作ゴジラ映画が暗澹たる空気に包まれるのはある種、当たり前でもあった。

低音楽器群が表す絢爛たる楽音が響く。開巻、火山の噴火口から溶岩が流れ出る映像を背景にしたメイン・スタッフ、キャストのクレジットとともに鳴りわたる壮大な楽曲が新生ゴジラ映画のプレリュードを奏でる。伊福部昭が第一作『ゴジラ』のオープニングに付した地響き音に幼少時の小六禮次郎は震え上がったという。ゴジラの地響き音が彼にとっての〈ゴジラ初体験〉となったのだ。その強烈な思い出が本作のタイトル音楽を書かせた。そこには新たなゴジラ映画音楽を己の手で、という想いも当然込められていたであろう。

小六にとり、本作は燃えに燃える仕事だったはずだ。ゴジラ映画再評価の大きな要素となった伊福部音楽に敬意を払いつつも、己の手で新たなゴジラ映画音楽を生み出したいといった新進気鋭の作曲家らしいパワフルな作曲姿勢がうかがわれる。総勢六十人余という東京交響楽団が奏する重厚な鳴りでゴジラ復活映画を飾る。いってみれば聖堂で流れても違和感は生じないとも思われるほどの荘厳な印象を与える楽想は、日本映画超大作にふさわしい風格を有している。小六の力業が導いたものだ。

音楽がひとり歩きするわけではなく、彼の音楽采配は手堅かった。タイトル音楽、すなわち小六版「ゴジラのテーマ」を柱に立て、怪獣映画音楽では定石ともいえるライト・モチーフ術が映画全体に機能している。主題音楽と状況音楽の役割は明快に分けられる。ゴジラのテーマ曲はもちろん、三田村首相やヒロインの尚子の主題、スーパーXに観客の意識を引きつけることを主眼とするミリタリー・マーチ（スーパーXのテーマ曲）、自衛隊の活躍に乗る勇壮な楽案などが躍動する。牧と尚子のラブ・ロマンスを装飾する甘美な調べもある。小六はこれらの曲に多くを語らせ、劇的状況を音楽からも補強する。音楽処理は手際がよい。本作担当時においてはさほど劇映画音楽を担当していない作曲家とは思えないほどの対処ぶりである。

そのなか、ゴジラが井浜原発を襲撃するくだり、東京湾に侵入したゴジラが自衛隊の攻撃をかわして上陸するシークエンス、有楽町マリオンの壁面を壊して新幹線をつかみ上げる箇所などで現れるゴジラの主題の重厚感豊かな旋律と音色は、いっときの悪夢を鑑賞者に覚えさせる。西新宿の超高層ビル街でスーパーXがゴジラに闘いを挑む状況でのスーパーXの主題の躍動は耳に焼きつく。いずれも聴き応えに満ちた楽曲で、悲劇性や悲壮味をも同時ににじませる。カタルシスなどはなく、西洋のオペラ悲劇の鳴りを想起させる音楽的色彩が本作のスケールを押し広げた。本作における小六音楽の最大の特徴であろう。

楽想の色合いや音楽トーンという面では奥行きがあまり感じられない。この映画の陰鬱で暗いイメージは音楽からも生まれる。ゴジラ出現の報に反応するメディアに添う楽案、自衛隊がゴジラ迎撃準備を進める箇所の楽曲などは映画に接する者を正面から刺激する。ゴジラ側の重く荘重な響きとは好対照を示す。ゴジラ側と人間側の音楽配分には明確な境界線が引かれている。

重苦しさという因子で映画と音楽は結ばれる。ゴジラの哀れみが観る者の胸を締めつける。東京のビル街を破壊してもゴジラは感情を表さない。人間が創造した街を目的もなくさまよい歩くだけだ。孤独感が強く迫ってくる。そうしたゴジラに小六の「ゴジラのテーマ」がかぶさる。音楽もゴジラを畏怖と憐憫の対象としているものと読み取れる。小六の音楽設計が本作の印象を決定づけている。

ラスト、三田村首相は三原山の火口に落ちていくゴジラの映像を見て涙をこぼす。感涙ではない。憐れみの涙だ。なにゆえに。人類をおびやかすゴジラ掃討をようやく成し遂げようとしているのに。ここは歓喜に湧くべきではないか。牧と尚子もヘリコプターのなかからゴジラの最期を厳粛な面持ちで見つめる。そこに人類の勝利という喜びはない。音楽もセンチメンタルな調べを奏でる。〈人類の贖罪〉というテーマが浮き出る。だから人間側の勝利に焦点をあて、うたい上げる響きはつけられなかったのだ。

本作は哀しみの映画である。怪獣と人類の攻防を明るく描くスペクタクル怪獣映画音楽ではなく、この現代に復活してしまったゴジラの悲劇性に目を配った音楽演出を小六は行う。彼の生真面目で真摯な作家性がそこからもうかがわれる。

なお、エンディングに流れる挿入歌、ザ・スターシスターズが唄った「ＧＯＤＺＩＬＬＡ」（リンダ・ヘンリック作詞）も小六の作曲による。英語歌詞の歌が映画を締めくくる。これもそれまでのゴジラ映画では考えられないことだった。

17　ゴジラVSビオランテ［音楽：すぎやまこういち］

サウンドトラックCD
東芝EMI「ゴジラ大全集」
TYCY-5361

東宝DVD名作セレクション
TDV26158D

東宝映画作品　カラー・ビスタビジョン　一〇五分　一九八九（平成元）年十二月十六日公開　観客動員／二〇〇万人

〈メイン・スタッフ〉

製作／田中友幸　プロデューサー／富山省吾　監督・脚本／大森一樹　特技監督／川北紘一　原案／小林晋一郎　本編撮影／加藤雄大　特技撮影／江口憲一　美術／育野重一　録音／宮内一男　照明／粟木原毅

〈メイン・キャスト〉

三田村邦彦（生命科学研究所員・桐島一人）、田中好子（精神科学開発センター科学者・大河内明日香）、小高恵美（精神科学開発センター・三枝未希）、高島政伸（防衛庁特殊戦略作戦室特佐・黒木翔）、高橋幸治（遺伝子工学学者・白神源壱郎）、峰岸徹（自衛隊陸幕調査部一佐・権藤吾郎）、金田龍之介（大河内誠剛）

一九八四（昭和五十九）年に公開された『ゴジラ』がひとまずは成功のラインに達する興行となっ

たことから、ゴジラ映画の製作が続行されることになった。ただし、早く次の新作を、という機運は高まらなかった。結果的に次作まで五年の時間が空くことになった。新作（『ゴジラ2』）の製作にあたり、ストーリー案が一般公募された。識者による最終選考に残ったもののなかから小暮瞬（小林晋一郎）の原案が選ばれた。監督を任された大森一樹がその原案を基に重要キャラクターを付け加えたりなどして脚本化し、演出にあたった。

大森はゴジラ映画を最強の娯楽映画と定義し、現代感覚を植え込むために遺伝子工学にまつわるテーマを含んだ冒険活劇映画をめざした。三原山から復活したゴジラが薔薇の細胞から誕生した植物怪獣ビオランテと相対する。ゴジラ映画の伝統である怪獣対決映画を大森は大上段に、娯楽要素を全編にちりばめながら進めていく。多彩な登場人物を手さばきよく配置し、人間描写をおろそかにせず、人間ドラマに一本芯が通ってこそ大娯楽映画としての怪獣映画が成立する。こうした大森の狙いである。ゴジラ映画を特技監督として初めて背負う川北紘一が率いる特撮陣も活気に満ちた映像を生み出し、ゴジラ映画に一九九〇年代の息吹を吹き込んだ。物語も時代相を覚えさせるものとなった。

新宿副都心にばらまかれたゴジラ細胞をめぐる争奪戦が始まった。ゴジラ細胞の一つは日本の大河内財団に保管され、もう一つはサラジア共和国の手にわたり、遺伝子工学の世界的権威である白神源壱郎博士（高橋幸治）によって分析が進んでいた。しかし、バイオメジャーの工作によって研究所は爆破され、白神は長年の研究成果、ゴジラ細胞、さらに愛娘の英理加（沢口靖子）までも失う。五年が経過した。ゴジラ復活の兆候あり、との情報を得た権藤吾郎一佐（峰岸徹）は、超能力を持つ少女・三枝未希（小高恵美）のテレパシーを頼りに三原山火口調査を行っていた。未希はゴジラ覚醒をはっきりと感じ取る。英理加の友人であり、大河内の娘・明日香（田中好子）、その恋人で生命科学研究所員の桐島一人（三田村邦彦）は抗核バクテリアがゴジラに対して最も有効な武器になると説くが、生成にはゴジラ細胞と白神の協力が必要だった。白神はゴジラ細胞を預かることを条件に抗核バクテリアの研究に応じる。芦ノ湖の中央に巨大な怪植物が出現した。白神が英理加と薔薇、ゴジラ細胞を組み込んで創造したビオランテだ。そんなとき、三原山が爆発し、ゴジラが復活した。スーパーX2が攻撃するが、ゴジラはビオランテに吸い寄せられるかのように芦ノ湖に移動し、一戦を交える。ビオランテはゴジラの前に力尽きたかのように見えたが……。ゴジラは駿河湾から大阪湾に入り、大阪に上陸する。権藤一佐も命を落とす。大阪の街を蹂躙したゴジラは原子力発電所を求めて福井県若狭に向かう。ビオランテが再び現れた。より強大、凶暴な怪獣の姿となって。二大怪獣が激突する。やがて抗核バクテリアによってゴジラは海岸に倒れ込んだ。ビオランテも胞子状となって昇天していく――。

映画はビオランテを創造してしまった遺伝子工学者父娘の悲劇をいわば横軸とする。ゴジラが復活し、大都市を恐怖におとしいれていく流れ、そのゴジラが新怪獣ビオランテと闘う劇的状況が縦軸をつとめる。

といっても、観客が注目するのは当然ながらゴジラ対ビオランテだ。次いでゴジラと自衛隊の攻防も大きな見どころとなる。自衛隊が超兵器を用いてゴジラを迎撃するシークエンスは怪獣映画らしさを味わわせる。怪獣が出現したら自衛隊はどのように対処するのかというシミュレーション映画としての色も濃い。活劇色も存分に盛り込まれ、老若男女を惹きつける。人間の科学力をポジティブに描き、人間側が怪獣にいかに挑むのかも映画はそつなくテーマにとらえる。このあたりは現代感覚をたずさえた大森一樹だからこその処理であろう。

本作の第一の特徴は、今までのゴジラ映画、ある意味、手垢にまみれたゴジラ映画のリボーンであり、二十一世紀に向かおうする時代に相応するゴジラ映画を作ろうという大森、特技監督の川北紘一をはじめとする作り手の気概と信念だった。ゴジラの造形も目をみはらせるものがあり、植物怪獣ビオランテの設定と意匠は旧世代の人間ではなかなか生み出せなかったであろう。一方では東宝SF特撮怪獣映画の伝統である、既視感を覚えさせる特撮映像もよみがえらせ、旧来のファンも満足感が得られる作品に仕立てた。ゴジラ映画を通して自衛隊のシミュレーション風映画となったのは、こうした大森たちの狙いが奏功した証である。

ではあるが、スタッフのやる気がやや空回り、大振りをしたためにバットの芯に球があてられなかった箇所がなくもない。それらの多くは遺伝子工学者父娘のドラマに見出される。実に大仰だった。エンディング、天空に昇華するビオランテの映像に沢口靖子の幻影が重なる演出は気恥ずかしささえ覚えさせた。各演技者のテンションの相違も観る者の気持ちを少なからず萎えさせた。ゴジラ映画（特撮怪獣映画）のドラマ作りのむずかしさでもあった。

しかし、これは些細なことであろう。ゴジラ復活を華々しくうたい上げようとし、かえってゴジラの呪縛にからみ取られ、時事的なテーマを押さえようと意識しすぎたために必要以上に寒々とした映画になってしまった感を抱かせた前作と比し、本作は娯楽映画の観応えもおもしろさもある。ゴジラ、ビオランテの魅力も十分に込められている。子供たちもさぞかし楽しんだにちがいない。大森、川北がめざした方向性は正しかった。作り手の狙いは成功した。本作が幼年齢者層を中心に諸人に受け容れられたからこそ、平成の時代にゴジラ映画が連綿と作られていくことになったのだ。

すぎやまこういちは、前作『ゴジラ』の小六禮次郎の響きとは一変した音楽世界を持ってきた。一九七〇年代のポップス音楽の代表的作曲家である彼は、「ドラゴンクエスト」シリーズの大ヒット音楽でつとに知られるように、ゲーム音楽の第一人者としてその名を馳せていた。そのすぎやまがゴジラ映画の音楽を手がけた。人気作曲家に人気映画の音楽依頼がいくのは何も不思議なことではないが、今回のゴジラ映画の方向性、それまでの顔ぶれからは新鮮で現代的といえる大森一樹が監督をする、娯楽要素が充満した、疾走感に満ちたエンタテインメント・ムービーであることを重視したからこその人選だったとも思われる。

映画は遺伝子工学者父娘の悲劇、ゴジラとビオランテの対決、ゴジラと自衛隊の攻防で進められる。そうした本作の構造にすぎやまの響きは自然に融け込んだ。ゴジラ映画音楽にしては重みがない、軽快すぎるという受け取り方もあろう。だが、娯楽というものが昔とは比較にならないほど増えた当時では、ゲーム感覚も引き込んだ、軽やかなゴジラ映画音楽が生まれてくるのも必然だった。

歴史あるゴジラ映画、ゴジラ映画音楽だから、と特に身構えたりせずに自己の音楽個性を思いきり押し出すスコアを臆面もなく提供したすぎやまの作家態度は賞賛に値する。むろん本人にはそうした意識は少しもなかったであろうが。ゲーム世代から絶大な支持を得るすぎやまのゴジラ映画登板は集客面でも若干の効果はあるであろうし、オリジナル・サウンドトラック盤のセールスも期待できる。一九九〇年代の到来を目前とした時世の時代感覚、皮膚感覚が呼び込んだゴジラ映画音楽でもあった。

本作のすぎやま音楽は脚本などからのイメージを基にして十曲ほどの楽曲が事前に書き上げられ、それを撮り上がった映像に合わせて選曲・編集したとされる。伊福部昭の東宝ＳＦ特撮映画音楽群を再録音した『OSTINATO―オスティナート―』（一九八六／キングレコード）から楽曲を流用する案が持ち上がっていたこともあり、すぎやま提供による音楽は一種の音源扱いの制作態勢が採られた。つまりはすぎやまだけでなく、音楽プロデューサーの岩瀬政雄ら音楽スタッフも音楽演出の立場だった。作曲者のすぎやまをいってみれば絶対的リーダーに据えた音楽チームによるゴジラ映画音楽。そのような印象を抱かせる。

すぎやま（または音楽スタッフ）は、メイン・キャラクターであるゴジラとビオランテを奏でる主題音楽と人間側に置かれる楽曲を拮抗させる。音から劇的効果を盛り上げていく。各キャラクターの主題を立て、それを対峙させ、音楽による劇的補強を正面からほどこす。物語進行、映像情報にのっとった、鑑賞者の意識を自然に、ストレートにあおる演出を採る。受け手の情動をいかに揺り動かし、昂揚をうながし、楽しませ、娯楽を味わわせるか。こうした狙いに突き進む。これはゲーム音楽でつちかってきた彼の技であり、指針の一つである。

ゴジラ側の楽案は、東宝マークからゴジラ警戒態勢を打ち出す画面を映し出すオープニング部分でまず提示されて以降、ゴジラが登場するあまたの場面で流れる。躍動的な音のうごめきは達してくるものの、どこか不気味なものの存在を示唆するかのごとき響きだ。それほどのインパクトを生む鳴りではないが、明確な音楽柱を打ち立てた。

ビオランテ側の音楽もスタイルは大きくは変わらない。この怪獣は人間との交感がキャラクター確立に欠かせない。そのため、ドラマ部分でも断片が暗示的に用いられる。白神英理加がサラジア共和国でテロに捲き込まれる場面、精神科学開発センターの全景映像、白神が遺伝子融合実験を行うくだりなどだ。テーマ曲のフレーズを小出しにして耳からの伏線を張る演出法が採り入れられたが、巨大化した薔薇のスケッチ画で大勢が差し出され、植物態のビオランテが芦ノ湖に出現したところで全貌が現れる。主題に従属するレクイエム調の楽想も効果を上げる。ビオランテが芦ノ湖で炎上するシーン、終盤、動物態のビオランテが空から降ってくるくだりで流れる天上的でファンタジックな音色は神々しさをも立ち上らせる。それとともに白神父娘の不幸のもとに生まれてきたビオランテという怪獣のバックグラウンドも露わになる。

そうした音楽が怪獣を表現するなか、人間側に収まるスコアではすぎやまらしいサウンド設計が何の障害もなく出てくる。怪獣を迎え撃つ自衛隊の活動をうたうスコア、とりわけ特殊戦闘機スーパーX2の雄姿を奏でる役割を想定して書かれた楽曲の存在感は図抜けている。スーパーX2の出撃シーン、ゴジラとの攻防、さらにサンダービーム作戦の配置図が映されるくだりだ。

エンディング・タイトルも同曲が飾る。自衛隊が怪獣迎撃に対処する場面に付着するマーチ調の楽曲も明るく親しみやすい。これら大らかで聴く者の感情をストレートに刺激する鳴りはすぎやまの独壇場とみなされる。デービッド・ハウエルの手によるオーケストレーションもそうした特徴と色合いを十分に引き出した。

サスペンス描写やスペクタクル・シークエンスでかかる活劇系音楽もこうした設計に変化はない。冒頭の自衛隊とバイオメジャーのゴジラ細胞争奪戦では、オーケストラとロック・ユニットのコラボレーションによる8ビートのアクション音楽が躍動し、映画の空気を一気に高める。プレイヤーの演奏テクニックとノリを重視した、ときに即興的とも取れるサウンドの疾走感が身上となるナンバーとなった。伊福部音楽のフレーズもそこには採り込まれた。ポップス調にアレンジされた伊福部昭作曲の「ゴジラのテーマ」の響きはオールドファンを驚かせた。個人的には勇み足的な演出と受け止めたが、映画の熱を高めたことはまちがいない。

伊福部音楽に対する意識過多が本作の音楽の弱点にあげられよう。すぎやま音楽は旋律と音色の小気味よい掛け合いが健康的な運動感を生じさせるところに大きな魅力がある。そこに伊福部旋律の断片が混入してきたことでそのバランスとトーンが損なわれてしまった。

伊福部音楽を用いる理由はわかる。種々の事情も当然ながらあった。娯楽性を追求するゴジラ映画を作るのだから、あらゆる世代のゴジラ映画ファンを音楽からも満足させたい。旧来のファンも採り込みたい。ゴジラのアイデンティティもそこには必要だ。ゴジラと伊福部メロディはやはり切り離せない。作り手側のこうした考えも重々理解できる。ではあるのだが、すぎやま色に一貫した、塗り尽くされた音楽世界によるゴジラ映画でもよかったではないかと思われた。

ゴジラvsキングギドラ
ゴジラvsモスラ
ゴジラvsメカゴジラ
ゴジラvsスペースゴジラ
ゴジラvsデストロイア

第六章　平成ゴジラ映画音楽のとどろき

音楽担当者プロフィール

●服部隆之（はっとりたかゆき）

一九六五（昭和四十）年十一月二十一日生

東京都世田谷区生まれ。祖父が服部良一、父が服部克久という音楽一家に生まれた環境もあり、幼い時分から音楽に親しむ。ごく自然な形で作曲家の道をめざすようになり、成蹊高等学校を二年で中退し、一九八三（昭和五十八）年にフランスにわたってパリのコンセルヴァトワール国立高等音楽院和声科、対位法科に入学する。同院ではジャニーヌ・リエフ、ベルナール・ドゥ・クレーピーに師事した。同院修了後の一九八八（昭和六十三）年に帰国する。その後、さだまさしのシングル曲の編曲の仕事を請け負った。これがプロの世界でのデビューとなった。

さらに森高千里、中西圭三、チャゲ&飛鳥、大貫妙子、福山雅治、椎名林檎らのアルバム、コンサート制作に参加する。また、鮫島有美子、斎田正子、松野弘明、武満徹など、現代音楽分野でも編曲を手がける。

同時期に作曲家としての活動も開始し、CM音楽を手始めに映像に付随する音楽で手腕を発揮する。一九八九（平成元）年には「ナショナルパナソニック」のCM音楽で日本広告音楽制作者連盟主催の広告音楽大競技大会の最優秀編曲賞を受賞する。ほかにもゲーム音楽、アニメ音楽などでその名を浸透させていく。

井上鏡との共作となった、光野道夫監督作『ヒーローインタビュー』（一九九四／フジテレビ、ホリプロダクション）で映画音楽デビューを飾った。次に担当した、東宝映画作品『ゴジラVSスペースゴジラ』（一九九四／山下憲章監督、川北紘一特技監督）が一つのステップとなって映画音楽のジャンルでも大いにその名を馳せていく。一九九六（平成八）年にさだまさしとの共作態勢が採られた、降旗康男監督作『藏』（東映、松プロダクション）、一九九八（平成十）年に東宝映画作品『誘拐』（大河原孝夫監督）、三谷幸喜監督作『ラヂオの時間』（フジテレビジョン、東宝）で日本アカデミー賞優秀音楽賞を獲得した。

テレビドラマ分野でもめざましい活躍を見せ、特にフジテレビでは一九九〇年代中盤以降、同局が制作した人気テレビドラマの音楽の多数が服部の手による。『王様のレストラン』（一九九五）『総理と呼ばないで』（一九九七）『世界で一番パパが好き』（一九九八）『HERO』（二〇〇一）『のだめカンタービレ』（二〇〇六）などである。また、NHK朝の連続テレビ小説『すずらん』（一九九九）、NHK大河ドラマ『新選組！』（二〇〇四）の音楽も担当した。作品数は膨大な数に上る。近年ではTBS系列での仕事が目立つ。『華麗なる一族』（二〇〇七）『半沢直樹』（二〇一三）『ルーズヴェルト・ゲーム』（二〇一四）『下町ロケット』（二〇一五）等々。

服部の大きな仕事に音楽劇、ミュージカル舞台の音楽監督もある。『絆』（一九九五～九七）『狸御殿』（一九九六）『ビッグ』（一九九八～二〇〇〇）『オケピ！』（二〇〇〇、〇三）『オペレッタ　モモタロウ』

（二〇〇二）といった作品を送り出している。

映画音楽の仕事もコンスタントにこなしている。大河原孝夫監督作『ゴジラ2000ミレニアム』（一九九九／東宝映画）、鈴木雅之監督作『GTO』（二〇〇一／フジテレビジョン、関西テレビ放送、講談社、研音）、三谷幸喜監督作『みんなのいえ』（同／フジテレビ、東宝）、鈴木雅之監督作『NIN★NIN忍者ハットリくん』（二〇〇四／電通、フジテレビ、ジェネオンエンタテインメント、東宝、小学館、日本出版販売）、村上正典監督作『電車男』（二〇〇五／「電車男」製作委員会）、大谷健太郎監督作『ラフROUGH』（二〇〇六／「ラフ」製作委員会）、村上正典監督作『7月24日通りのクリスマス』（同／「7月24日通りのクリスマス」製作委員会）、森義隆監督作『宇宙兄弟』（二〇一二／「宇宙兄弟」製作委員会）、李闘士男監督作『幕末高校生』（二〇一四／「幕末高校生」製作委員会）、鈴木雅之監督作『HERO』（二〇一五／フジテレビジョン、ジェイ・ドリーム、東宝、FNS27社）など。まさに視覚付随音楽を背負って立つ作曲家のひとりである。

18　ゴジラVSキングギドラ［音楽監督：伊福部昭］

東宝映画作品　カラー・ビスタビジョン　一〇三分　一九九一（平成三）年十二月十四日公開　観客動員／二七〇万人

〈メイン・スタッフ〉

製作／田中友幸　プロデューサー／富山省吾　監督・脚本／大森一樹　特技監督／川北紘一　本編撮影／関口芳則　特技撮影／江口憲一、大根田俊光　美術／酒井賢　録音／宮内一男　照明／粟木原毅

〈メイン・キャスト〉

中川安奈（未来人エミー・カノー）、豊原功補（フリーライター・寺沢健一郎）、小高恵美（国立超科学センター所員・三枝未希）、原田貴和子（学研「ムー」編集者・森村千晶）、土屋嘉男（帝洋グループ総帥・新堂靖明）、チャック・ウィルソン（未来人・ウィルソン）、小林昭二（内閣安全保障室室長・土橋竜三）

東宝 DVD 名作セレクション
TDV26159D

サウンドトラック CD
東芝 EMI「ゴジラ大全集」
TYCY-5362

『ゴジラVSビオランテ』に続く「平成ゴジラ」シリーズ第二弾である。前作でゴジラ映画の新機

軸を打ち出した大森一樹が再び脚本と監督を担当した。ゴジラの宿命のライバルであるキングギドラが新たな設定のもとにゴジラに立ちはだかる。

前作は新怪獣ビオランテがゴジラの相手役だったが、本作では昭和の名怪獣キングギドラの登場となった。キングギドラの起用は人気アンケートの結果に従ったものだという。「怪獣物、空想科学物、戦記物……東宝特撮映画の伝統と粋を全てこの一作に！　主役は、もちろんゴジラ！」。大森は脚本の巻頭にこう記した。前作の反省点に上がったという、人間ドラマに怪獣が登場するのではなく、ドラマをたずさえた怪獣映画をめざそうとする大森の決意表明だった。

物語はゴジラ誕生の謎、未来人の陰謀、タイムトラベル、この三種を核として進む。当時、人気を集めていたハリウッド製ＳＦ映画の味わいも端々に配し、旧来のゴジラ映画に敬意を払いつつ、本多猪四郎・円谷英二コンビの作品とは大きく風味を変えたゴジラ映画の世界観を導き出した大森の辣腕はやはり賞賛すべきであろう。展開のめまぐるしさ、スピーディーな映像感覚、周到に配置された怪獣スペクタクル、加えて人間ドラマも特撮パートばかりが目立たないように、と展開に富み、新時代のゴジラ映画をうたいながらも往年のゴジラ映画ファンをも楽しませる一編となった。物語は、大仰にいえば息もつかせぬノリで進行する。

東京上空に巨大なＵＦＯが出現した。二二〇四年の世界から未来人がタイムワープしてきたのだ。エミー・カノー（中川安奈）、ウィルソン（チャック・ウィルソン）、グレンチコ（リチャード・バーガー）の三人は、将来、ゴジラの復活によって日本は消滅する、ゴジラ誕生の祖となる恐竜を核実験区域から排除しなければ、と告げる。ルポライターの寺沢健一郎（豊原功補）、超能力を持つ三枝未希

（小高恵美）たちが協力することになった。エミーたちは一九四四年時のラゴス島に向かう。島ではアメリカ軍の侵攻で新堂靖明（土屋嘉男）が率いる日本軍守備隊が玉砕の危機に瀕していた。そのとき、のちにゴジラに変貌するゴジラザウルスが出現し、アメリカ軍を蹴散らし、彼らは救われた。エミーはゴジラザウルスをベーリング海に転送し、小動物ドラット三匹を島に残して現代に帰還する。やがてキングギドラが出現した。ドラットが核実験で突然変異したのだ。二十三世紀、日本は赤字国の国土を買い占める脅威の超大国となる。その日本の国力を低下させようとする未来人の陰謀だった。キングギドラは福岡を蹂躙した。己の行いを疑問視するエミーは寺沢にその計画を打ち明ける。現在は日本経済界の頂点に立つ新堂は、ゴジラを誕生させるために核ミサイルを搭載した原子力潜水艦をベーリング海に送り込む。しかし、すでに核物質を浴びてゴジラ化していたゴジラザウルスは原子力潜水艦を破壊し、さらに巨大なゴジラに変貌を遂げて北海道に上陸した。これでは計画に支障を来す。未来人はキングギドラをゴジラにぶつける。だが、キングギドラもゴジラにはかなわなかった。エミー以外の未来人もゴジラの放射能熱線によって消滅した。ゴジラは東京に進撃する。エミーは倒されたキングギドラを未来で改造し、再びゴジラに差し向ける。新宿副都心で猛威をふるうゴジラの前にメカキングギドラが姿を現した――。

　本作は観客に娯楽映画を観る楽しさを実感させる。大森の本編ドラマと川北紘一の特撮パートが違和感なく融合した。人間劇とゴジラ、キングギドラをはじめとする怪獣描写。この二種が歩調を合わせることで一つの映画世界が築かれる。だからこそ壮大なアクション映画、スペクタクル映画として成立する。

寺沢や三枝未希、エミー、ウィルソン、グレンチコ、三人の未来人がつむぐドラマは、細々《こまごま》とした部分にはこだわらずに疾走する。そのなかには寺沢とエミーのふれあいのドラマも組み込まれる。また、東宝ＳＦ特撮怪獣映画のシンボル俳優のひとりである土屋嘉男の一大見せ場もある。こうした劇を重ねていき、観客の誰もが期待しているゴジラ、キングギドラの出現、両怪獣がいかに対峙し、一戦を交えるかに突き進んでいく。歯切れのよいその展開はかつての本多猪四郎・円谷英二コンビ作の味わいを髣髴させる。

その一方、新時代のゴジラ映画の芳香も同時に嗅がせる。そのバランス感覚が的を射ている。旧世代、新世代、どちらに属するファンにもすんなりと受け容れられるゴジラ映画となった。このあたりはやはり大森の手腕によるものだ。本作の最大の長所でもあった。

一九九〇年代に製作するゴジラ映画ゆえに、それまでの設定から少なからずの変更が出た。これは何も本作から始まったことではないが、ゴジラといえども、時代観を無視するわけにはいかない。その時代に作る一本の映画なのだからそれは当然行うべきである。その点で潔さを感じさせる。本作には重いテーマ性がある。恋愛劇要素もある。軽やかなアクションものの味もある。ＳＦ的成分も十分に込められ、特撮映画らしい大スペクタクルも堪能できる。そして何より怪獣映画だ。ゴジラ映画だ。大森が自ら己に課した製作理念に従った映画に仕立てられた。

伊福部昭が東宝ゴジラ映画音楽の現場に戻ってきた。本多猪四郎監督、中野昭慶特技監督作『メカゴジラの逆襲』（一九七五／東宝映像）以来、十六年ぶりにゴジラ映画音楽を担当することになった。

本作は伊福部のカムバックを夢見ていた多くのゴジラ映画ファンの快哉の叫びに包まれた。東宝マーク部分ではピアノとティンパニがとどろき、深海を行く調査艇がキングギドラの巨軀を発見するオープニング・シークエンスではピアノとコントラ・ファゴットによる懐かしいキングギドラの主題が流れる。続くメインタイトルではオーケストラの総奏がファンファーレ調に鳴り響き、スタッフ、キャストのクレジット部分では躍動的なアレグロが映画空間を覆う。

伊福部が映画の仕事から離れていたあいだに二本のゴジラ映画が作られた。そのつどファンから伊福部への熱烈なラブ・コールが湧き起こった。しかし、当人は固辞を繰り返した。だから今回も音楽を引き受けることはないと思われた。ところが、予想に反して伊福部は音楽担当を受諾した。またしても頼まれた。もはや断れない。そう決断したのだ。伊福部が一九九〇年代のゴジラ映画の音楽を手がけることはまさに青天の霹靂だった。

時代が変動しても伊福部のゴジラ映画音楽、ＳＦ特撮怪獣映画音楽は少しも変貌しなかった。時間経過による褪色もまったくなかった。ライト・モチーフ手法を前面に打ち出し、キャラクターの存在と主張、確立がきわめて重い成分となる怪獣映画を音楽面から動かし、映画全体にエネルギーを注ぐ采配がこれ以上はない貫禄ぶりのもとに機能する。

怪獣は詰まるところは単なる人間の想像物だ。画面に現れるそれも造り物にすぎない。それでも映画ではそれらをまさに生きているものに仕立てなくてはならない。伊福部は音楽から怪獣たちに生命を与える。怪獣に音からアイデンティティと性格、意志を吹き込む。彼がよく口にする〈この世ならざるもの〉に主題曲を付してそのキャラクター性を彫り込み、個性を磨き上げ、音楽の響きからその対象を明確化する。本多が送り出した第一作『ゴジラ』（一九五四／東宝）から一貫して採られる伊福部の音楽演出だ。ゆえにゴジラ、キングギドラの主題もかつての響きが再び持ってこられた。

一方で、二つの主題を替えることも伊福部は考えていた。長い時間が経過した。ものの受け取り方も昔とはちがう。同じ怪獣でも一九六〇年代と九〇年代では存在価値が変化しているであろう。伊福部は当初、そうとらえていた。もしも仮にゴジラとキングギドラに新しい主題がつけられたら、伊福部の「平成ゴジラ」映画音楽は少々印象が異なったものになったと思われる。従来のテーマ曲採用はファンの想いを重んじた配慮ではあったが、その反面、一九九一年時の伊福部の胎内から生み出されるゴジラの新テーマ曲はどのようなものだったのかと思わせる。

結論として伊福部は主題を替えなかった。数十年程度で意味づけが変わり、賞味期限が切れてしまう音楽なんかはどうしようもない。そんな生命力のない、腰の弱い音楽では話にならない。伊福部らしい美学が達してくる。

本作は平成の時代になってからの伊福部ゴジラ主題曲の確立を果たした。ゴジラの本来のモチーフである、重低音金管楽器群の重厚このうえない鳴りが耳を覆う「ゴジラの恐怖」の冒頭部分から第一作『ゴジラ』のメインタイトル曲の逆行型を挿み、同作のメインフレーズになだれ込む。この一種の組曲形態の楽曲が平成版「ゴジラのテーマ」として定着した。伊福部が編んだ管弦楽作品『SF交響ファンタジー　第一番』（一九八三）と同一フォームになる。この楽曲は「平成ゴジラ」シリーズの象徴ともなった。

本作は伊福部の復帰作に加え、古いタイプの映画音楽と一部では受け取られていたという彼の怪獣映画音楽がこの時代の映画、日本映画界の今現在の第一線で活躍する映画監督の作品につけられたらどうなるのか、という実験的側面の風合いもどこかあった。いわゆる新曲が思いのほか現れず、耳に焼きついている伊福部メロディが少なからず出てきたからでもあろう。ゴジラとキングギドラのテーマ曲は右の通りであるし、メインタイトル曲は本多猪四郎監督、円谷英二特技監督作『キングコング対ゴジラ』（一九六二／東宝）でゴジラとキングコングの対決描写を彩った楽曲と重なり、自衛隊の火器部隊が進撃する場面では本多猪四郎監督、有川貞昌特技監督作『怪獣総進撃』（一九六八／同）の「怪獣総進撃マーチ」をアレンジした曲が流れる。エミーの主題も決して例外とはならない。

しかし、モノラルでなじんだ伊福部SF特撮映画音楽を最新の録音・音響システムで再生する映画ではもちろんない。ゴジラとキングギドラのそれぞれの前身となる恐竜（ゴジラザウルス）、ドラットの音楽設計に伊福部映画音楽の奥義が見て取れる。恐竜の主題はゴジラの本来のモチーフへの発展を容易に想像させる鳴りであり（もしも伊福部がゴジラの新テーマを書いていたら、このような形態になったのではないか）、ドラットはキングギドラの主題音型をオクターブの変化を用いて表現した。とりわけ重低音金管楽器の鋭く重量感に満ちた響きにある種の悲愴味を込めてゴジラ誕生の劇的要素をどことなく暗示させるばかりでなく、運命的な想念にも受け手の想いを至らせようとしたとみなされるゴジラザウルスのテーマ曲における伊福部の妙技には誰もがうなったはずだ。

長い年月を経ても少しも形態に揺るぎを見せない伊福部の語法と作風から達してくる彼の来し方

にも想いが向く。未来人やアンドロイド、UFOなどが登場するSF色の濃い特撮映画であっても、安易な電気楽器には頼らない。チェレスタやビブラフォン、古色蒼然とも一面では受け取られる楽器の響きを前面に据え、それらにふさわしい音響を作り上げる技法、対処法からも伊福部の信念と理念が寄せてくる。彼の懐《ふところ》の深さを再確認させる。時代は変わろうとも伊福部が書く音楽は微動だにしない。本作から響いてきた音楽はそれをあらためて教えた。

『ゴジラVSキングギドラ』は伊福部、十六年ぶりのゴジラ映画となった。東宝側の幾度もの依頼に重い腰を上げた。時代は動いても伊福部の鳴りは少しの変貌も来たしていなかった。時間経過による褪色もいささかも感じさせなかった。ライト・モチーフ技法を前面に用い、キャラクターがあってこそ成り立つ映画を音楽から牽引し、エネルギーを注ぐ。映画音楽作曲家としての第一線からすでに身を引いていた伊福部だったが、彼の音楽の強靭性や生命力はたかが数十年というごく小さなスパンでは少しの変化も来たさなかった。これらを観客、映画関係者、あまたの伊福部ファンに今再び示した。

19　ゴジラVSモスラ［音楽監督：伊福部昭］

東宝 DVD 名作セレクション
TDV26160D

サウンドトラック CD
東芝 EMI「ゴジラ大全集」
TYCY-5363

東宝映画作品　カラー・ビスタビジョン　一〇二分　一九九二（平成四）年十二月十二日公開　観客動員／四二〇万人

〈メイン・スタッフ〉

製作／田中友幸　プロデューサー／富山省吾　監督／大河原孝夫　特技監督／川北紘一　脚本／大森一樹　本編撮影／岸本正広　特技撮影／江口憲一、大根田俊光　美術／酒井賢　録音／斎藤禎一　照明／望月英樹

〈メイン・キャスト〉

別所哲也（トレジャー・ハンター・藤戸拓也）、小林聡美（国家環境計画局員・手塚雅子）、村田雄浩（丸友観光社長秘書・安東健二）、小高恵美（国立超科学研究所Gチーム所員・三枝未希）、今村恵子（コスモス）、大沢さやか（コスモス）、宝田明（国家環境計画局長・南野丈二）

「平成ゴジラ」シリーズ第三弾である。キングギドラに引き続き、今作ではファンから絶大な支持を得るというモスラの登場となった。このあたりから「平成ゴジラ」映画は、昭和ゴジラ映画に

多大な影響を受けたクリエイターがゴジラへの、相手怪獣へのオマージュを横溢させる傾向が顕著になってくる。

本作では地球生命の象徴であるモスラ、その暗黒面を表すバトラがゴジラに真っ向からぶつかっていく。モスラとバトラはたがいに反目し合うが、やがてゴジラを倒すために力を合わせる。かつての本多猪四郎監督、円谷英二特技監督作『三大怪獣　地球最大の決戦』（一九六四／東宝）のカタルシスを思い出させる一本となった。ゆえにゴジラ映画隆盛期のあの雰囲気を「平成ゴジラ」の世界に持ってきた作品ともみなされる。

前々作『ゴジラVSビオランテ』、前作『ゴジラVSキングギドラ』で監督をつとめた大森一樹は今作では脚本のみの参加となり、演出は他者に譲ることになった。そこで抜擢されたのが、オリジナル脚本『超少女ＲＥＩＫＯ』が一九八七（昭和六十二）年度城戸賞準入選作となり、同作の映画化作品（一九九一／東宝）で監督デビューを果たした新進気鋭の大河原孝夫である。彼は東宝の看板作品であるゴジラ映画の演出に奮い立った。全力で仕事にあたっていった。以下のような物語だ。

トレジャーハンターの藤戸拓也（別所哲也）は、国家環境計画局の依頼を受け、開発会社・丸友の森林伐採現場である南方のインファント島に出現した巨大卵を調査するために同社の安東健二（村田雄浩）、元妻で計画局員の手塚雅子（小林智美）と同島におもむく。三人はふたりの小美人・コスモス（今村恵子、大沢さやか）と出会う。コスモスは地球の先住人類で優れた文明社会を築いていたが、一万二千年前に環境破壊を引き起こし、〈地球生命〉の怒りを買って滅んだという。巨大卵は守護神モスラのものだった。その頃、地球生命を守る使命を負う〈黒いモスラ〉バトラが復活し、日本に上陸して名古屋を襲撃した。安東たちはモスラの卵を日本に運ぶため、船で曳航を始める。途中、ゴジラが出現してモスラの卵に狙いを定めた。しかし、卵からモスラ幼虫が誕生した。モスラはゴジラに襲われる。そこにバトラがやってくる。ゴジラとバトラは海中で闘うが、ゴジラは海底の深い亀裂に沈んだ。東京に上陸したモスラ幼虫は周辺をパニックにおちいらせながら国会議事堂に向かい、繭をかけた。モスラ成虫への羽化を待つのだ。コスモス、モスラで何かを仕掛けられないかと企てていた藤戸は何年かぶりに再会した娘・みどり（米澤史織）との交流のなかで考えを改める。モスラは国会議事堂で幼虫から成虫へと変態を遂げた。バトラもまた海上で幼虫から成虫へと進化した。モスラとバトラは横浜上空で激突する。それに呼応するかのようにゴジラが富士山からよみがえった。ゴジラもまた横浜方面へ進撃を始める。みなとみらい21で三大怪獣の決戦の火蓋が切られる。ゴジラの猛威にモスラは窮地に瀕する。そのとき、バトラとモスラの意思が通じ合った。二大怪獣は力を合わせ、ゴジラに立ち向かっていく――。

「極彩色の大決戦」とうたわれたキャッチ・コピーの通り、ゴジラ、モスラ、バトラの闘いが終盤の見せ場を形成するのは本シリーズの流れに即したものだが、本作では〈地球環境の破壊と家族の再生〉がテーマに採られ、地球環境問題に焦点があてられる。大森が『ゴジラVSキングギドラ』以前に書いた検討稿『モスラVSバガン』に物語の原型を拠ったゆえである。そうした主題が前面に掲げられるために映画はモスラを中心にして進む。モスラと小美人（コスモス）、現代人によるドラマが映画の基盤を築いていく構成とも取れる。そのため、ゴジラは脇役の位置に据えられた。映画の方向性に従えば、致し方ないことだった。

地球環境破壊というエコロジー問題を背景に据え、地球生命の象徴という新しい性格づけがなされたモスラ、そのいわゆる暗黒面に置かれるバトラ（バトルモスラ）、そして劇中で〈人間の常識を超越した生物〉と称されるゴジラが正面から対峙し、闘いを繰り広げる。映画の見せ場は当然のことながらクライマックスの三怪獣の決戦となる。モスラが物語構成の核をつとめるためにゴジラの影が格段に薄くなったのは前述の通りだが、最終盤のみなとみらい21をステージとした長大なバトル・シークエンスではゴジラの猛威もたっぷりと味わえる。モスラの羽化場面は最新（当時の日本映画界では）のCG技術が採用され、きらびやかで幻想的な描写となった。怪獣スペクタクルも満遍なく盛り込まれており、ゴジラ映画に手慣れた川北紘一の手腕を思う存分うかがい知ることができる。

テーマの主張以外のドラマ要素は言及すべきことがさほど見出せないが、怪獣バトルを推し進めるにおいてはよいバランスを保っているという言い方もできる。主人公となる男、その元妻、娘による〈家族の再生〉を盛り込む手法はこの種の映画では既定路線なのだが、ファミリー映画を意識して作られる映画だから違和感はない。コスモスが複数の歌曲を唄うためにミュージカル色もどことなく生まれている。音楽要素が多いのも本作の特徴に差し出せる。

本作は配収二十億円をはるかに超える大ヒット映画となった。森谷司郎監督、中野昭慶特技監督作『日本沈没』（一九七三／東宝映像、東宝映画）が保持していた東宝映画の記録を破るほどの興行を見せた。予想以上の集客を果たした。本作公開年はゴジラ映画が最も輝き、一般大衆に最も受け容れられた年ともいえた。そうした意味合いにおいて、この映画を平成ゴジラ映画の代表作と扱っても許されよう。

　本作の伊福部昭の音楽は、彼が十六年ぶりにゴジラ映画音楽を担当した前作『ゴジラVSキングギドラ』にも増して怪獣側に置かれるスコアが主張を発する。伊福部ライト・モチーフ語法もさらに高濃度に展開する。対象キャラクターが増えたからでもあるが、ゴジラ側の楽曲は音楽構成の中心には据えられない。実質的な主役がモスラだからだ。そのため、怪獣のなかではずば抜けて音楽性が豊かなモスラ、あるいはモスラ側に寄る楽曲群が軸に持ってこられた。音楽密度の濃さという意味ではコスモスを含むモスラ側のスコアがゴジラやバトラを奏でる楽曲を圧倒する。その音楽的色彩の豊潤さが本作の特徴となる。

　モスラとなればあまたの人がザ・ピーナッツ歌唱の「モスラの歌」（古関裕而作曲）を連想するはずである。伊福部もそうしたモスラの独自性を重視した音楽采配を採った。彼はモスラが再び登場した、本多猪四郎監督、円谷英二特技監督作『モスラ対ゴジラ』（一九六四／東宝）の音楽担当者だ。ゆえにメインタイトル曲後半、モスラのモチーフがホルンを主体とした金管楽器群で高らかに奏される。同作のタイトル曲を思い起こさせる響きであり、既視感を強烈に覚えさせる鳴りである。伊福部ファンの多くが胸を高鳴らせたにちがいない。

　歌謡性を引き連れるモスラが主役の作品だから音楽も歌曲がともなう。「モスラの歌」、伊福部作曲の「聖なる泉」と「マハラ・モスラ」。この三種の歌が劇中の要所でコスモスの歌唱によって、ときに女声合唱、器楽によって唄われる。歌が映画のトーンを形成していく。そのなかでも『モスラ対ゴジラ』でザ・ピーナッツが唄った敬虔なる賛美歌「聖なる泉」は本作の主要楽想であり、コスモスとモスラ、一体（共通）の主題として扱われる。抒情味を受け手に存分に味わわせる、これぞ伊福部リリシズム、と称したくなるあの名曲がここではコスモス役の今村恵子、大沢さやかの歌唱で、オーケストラの演奏で、豊満な女声合唱で幾度となく現れる。この歌の響きが映画全体を包み込むように。

モスラ幼虫が国会議事堂に繭をかける描写、成虫に羽化するシーンは、「聖なる泉」の詩情を漂わせた調べによってファンタジックでメルヘンチックなものとなった。伊福部音楽と川北特撮映像が濃厚に重なり合い、映画の大きな見せ場を築く。エンディング・タイトルでは女声合唱がヴォカリーズでこの歌を唄い上げる。モスラとコスモスが発してくる神聖なる空気感に受け手の想いを馳せさせずにはおかない。

「マハラ・モスラ」も「聖なる泉」と同じく『モスラ対ゴジラ』で書かれたものだ。ザ・ピーナッツがモスラの卵を孵化させるために唄った祈禱歌で、小美人の歌唱に合わせてインファント島島民が器楽を打ち鳴らし、踊った。そうすることで土俗的舞踊曲の性格を強く押し出した。伊福部は本作では民族色を排除した。島民など出てこないのだから土俗臭を立ち上らせるわけにはいかない。だからコール・アングレの音色で情緒性を強調した。それでも南国風味はやはりどこかに欲しい。そのため、民族楽器のカリンバを用いてアクセントを加えた。コスモスとモスラの関係、両者渾然一体というイメージをふまえたアレンジがなされた。祈禱歌という性格には大きな変更はなかった。

古関裕而作曲の「モスラの歌」の味わいと意味合いは大きく変化した。本作では歌謡曲ムード、インファント島島民が太鼓を叩いて舞うような民族的土俗性は求められない。律動やビートは静謐な和声で払拭され、大衆的な匂いは消された。三曲いずれも映画世界に応じた、的確な処理が採られる。己の映画音楽語法を確立した伊福部だからこその処理である。

本作の音楽はモスラ側のスコアに覆われる印象を強く与える。モスラがまずは打ち立てられ、そこにゴジラ、バトラの主題が入り込む。「聖なる泉」と「マハラ・モスラ」の旋律を重低音金管楽器群で表す無調の荒々しいフレーズで連結させた構造になる怪獣モスラのテーマ曲の響きがきわだつ。前作と同一フォームによるゴジラの主題もゴジラ登場場面で現れ、新怪獣のバトラには伊福部怪獣主題音楽書法で書き上げられた新曲が鳴りわたる。粗暴な楽音がバトラの凶暴性を表し出す。金管楽器群の荒いサウンドが耳に突き刺さる。

広い録音スタジオにフルサイズのオーケストラを入れ、壁面に張ったスクリーンに該当箇所の映像を映して演奏する録音システムが効果を上げる。モスラの暗黒面を具現する戦闘怪獣を表すバトル・マーチ調のバトラの主題とゴジラの主題により、モスラ側にひたってしまいがちな本作は本来の怪獣対決映画の土壌に引き戻される。

映画の前半部分では伊福部の映画音楽理念である〈映画音楽効用四原則〉にのっとった楽曲が複数出てくる。タイの寺院で藤戸が財宝を盗み出すシークエンスに添う響き、藤戸たちがインファント島で種々な状況におちいる箇所に付着する楽案、マニラのホテルで流れる楽曲などである。怪獣の主題曲や歌曲、ゴジラとメーサー光線車の攻防を彩るマーチなどとは異なって華やかさなどはなく、映画に向かう者も気づかないような小曲ではあるが、こうした細かな演出が端々まで行き届いているため、柱をつとめる音楽群がさらに光沢を発して受け手に達してくる。

ごく端的に本作の音楽をとらえれば、歌謡色を濃厚に発するファンタジー映画の音楽世界とゴジラ映画音楽語法が融合したものとなるのであろうか。それ以前に伊福部映画音楽の世界に覆われている。前作と比しても本作には艶やかさがある。ゴジラ側の楽曲がさして打って出てこなかったからでもある。キングギドラとモスラでは音楽が引き出すものがちがう。豊潤な音楽空間で映画に向かう者を包み込むという点では伊福部ゴジラ映画音楽作品のなかでも屈指のものともいえる。歌曲の存在がそれらの印象を強くした。

〈地球の守護神〉モスラ、さらにはその暗黒面に位置づけられた〈黒いモスラ〉バトラに焦点が合わせられる構成に添い、伊福部は両怪獣を表現する楽曲を多く付した。歌謡性をともなうモスラがほかの音楽成分を薄くしてしまったきらいもある。音楽密度の面からもコスモスを含むモスラ側のスコアがバトラやゴジラ側の楽曲を上回った。コスモスが歌唱する歌曲も要所に配置され、ミュージカル風芳香も立ち込める。伊福部はモスラをうたう豊満な響きで本作に彩りを添えた。

20　ゴジラVSメカゴジラ［音楽監督：伊福部昭］

東宝映画作品　カラー・ビスタビジョン　一〇八分　一九九三（平成五）年十二月十一日公開　観客動員／三八〇万人

〈メイン・スタッフ〉

製作／田中友幸　プロデューサー／富山省吾　監督／大河原孝夫　特技監督／川北紘一　脚本／三村渉　本編撮影／関口芳則　特技撮影／江口憲一、大根田俊光　美術／酒井賢　録音／宮内一男　照明／望月英樹

〈メイン・キャスト〉

高嶋政宏（ロボット技師・青木一馬）、佐野量子（国立生命科学研究所助手・五条梓）、小高恵美（G対策センター所員・三枝未希）、原田大二郎（メカゴジラ指揮官・佐々木拓也）、川津祐介（国立生命科学研究所所長・大前博士）、宮川一朗太（メカゴジラシューター・曽根崎淳）、中尾彬（Gフォース司令官・麻生孝昭）

東宝DVD名作セレクション
TDV26161D

サウンドトラックCD
東芝EMI「ゴジラ大全集」
TYCY-5364

前作『ゴジラVSモスラ』の記録的大ヒットを受け、ゴジラ誕生四十周年記念映画と銘打たれたこ

の「平成ゴジラ」シリーズ第四弾では、メカゴジラの登場となった。『ゴジラVSキングギドラ』以降、キングギドラ、モスラとファンの支持率に従う形で過去の人気怪獣を起用してきたが、今作はメカゴジラ。この流れにも行き詰まり感が生まれてきたものともみられる。東宝映像作品『ゴジラ対メカゴジラ』（一九七四／福田純監督、中野昭慶特技監督）と『メカゴジラの逆襲』でブラックホール第三惑星人の地球侵略超兵器としてゴジラを窮地に追い込んだメカゴジラは、今作では立場を百八十度変え、人類側の対ゴジラ用最終兵器としてその威容を現す。

監督は前作に引き続き、大河原孝夫がつとめる。特技監督はもちろん「平成ゴジラ」のシンボルでもある川北紘一が担った。コンビを組んで二作目。両者の意思疎通もより滑らかになったようだ。オープニングから特撮描写がふんだんに盛り込まれ、物語が次々と進展していく本作を堅実にまとめあげた。脚本は新進気鋭の三村渉による。

国連G対策センターで対ゴジラ用最終兵器、メカゴジラが開発された。試作機のガルーダの開発チームにいた青木一馬（高嶋政宏）は、ゴジラ迎撃部隊となるGフォースでメカゴジラの操縦クルーの訓練を受ける。その頃、使用済み核燃料の廃棄場であるベーリング海のアドノア島で調査隊が巨大な卵を発見する。一行を翼竜ラドンが襲撃してきた。調査隊が窮地に瀕したとき、海からゴジラが出現し、ラドンは倒された。卵は京都の国立生命科学研究所に運び込まれた。卵は六千五百万年前のものだという。心理状態に反応して変色し、研究所員の五条梓（佐野量子）が近くにいると安静状態になることもわかった。卵に付着する古代の植物から音楽が発せられ、その調べに導かれたように卵からゴジラザウルスの赤ん坊、ベビーゴジラが誕生した。ゴジラが四日市に上陸した。

メカゴジラが出撃するが、ゴジラ撃滅に失敗する。メカゴジラは機能停止におちいった。京都でベビーゴジラを捜して彷徨するゴジラはやがて大阪湾へ去っていった。ベビーゴジラは筑波の国連Gセンターへ移送され、梓が付き添うことになった。ベビーゴジラをおとりにしてゴジラをおびき出す作戦が開始される。復活したラドンがベビーゴジラと梓が乗った輸送機のコンテナを奪い、幕張に向かう。修理を終えたメカゴジラが幕張に到着した。ラドンはメカゴジラに屈した。そのとき、ゴジラが出現する。青木は秘かに改良していたガルーダに乗り込み、幕張へ急ぐ。ガルーダはメカゴジラと合体を遂げる。スーパー・メカゴジラが誕生した。さすがのゴジラも今度は窮地に追いやられる。ところが、ラドンがまたもやよみがえり、ゴジラに己のエネルギーを与えた。ゴジラとメカゴジラの最終決戦の幕がここに開いた――。

再び姿を現したゴジラがもたらす猛威に対し、国連G対策センターのGフォースがゴジラを撃退するために造られた巨大ロボット、メカゴジラを出動させる。メカゴジラがどのようにしてゴジラを倒すか、ゴジラがいかにメカゴジラを迎え撃つか。これが映画の正中線を貫く。そこにベーリング海の孤島に棲息するラドンに托卵されたというベビーゴジラとゴジラ、さらには本作で久方ぶりの登場となった、昭和の名怪獣ラドンとゴジラ、この二つの構図に生物間の共生テーマが入り込む。命の結びつき、命あるもののきずな。アグレッシブな特撮映像が次々と現れるなか、クライマックス、並びにエンディングは観る者をそうした境地にいざなう。

劇中では主人公とヒロインの淡いラブ・ロマンス劇もいかにも東宝らしい健全さで描かれる。描き込まれる、という次元には至らない。あくまで一要素といった扱いだ。見どころはやはり怪獣描写、特撮パートとなる。舞台展開にも富んでおり、ゴジラ、メカゴジラ、ベビーゴジラ、ラドンが見せる怪獣スペクタクル描写は要所に配置された。エンタテインメント色の濃さ、観客を楽しませるという意味では「平成ゴジラ」シリーズの白眉とみなされる。

ドラマの弱さはここでも指摘できる。ストーリーが都合よく進んでいく点も変わりはない。とはいえ、ゴジラ映画の楽しさ、おもしろさは十分に注がれている。怪獣スペクタクルは観る者を堪能させ、Gフォースを中心とした人類側による怪獣迎撃も順当に盛り込まれる。この時点におけるゴジラ映画の決定版をめざしたスタッフの気概は存分に伝わってくる。

過去のゴジラ映画、主に本多猪四郎・円谷英二コンビ作の遺伝子を意識しつつも、それでも万人に向けた、新たなエンタテインメント映画を。こうした作り手の狙いがわかりやすく、平易に達してくる。一九九〇年代の日本映画界を代表するシリーズでもある平成ゴジラ映画のなかで最も受けのよい、屈指の人気作となった

伊福部昭は「平成ゴジラ」シリーズで四作品の音楽を手がけた。そのなか、音楽的に最も豊かな響きを披露したのが本作であろう。東宝SF特撮怪獣映画のあまたにほどこしてきた音楽設計、音楽アプローチが百花繚乱のごとく現れる。頂点をきわめた作家だからこそなせる業であり、何十年もかけて研鑽してきた技巧の見本市でもある。

伊福部はその前、二本の「平成ゴジラ」の音楽を書いた。自分の音楽が現代の観客に受け容れられるのか。そのような懸念を抱きながらの仕事だった。体幹のしっかりとした音楽がたった四十年

ほどで需要（受容）に変化を来たすわけもなく、伊福部が導く音楽が過去の産物と葬られることなど想像もつかない。ではあっても、本人にしてみれば一笑に伏す問題でもなかった。しかし、それは杞憂に終わった。伊福部の思い過ごしだった。映画に向かう者の多くが平成の時代に入ってよみがえってきた伊福部ゴジラ音楽の鳴りを自然に受け止めた。つまらぬ先入観にとらわれない幼年齢者層もなんら違和感なく溶け込んでいった。伊福部は「平成ゴジラ」二本を経験することでたしかな手応えを感じ取ったにちがいない。頂点に達した巨匠だから引き出せる熟達の業があふれている。その仕上がり具合からは彼の余裕ぶりさえ達してくる。

ライト・モチーフやテーマ曲を欲するキャラクターや対象が豊富だったことが音楽に華やかな色彩が注がれた要因にあげられる。ゴジラ、メカゴジラ、ラドン、ベビーゴジラ、Gフォース、古代植物。伊福部テーマを得たこれらが劇展開をふまえた音色・編曲術のもとに強い主張を放つ。

映画全体のメインテーマをつとめるメカゴジラのテーマ曲がまずはその筆頭に来る。キングギドラの主題の提示から始まるプロローグ（この数分間は伊福部の巧技とみなせる付曲法が押し寄せる。終曲部分のハープの響きが映画の幕を開ける感覚を生む）を経て、ドック内でメカゴジラが建造される工程に乗るメインタイトル、スタッフとキャストのクレジットが打たれるなかで高鳴るメカゴジラのテーマ曲は実に鮮烈だ。打楽器群が打つ律動、フラッターを効かせた重低音金管群が奏す調性感豊かな旋律、弦楽が主に担う和声。バックに添うコンボオルガンの音色がメカゴジラに機械感を注ぎ、管弦楽の荒々しい咆哮が巨大感を演出する。

雄渾味たっぷりで観る者の情動を高め上げるメカゴジラの主題曲に伊福部ファンは快哉を叫んだ。

昭和ゴジラ映画の名テーマ曲の復活もこのうえない喜びだったが、今まで耳にしたことのない楽曲、新曲を期待していたファンを歓喜させるに十分の響きだった。といっても、この楽曲は本作ですべてが生まれたわけではない。かつて手がけた鉄道ドキュメンタリー映画数本で伊福部は本楽案を用いていた。彼はメカゴジラを人智が操作する巨大機械、人間と機械のはざまに据えられるものととらえた。鉄道も同範疇に収められる。絶妙な共通項が浮かび上がる。伊福部映画音楽語法の奥義である。

伊福部マーチの新曲、「Gフォース・マーチ」が誕生したことも特筆に価する。過去二作でも伊福部マーチは流れた。しかし、新曲ではなかった。レコード用音源が用いられたこともあった。まったく新しい伊福部マーチが一九九〇年代の時代に生まれるとは誰が想像していたか。伊福部映画音楽愛好家にとっては夢のごとき出来事だった。メカゴジラの主題もスネアドラムに先導され、アップテンポで奏されるとマーチ調の戦闘音楽に変貌する。Gフォースに属する二種のマーチが本作の劇空間を駆けめぐる。

ドラマ全体に機能し、作劇の要《かなめ》を音楽上から担うのがベビーゴジラの主題である。怪獣なのに情緒味に満ちた調べがつけられた。人間との交流、五条梓と三枝未希との交感が劇の重い成分を担うがゆえの采配だ。伊福部リリシズムを横溢させる本楽想は、メカゴジラのアイデンティティに重ね合わせれば、こちらは人間と怪獣のはざまに位置する対象となるベビーゴジラの不幸な劇的背景に映画に向かう者の意識を向けさせた。

新キャラクターにつけられた楽案はおおよそこのようなものとなる。そこにゴジラとラドンの主題が加わる。ゴジラにはいつもの「ゴジラのテーマ」のほかに「ゴジラの恐怖（「ゴジラの猛威」）」と愛称される正調主題曲がおよそ三十年ぶりに付された。一九六〇年代伊福部ゴジラ映画音楽の〈顔〉でもあるラドンの主題も現れる。ゴジラとラドンの対決シークエンスでは二種の主題を接合・交錯させる伊福部怪獣格闘音楽が響きわたる。「ゴジラの恐怖」とラドンのテーマ曲が昭和ゴジラ映画の匂いを濃厚にかもし出す。

ゴジラ、メカゴジラ、ラドン、ベビーゴジラの主題がそれぞれに役割を担う。Gフォースも加えたこれらが伊福部映画音楽の奥義をあらためて奏で上げる。この一九九〇年代に伊福部映画音楽、伊福部ゴジラ映画音楽がそびえ立った。伊福部にとり、この種の仕事の集大成といえるのかもしれない。綿密な計算のもとにほどこされた音楽構成であり、世界である。

音楽ファクターで映画を牽引する性格が強い本作の終幕は、女声がアイヌ語の詩を敬虔で厳かな管弦楽音を従えて合唱で唄い上げる交声曲が飾る。ラドンのものと最初はみられたベビーゴジラの卵に付着する古代植物から発せられる波動がメロディを生じさせる。それが劇展開にともなって進化を遂げ、最終的には壮大な合唱曲となって海に還っていくゴジラとベビーゴジラを送る。あらゆる生命に賛歌と祈りを捧げる意志を表す伊福部コラールが闘いに終始しがちな映画の根幹に息づく肝を拾い上げる。伊福部が音楽で仕掛ける映画演出の真髄が提示された。

一方で、画《え》との協調、ドラマとの融合面でやや齟齬を覚えさせる箇所も多少あった。伊福部はどのような映画であっても己の信念が導く音楽を供する。三百作強もの伊福部映画音楽はそうした積み重ねの歴史でもある。

21　ゴジラVSスペースゴジラ〔音楽：服部隆之〕

東宝DVD名作セレクション
TDV26162D

サウンドトラックCD
KITY
KTCR-1291

東宝映画作品　カラー・ビスタビジョン　一〇八分　一九九四（平成六）年十二月十日公開　観客動員／三四〇万人

〈メイン・スタッフ〉

製作／田中友幸　プロデューサー／富山省吾　監督／山下賢章　特技監督／川北紘一　脚本／柏原寛司　本編撮影／岸本正広　特技撮影／江口憲一、大川藤雄　美術／酒井賢　録音／宮内一男　照明／望月英樹

〈メイン・キャスト〉

橋爪淳（Gフォース隊員・新城功二）、米山善吉（Gフォース隊員・佐藤清志）、小高恵美（サイキックセンター主任・三枝未希）、吉川十和子（G研究所教授・権藤千夏）、柄本明（Gフォース隊員・結城晃）、中尾彬（Gフォース司令官・麻生孝昭）、斉藤洋介（G対策協議会・大久保晋）

前作『ゴジラVSメカゴジラ』でもって「平成ゴジラ」シリーズを終了させるプランがあったことはまちがいない。しかし、同作が『ゴジラVSモスラ』にはおよばなかったものの、大ヒットと称し

てもよい興行を見せたのもまたたしかだった。大々的に発表されていたアメリカ、トライスター版のゴジラ映画の製作が大幅に遅延していたことも大きな理由となり、シリーズ続行にゴー・サインが出された。

昭和ゴジラ映画から生まれた人気怪獣に新解釈をほどこして再登場させるというそれまでの路線からは離れ、新たなスタッフのもと、新怪獣を考案することになった。作品スケールをより拡大するために舞台を外宇宙にまで拡げ、それまでの「平成ゴジラ」シリーズには薄かった宇宙SF的な味つけを意識的に採り込んだ。宇宙空間で変異を遂げたゴジラ細胞から誕生したスペースゴジラが地球に降り立つ。ゴジラとゴジラ迎撃用超兵器MOGERA、三つ巴の闘いがつづられる。岡本喜八の助監督を長年つとめ、東宝映画作品『トラブルマン　笑うと殺すゾ』（一九七九）で映画監督デビューを飾った山下賢章が演出を手がける。本作は彼の映画監督第三作目である。脚本は柏原寛司。川北耕一も絢爛たる特撮映像を披露する。次のように進行していく。

G対策センターではゴジラに対するTプロジェクトが進められていた。ゴジラをテレパシーで操ろうというのだ。Gフォースの新城功二（橋爪純）と佐藤清志（米山善吉）、三枝未希（小高恵美）とG対策センター教授の権藤千夏（吉川十和子）、G対策協議会の大久保晋（斎藤洋介）がTプロジェクト遂行のため、南太平洋のバース島へ派遣された。島にはGフォースの一員でゴジラを倒すことに命を燃やす結城晃（柄本明）とリトルゴジラがいた。その結城が仕掛けた罠にリトルゴジラが引っかかった。リトルゴジラの窮地にゴジラが出現する。新城たちはゴジラの側頭部めがけ、小型増幅装置を撃ち込む。未希のテレパシーでゴジラを操ることにはなんとか成功したが、大久保の無謀な操作によって未希は意識を失い、ゴジラも海中へ姿を没した。一方、G対策センターは対ゴジラ用戦闘ロボット、MOGERAを完成させた。地球に向かって飛来しつつある謎の飛翔体を撃退するため、MOGERAが出動する。だが、その飛翔体、ゴジラ細胞から誕生したスペースゴジラはMOGERAの攻撃をいとも簡単にすり抜け、バース島に降り立つ。ゴジラと一戦を交えたスペースゴジラはゴジラをかわし、リトルゴジラを虜《とりこ》にしてしまった。スペースゴジラはついに日本に上陸した。Gフォースの新たな標的はスペースゴジラとなった。スペースゴジラを倒すために再びMOGERAを出動させる。操縦するのは結城と新城、佐藤だ。結城を密かに愛する千夏は彼の無事の帰還を祈った。新城に心惹かれる未希もまた。しかし、その未希に魔の手が迫る。MOGERAはスペースゴジラを追って福岡市に向かう。ゴジラもスペースゴジラとの最終決戦に臨むため、福岡に進行する。ゴジラ、スペースゴジラ、MOGERAの三つ巴の決戦のときが来た。闘いの火蓋が切って落とされる――。

バラエティに富む物語である。ゴジラ細胞が宇宙で怪獣化して地球を襲撃し、ゴジラの前にそびえ立つ。宇宙版ゴジラ対本家本元ゴジラ。この設定はゴジラ映画ファンを駆り立てるに十分なインパクトがあった。そのために製作側はスペースゴジラのキャラクター造形、性格設定に傾注した。ゴジラをただ単に超獣化した次元にとどまったのは惜しいともいえるが、そのビジュアルはあまたのファンの関心を買った。

本作が五本目のゴジラ映画となる特技監督の川北紘一も最新のデジタル技術を用い、スペースゴジラの威容を描き上げることに心血を注いだ。また、自分がこの世界に入るきっかけの一つを作ったという東宝SF特撮映画『地球防衛軍』（一九五七／本多猪四郎監督、円谷英二特技監督）に登場した巨大ロボット、モゲラをゴジラ迎撃用超兵器MOGERAとしてよみがえらせ、オマージュを捧げた。前作のメカゴジラと同じく、そのメカニカル描写には格別なるこだわりが感じられる。

前作のベビーゴジラが本作では一驚すべき姿に変貌した。幼児受けをあからさまに狙ったリトルゴジラの登場に少なからずのゴジラ映画ファンが嘆いたようだが、すっかりファミリー映画と化したゴジラ映画なのだから納得できる処置ではあった。これもまたゴジラ映画の有りようである。

物語の多くの要素が過去の平成ゴジラ映画とリンクするのに象徴されるように、作り手としては練りに練ったストーリー展開だったのであろう。ところが、その少なくない部分が裏目に出てしまった。物語背景に拡がりが生まれることはなく、あまたが行き当たりばったりとなった感があった。特に人物描写の希薄さが目立つ。新城と未希、結城と千夏、二組のカップルのラブ・ロマンス劇がサイドストーリーに置かれているが、劇的昂揚は生まれず、ドラマとしても活きてこない。何がこの人物を動かしているのか。どのような感情、心情によってこの人間は行動しているのか。何を想い、何を考え、何を求めようとしているのか。こうしたものがさして伝わってこなかった。本作の大きな弱点となった。

ではあるが、それらのパートばかりを見てしまうと本作のおもしろさ、楽しさの本質を見失ってしまうかもしれない。一九七〇年代、「東宝チャンピオンまつり」が大ブームを捲き起こした。ゴジラ映画の新作が公開され、大勢の男児を中心とした子供たちを喜ばせた。本作はそうした時代に製作されたゴジラ映画がたたえていた一種異様なエネルギー、映画人の熱い気概への憧憬があふれていた。

「平成ゴジラ」の音楽は過去三作を伊福部昭が書いた。しかし、伊福部が前作『ゴジラVSメカゴジラ』にかかわっていた段階ですでに彼は、次作がもしあってももう音楽は引き受けないであろう、との意志は示していた。製作側はむろん、ファンのあいだでも伊福部はもうゴジラ映画音楽は書かないだろうとの憶測が飛んでいた。だから『ゴジラVSスペースゴジラ』での伊福部の降板は製作決定時からそれとなく語られていた。伊福部昭に代わる音楽担当者は誰か。いったい誰がゴジラの新作映画の音楽を書くのか。こうした話題が早い時期から出ていた。

さまざまな作曲家の名前が出た。新進気鋭のハリウッド映画音楽作曲家の名前が音楽制作側から上ったこともあった。それでも最終的に東宝が選出した服部隆之を予想した人はいなかった。現在では映像音楽、劇音楽分野における第一人者である服部隆之だが、一九九〇年代中期はまだ新人の域を脱しておらず、映画音楽作品は本作の前に井上鏡との共作という形で手がけた、光野道夫監督作で真田広之、鈴木保奈美が主演した『ヒーローインタビュー』（一九九四／フジテレビ、ホリプロダクション）があるにすぎなかった。その彼が伊福部昭の後を受けて平成ゴジラ映画の音楽を担当することになった。数多くのゴジラ映画ファン、日本映画音楽マニアが「服部隆之、ゴジラ新作の音楽を担当」のニュースを聞き、いぶかしんだのも無理はない。これは橋本幸治監督、中野昭慶特技監督作『ゴジラ』（一九八四／東宝映画）における小六禮次郎の事例と感触が似ていた。東宝の音楽スタッフ、とりわけ音楽プロデューサー・岩瀬政雄の豊かな発想力と眼力に想いをおよばせた。

服部は伊福部音楽との接点を特に持っていなかった。伊福部の響きがどういうものであるかは多少は把握していたが、意識的にとらえたことはなかったようだ。本作を担当することが決まってあらためて伊福部ゴジラ映画音楽をCDで聴き込んだという。要するに、伊福部音楽の呪縛をそれほど実感しない音楽家だった。これがプラスに働いた。創作にあたって手枷足枷をさほど覚えることなく、比較的自由な発想のもとに、伸びやかに自己の音楽個性を引き出すことに成功した。とはいっても、やはりゴジラ映画、東宝SF特撮怪獣映画だから伊福部サウンド、彼の作風は頭のなかに入れておく必要もある。このあたりがこうした類《たぐい》の音楽を書く際のむずかしさであると思われる。

服部は本作の音楽構成を練った。スペースゴジラの主題曲をメインテーマに設置することにした。映画をふまえればまっとうな設計である。そのサウンドは映画の主要モチーフにふさわしく、無調音をクラスター風に鳴らせる重低音金管楽器群を軸に置いてつむぎ上げるテーマ曲は映画全体の印象を作り上げるほどの機能度を見せた。重苦しいオーケストラ音、アクの強さ、どす黒さ、人間の意思など通用するはずもないと思わせる響きと受け取れる。劇状況に応じてテンポを変容させ、フレーズ、旋律は大きく変えずに音色に手を加えて執拗に奏でる付曲法に伊福部怪獣主題音楽の遺伝子が探し出せる。書き手の疑心暗鬼ぶりも少々は伝わってきたが、怪獣映画に自然に融け込むものではあった。スペースゴジラが猛威をふるう場面ではゆっくりと覆いかぶさるように奏され、日本列島を縦断飛行する描写ではアップテンポで映像に乗る。画《え》と音楽の歩調は合っている。この怪獣の一種悪魔的、黙示録的イメージにも相応する。

スペースゴジラの楽想は暗く陰鬱な空気を招き入れる。そうした楽曲が中心に据えられると映画自体も似た色に染まっていく。それを避けるために服部は映画に明るさも注いだ。バース島シークエンスの自然表現音楽や状況音楽類の主張も効いていたが、ゴジラの主題、MOGERAの楽案がそれらの多くを背負う。

ヒロイックで勇ましく、ポジティブで行動的な印象を生むゴジラのテーマ曲は、スペースゴジラの楽想と正面から対峙する。陽と陰、太陽と月、この対比が本作の音楽個性を奏でている。ゴジラの主題はスペースゴジラの楽想に対抗させるために設置された音楽要素でもあり、柱をつとめる楽曲ではないといった解釈も通用しようか。重量感よりも躍動感に重点を置いた造りに引っかかる想いを抱いた向きもあろう。ただし、新たな作曲家が音楽を付したのだからこうしたアプローチがあってもなんら不思議ではない。ゴジラが主役の映画であることはたしかだから、ゴジラの主題が打って出る箇所はもちろん設置されている。ゴジラが桜島の沖合から出現し、スペースゴジラがいる福岡の決戦場に進撃するくだりをあおった同主題曲の主張は本作の大きな聴きどころの一つとなった。音楽が屈指の見せ場を作り上げてもいる。

MOGERAを装飾する楽曲群も小さくないパートを担う。MOGERAの主題は金管楽器群が耳になじみやすく、覚えやすい明朗なメロディを高鳴らせる。各楽器がリズミカルな音型を表現して調子のよいサウンドを生む。主な観客対象である男児の情動を駆り立てるスコアであり、対ゴジラ究極兵器MOGERAを格好よくうたい上げる。スペースゴジラとMOGERAの決戦場面ではGフォースの男たちを雄々しく、ヒロイックに彩る曲も流れる。音楽が一体となって画面の熱を高め上げる。MOGERAを筆頭にGフォースを奏でる楽曲群が生み出す激烈な音響空間は、本作の服部音楽の白眉といえる。

細かい付曲でも服部は注意を払った。バース島での音楽演出もあてはまるが、なかでも鮮烈だったのが、前作のベビーゴジラが成長を遂げたリトルゴジラの主題だ。服部はかわいらしさを追求した。現在の感覚に従えば、〈ゆるキャラ音楽〉なのであろう。前作で伊福部がベビーゴジラに付した音楽とはあまりにスタイルが異なり、リトルゴジラの主題を初めて耳にしたときは愕然としたのだが、子供たちは純粋に楽しみ、親しみを覚えたにちがいない。服部の感覚はまっとうだった。

平成ゴジラ映画はいつもバトル色に覆われる。だが、本作では男女二組の恋愛模様が少しばかりのアクセントをつけている。ラブ・ストーリー風味がそれとなく注がれる。服部の音楽がその色合いを強めた。艶やかで憂いを含む調べが男と女の恋愛感情をウェルメイドに表現した。そうした曲づけがあるためにデイト・オブ・バースが唄うエンディング曲「エコーズ・オブ・ラブ」も取ってつけた感触は生まれなかった。ポップス系アーティストと数多く仕事をしている服部の手さばきぶりが披露された。

ゴジラ映画には一見そぐわない響きが点在する仕上がりとは指摘できる。しかし、そうした発想こそ無意識のうちに伊福部昭の作風と比べている証左である。ゴジラ映画音楽にかかわる作曲家はそうしたものに苦しめられる運命を背負う。ではあっても、その歴史、バックグラウンドなどと切り離してとらえれば、かつてないゴジラ映画音楽が生まれたのは疑いない。本作は服部音楽の響きが似合っていた。服部音楽と融合していた。

22　ゴジラVSデストロイア［音楽監督：伊福部昭］

東宝 DVD 名作セレクション
TDV26163D

サウンドトラック CD
東芝 EMI
TYCY-5468

東宝映画作品　カラー・ビスタビジョン　一〇三分
一九九五（平成七）十二月九日公開　観客動員／四〇〇万人

〈メイン・スタッフ〉
製作／田中友幸　富山省吾　監督／大河原孝夫　特技監督／川北紘一　脚本／大森一樹　本編撮影／関口芳則　特技撮影／江口憲一、大根田俊光　美術／鈴木儀雄　録音／宮内一男　照明／望月英樹

〈メイン・キャスト〉
辰巳琢郎（物理学者・伊集院研作）、石野陽子（ニュースキャスター・山根ゆかり）、小高恵美（G対策センター・三枝未希）、林泰文（東都大学）、篠田三郎（G対策センター長官・国友満）、大沢さやか（Gサミットアメリカ情報官・小沢芽留）、高嶋政宏（自衛隊特殊戦略作戦室・黒木翔）

平成ゴジラ映画の最終作である。ゴジラの死でもって興行的に限界が見えたゴジラ映画にひとまずのピリオドが打たれることになった。ゴジラの死を東宝上層部に訴えたのは川北紘一特技監督だ

ったという。偉大なるゴジラに尊厳死を。闘い続けてきたゴジラに安息を。こうした想いだったようだ。

キャッチ・コピーはそのものズバリ、「ゴジラ死す！」。ゴジラの死が描かれるということから、映画マスコミや映画ファンの関心、注目を急速に失いつつあった同シリーズのなかではとりわけ話題性の強い一本となった。ゴジラが死を迎える作品ゆえに、すべての嚆矢となった第一作『ゴジラ』の世界観に遠からずリンクする物語、初代ゴジラの息の根を止めたオキシジェン・デストロイヤーから誕生した怪獣デストロイアがゴジラの死にかかわるというプロットが考案された。

大森一樹が三年ぶりにゴジラ映画の脚本を書いた。プロデューサーの富山省吾とともに本プロットの初期段階からかかわっていた大森は、第一作『ゴジラ』との相互関係を深めることに腐心し、初代ゴジラ、核、放射能、オキシジェン・デストロイヤー、東京湾、山根恵美子、山根恭平の養子の息子である山根健吉などのアイコンをちりばめ、脚本を練り上げた。ゴジラは弁慶のような仁王立ちで死を迎える。大見得を切って死に至る。ここにゴジラに対する作り手たちの限りない愛情がうかがわれる。監督は大河原孝夫。「平成ゴジラ」シリーズの世界観を大森たちとともに築き上げてきた彼がゴジラの死を看取る。

ゴジラに死が訪れる。ゴジラが最期を迎える。暴走する原子炉と化したゴジラがメルトダウンによって融解する。映画はこの一点に向かって驀進する。オープニングからゴジラの死のカウントダウンが始まり、クライマックスでそれがゼロとなる。しかし、それでもエンディングでは未来につなげようとする。物語要素は盛りだくさんで、微生物状態から最終形態に変態するデストロイア、ゴジラとデストロイアの凄絶な死闘、ゴジラジュニアとゴジラの交感、未希とゴジラ、ゴジラジュニアのドラマなどを見せていくが、赤く発光したゴジラがデストロイアとの死闘の末にいかに融解していくか、いかに死に至っていくか、この柱が緊張感をみなぎらせながら進行する。そうした構成により、メリハリの利いた映画世界となった。この疾走感が「平成ゴジラ」の一つの特徴であった大味感、空虚感を少なからず緩和し、屈指の平成ゴジラ映画となった。大森が本シリーズに決着をつけるために用意した物語は次のようなものだ。

　軀を赤く発光させたゴジラが香港に出現した。ゴジラが異変を来した。Gサミットは山根恭平博士の養子の子で大学生の山根健吉（林泰文）を加えたメンバーを招集して会議に入る。物理学者の伊集院研作博士（辰巳琢郎）は、初代ゴジラを葬ったオキシジェン・デストロイヤーの元素となるミクロオキシゲンの研究に没頭していた。テレビの自分の番組でそれを取り上げた健吉の実姉・山根ゆかり（石野陽子）は、彼女の叔母・恵美子（河内桃子）から、かつて芹沢大助博士が発明したオキシジェン・デストロイヤーの話を聞いた。体温をさらに上昇させたゴジラが台湾沖に姿を現した。ゴジラは近くメルトダウンを起こす、もはやオキシジェン・デストロイヤーを使うしかない、と健吉は見解を述べた。その頃、品川の水族館の魚が一瞬のうちに骨となり、溶解する怪事件が起こる。さらに四十二年前に東京湾に沈んだオキシジェン・デストロイヤーによって異常発達を遂げた微生物が巨大化し、怪獣デストロイアと化して東京湾海底トンネル工事現場から現れる。自衛隊が出撃するが、まったく歯が立たない。そこでGサミットは、デストロイアとゴジラを闘わせようと三枝未希（小高恵美）と小沢芽留（大沢さやか）のテレパシーを使い、リトルゴジラから成長したゴジラジュニアをデストロイアのおとりに立てることにした。ジュニアが来ればゴジラも必ず姿を現す。ジュニアとデストロイアの闘いが始まる。しかし、デストロイアはさらに進化を遂げる。ジュニアの窮地にゴジラが出現した。いったんはデストロイアを倒したかにみえたが、デストロイアは完全体へと進化し、より巨大化した。デストロイアはジュニアの息の根を止め、ゴジラへ向かう。壮絶なバトルが延々と繰り広げられる。さしものデストロイアもついに力尽きた。やがてゴジラはメルトダウンの時を迎える――。

ゴジラ映画だから怪獣対決、自衛隊による怪獣迎撃描写は肝心要《かなめ》の要素となる。本作で誕生した、怪獣というよりも超獣と形容したほうが的確なデストロイアのすさまじさも特筆に価する。ゴジラ対デストロイア、ゴジラジュニア対デストロイアの描写も臨場感を漂わせる。メルトダウンに徐々に近づいていく、巨軀の至る箇所から水蒸気を拭き上げる赤いゴジラの痛々しさ、悲愴感もなまなましく迫ってくる。それらはすべて終幕のゴジラの死を見せるシークエンスに突き進むために用意されたものだ。

そのためか、本作には人間ドラマはほとんど見当たらない。第一作『ゴジラ』の懐かしいフィルムが流れても、山根恵美子が登場しても、山根恭平の養子の子が過去を語っても、オキシジェン・デストロイヤーにスポットがあてられても、『ゴジラ』との接点は少しも深まらない。ドラマが滑らかに動き出さない。沸騰しない。また、主人公とヒロインが心を寄せ合うような描写もこれといってない。ドラマが付け焼き刃的であることは否めない。

その代わりというわけではないのであろうが、核がもたらす恐怖、核のおぞましさはかなりの濃度で込められた。これはある種、諸人を対象とした娯楽映画では一つの限界だったのかもしれない。逆に、ここが本作における大森脚本の巧みさでもあろう。すべての要素がエンディングに突き進んでいくための歯車だった。平成ゴジラ映画の終焉、ゴジラの命を絶つ物語に相応する内容だった。

この映画の音楽担当依頼が寄せられた際、伊福部昭は今作ではゴジラの死が描かれるという話を耳にして格別の感慨を抱いた。第一作『ゴジラ』を発端に出会いを果たし、長年交流を深めてきた人々と自分のあいだに横たわる四十年という歳月の重みを噛み締めた。多くの人が亡くなった。〈ゴジラ〉を取り巻く人々の歴史もまた四十年のあいだに大きく変わっていった。時代が変遷していくのは止めようもない。そのゴジラが死ぬ。昇天する。存在が消える。種々様々な思い出、出来事をよみがえらせながら。

伊福部はすでに『ゴジラVSメカゴジラ』でゴジラ映画には決着をつけていた。だから『ゴジラVSスペースゴジラ』でそれとなく音楽依頼を受けた際は即座に断った。純音楽作曲の仕事が入っていたこともたしかだったが、〈自分のゴジラはもう終わった。以降は時代に合った人材にゆだねたい〉との想いが強かった。ところが、今度はそのゴジラが死ぬという。死を迎えるという。〈ゴジラ〉を生み出したスタッフのひとりである以上、ゴジラの生命を絶つことでゴジラ映画の歴史に明確なピリオドを刻む映画のオファーを受けないわけにはいかなかった。

だからといって、伊福部はそうした想いをあふれさせる音楽世界はめざさなかった。もちろん第一作のモノクロ映像が流れる箇所は同作で用いたレクイエム調の調べの変奏をあててファンに胸が締めつけられるような感情を生じさせるが、ほかはあくまで映画の内容、進行に従い、そのうえで自己の映画音楽語法を展開させる。ゴジラの死ですべてが終結する映画ゆえに、クライマックスに置かれるその場面に向かってドラマは異様な緊迫感・緊張感を引き連れて直進する。伊福部の音楽がそうした雰囲気を醸成してもいる。

オープニング、暴走する原子炉と化した、赤く発光するゴジラが香港を襲撃する。ゴジラでありながら、もはやかつてのゴジラではない暗黒魔獣……。伊福部はゴジラの正調テーマである通称「ゴジラの恐怖」を原型とする新曲をあてた。弦楽を外して重低音金管楽器群と打楽器群で形成する粗暴な鳴りを付し、メルトダウンへのカウントダウン段階に突入したゴジラを迫真的に表現する。響きからはゴジラザウルスを想起させる要素も現れる。要するに、ゴジラの三大変化が一曲内に盛り込まれている。

これは妙技の一語に尽きる。この楽曲とともに、巨軀のいたる箇所が不気味に赤く光り、その部位から水蒸気を噴出させるという異常事態におちいったゴジラが香港を蹂躙する映像にスタッフ、キャストのクレジットが打たれるシークエンスは鑑賞者を一気に映画世界に引きずり込む。平成ゴジラ映画中、屈指といえるオープニングである。

メインタイトルが出てからは新怪獣デストロイアの主題が奏される。楽想がゴジラからデストロイアに移行する。昭和ゴジラ映画で伊福部がよく採用したタイトル音楽フォームだ。デストロイアの主題は十二音音階の響きに原始的とも称せよう和声が入り込むという、伊福部怪獣主題音楽の意匠に貫かれる。デストロイアは劇進行に合わせて進化する。伊福部は主題をそのままにし、姿や状況に応じた音色、奏法で対処する手法を採った。同じ怪獣だから音楽を変えると受け手は混乱する。そうした配慮である。

このアプローチはゴジラジュニアも同様で、『ゴジラVSメカゴジラ』では前身にあたるベビーゴジラにヒロインとの交感要素に視点を定めた抒情的なテーマが与えられたが、本作でも主題はそのままとなった。巨大怪獣となったのだから響きは太くなったが、調性味に富んだ情感的なメロディがゴジラジュニアに添う。今や外観はすっかり〈ゴジラ〉だが、生まれる時代をまちがえたこの生物の悲劇性が旋律に乗って今再び浮き上がる。ユニゾンで寄り添うコンボオルガンの音色が孤独感をつのらせる。ゴジラジュニアの主題曲が要所で奏されることで、映画の奥行きは格段に拡がった。

各状況音楽も映画全体に機能する。前半で多く現れるサスペンス音楽などもあげられるが、そのなか、やはり耳に刻み込まれたのが伊福部マーチだ。「Gフォース・マーチ」に続いての新マーチ、自衛隊特殊戦闘機スーパーXⅢの活躍を彩る「スーパーXⅢマーチ」が鳴り響く。自衛隊メーサー部隊が集結するくだりでは本多猪四郎監督、円谷英二特技監督作『フランケンシュタインの怪獣サンダ対ガイラ』（一九六六／東宝）の「L作戦マーチ」として屈指の人気を誇るマーチ曲も奏でられる。

この二つのマーチが作り出す昂揚感は、新曲・旧曲にかかわらず、伊福部担当作品でしか味わえない。音楽構成の柱に据えられるわけではなく、映画全体、音楽世界に強く作用するほどの力は達してこなかったが、伊福部が手がけた特撮怪獣映画であるという実感をあらためて覚えさせるものだった。

ではあっても、最大の聴きどころは、ゴジラがついにメルトダウンに達して融解していくシークエンスを受けて立った壮大な鎮魂曲であろう。臨終を迎えたゴジラを荘厳感に充ち満ちた器楽音と女声合唱が包み込んでいく。現実音を排除し、あらゆるものを覆い尽くす伊福部コラールとともにゴジラは昇天していく。ゴジラの主題を引き連れながら。文明をもてあそんだ人類の愚行の贖罪を背負って消滅していくゴジラの魂を鎮め、介添えをつとめる目的を持った曲づけと解釈できるのだが、伊福部によれば、死んでいくゴジラを悲しんでいるのではなく、鑑賞者にゴジラの死について、ここで考えてほしいがための音楽演出であるという。

この采配によって第一作の根幹を築いた〈方向性を誤った文明への警鐘〉といった類《たぐい》のテーマが再び、今度はゴジラの死によって屹立した。ここが本作最大のポイントであり、第一作『ゴジラ』でゴジラに生命を与えたひとりである伊福部にしかなし得ない音楽采配だった。まさしく圧巻だった。

エンディングでは「ゴジラのテーマ」が威風堂々とうたわれ、映画は完結する。第一作の開幕曲が四十余年後のゴジラ映画最終作の終幕曲。これにはファンばかりでなく、伊福部でさえも言葉に表し得ぬ感情に襲われたのではなかったか。管弦楽作品『SF交響ファンタジー 第一番』の前半部分が下敷きに据えられたためにキングコングの主題が続いて流れてくる。ゴジラ映画ばかりでなく、東宝SF特撮怪獣映画全体に対する伊福部の惜別の念にも感じ取れた。平和の鐘を喚起させるチューブラーベルの音響も同類の思念を生じさせる。ゴジラを安息の地に送りたい、という彼の想いも見えてきた。

伊福部ゴジラ映画音楽の歴史はこうして終止符が打たれた。伊福部の映画音楽作曲家としての歩みもまたここできわめて大きな節目を迎えた。大向こうをうならせてやまない締めくくりだった。

第七章　ゴジラ映画音楽、二〇〇〇年代の相貌

ゴジラ2000ミレニアム
ゴジラ×メガギラス　G消滅作戦
ゴジラ　モスラ　キングギドラ　大怪獣総攻撃
ゴジラ×メカゴジラ
ゴジラ×モスラ×メカゴジラ　東京SOS
ゴジラ　FINAL WARS

音楽担当者プロフィール

●大島ミチル（おおしま みちる）

一九六六（昭和四十一）年三月十六日生

長崎県長崎市生まれ。国立音楽大学作曲科在学中から作曲・編曲活動を開始し、交響曲『御踊（オランショ）』を発表して音楽界から注目を浴びる。同大同科を卒業後は施設音楽、CM音楽、イベント音楽、ゲーム音楽、テレビ番組音楽、アニメーション音楽、ドラマ音楽、映画音楽などで順調に仕事の幅を拡げていき、確実にキャリアを積んでいく。

一九九〇（平成二）年にヴァイオリニストの篠崎正嗣と結成したユニット「式部」名義で音楽を担当したNHKスペシャル『大英博物館』が大きな転機となる。その仕上がりが高い評価を獲得し、続いて『太平洋戦争』『生命〜40億年はるかな旅』の音楽を手がける。分厚く、輪郭のきわだったオーケストラの響き、巧みにまぶし込まれたシンセサイザーの音色でうたわれるスケール感豊かな、耳になじみ込みやすい音楽が各方面から賞賛され、以後、作曲依頼が舞い込むようになる。

ジャンルにとらわれずに活動範囲は多岐にわたる。純音楽分野、現代音楽分野などで種々様々な作品を送り出す。そのなかでもよく知られているのが、吉永小百合の原爆朗読詩「第二章」「第二章〜長崎から」の音楽である。各地で催される吉永小百合の朗読会にはメイン・スタッフとして積極的に参加している。映像音楽を創作活動の主軸に据え、フジテレビ系列『ショムニ』(一九九八〜二〇〇二)、NHK朝の連続ドラマ小説『あすか』(一九九九)、さらに『純情きらり』(二〇〇六)、日本テレビ系列『ごくせん』(二〇〇二〜〇八)、NHK大河ドラマ『天地人』(二〇〇九)などがテレビ音楽担当作の代表作にあげられる。アニメーション作品『鋼の錬金術師』(二〇〇六)でアニメーション・オブ・ザ・イヤー音楽賞を受賞。ほかにも担当作はあまたあり、テレビから流れてくる音楽、クレジットで大島ミチルの名を憶えたファンも多い。二〇〇九(平成二十一)年にはNHK大河ドラマ『天地人』のスケール感に満ち、ロマンに充ち満ちた響きで全国の視聴者を魅了した。

映画音楽作品はすでに五十本を優に超えている。初期作品からは、奈良橋陽子監督作『WINDS OF GOD／ウィンズ・オブ・ゴッド』(一九九五／松竹第一興行、ケイエスエス)、マリオ・アンドレキオ、畑正憲監督作『クルタ　夢大陸の子犬』(同／ヘラルド・エース、フィルム・オーストラリア、ファリー・フィーチャー・フィルム)、森田芳光監督作『失楽園』(一九九七／角川書店、東映、日本出版販売、三井物産、エースピクチャーズ)、伊藤俊也監督作『プライド　運命の瞬間』(一九九八／東京映像制作、東映)等々があがる。この時代の大島映画音楽の代表作である。

映画音楽作曲家として第一線に躍り出てからは映画の仕事が目白押しとなる。その一部をあげれば、深町幸男監督作『長崎ぶらぶら節』(二〇〇〇／「長崎ぶらぶら節」製作委員会)、森田芳光監督作『模倣犯』(二〇〇二／「模倣犯」製作委員会)『阿修羅のごとく』(二〇〇三／「阿修羅のごとく」製作委員会)、行定勲監督作『北の零年』（二〇〇四／「北の零年」製作委員会）、森田芳光監督作『海猫』（同／「海猫」製作委員会）、堤幸彦監督作『明日の記憶』（二〇〇五／「明日の記憶」製作委員会）、犬童一心監督作『眉山』（二〇〇七／東宝、フジテレビジョン、幻冬舎、他）、森田芳光監督作『椿三十郎』（同／「椿三十郎」製作委員会）、森田芳光監督作『わたし出すわ』（二〇〇九／アスミック・エース）『武士の家計簿』（二〇一〇／「武士の家計簿」製作委員会）『僕達急行 A列車で行こう』（二〇一二／東映東京撮影所）など。

監督から特に指名されての登板が目立ち、とりわけ森田芳光とは濃密な協同作業を行っていたが、森田の逝去（二〇一一年）によって名コンビは終焉を迎えた。森田組のスタッフ、キャストが再び集まった、杉山泰一監督作『の・ようなもの のようなもの』（二〇一六／松竹、アスミック・エース、KADOKAWA、ぴあ）の音楽を担当した。

毎日映画コンクール音楽賞、日本アカデミー賞優秀音楽賞の常連であり、受賞多数。二〇〇五（平成十七）年にはマックスファクター・ビューティースピリット賞を受賞し、アメリカのジャクソンホール映画祭ではベスト映画作曲賞を獲得した。

●大谷幸（おおたに こう）

一九五七（昭和三十二）年五月一日生

東京都世田谷区生まれ。NHKラジオ体操の父、日本ハンドボールの父として知られる体育指

導者を祖父に、日本の現代舞踊界の発展に寄与したモダンダンサーを両親に持ち、幼少時から音楽と舞踊を身近に置く環境に育つ。日本大学芸術学部作曲コースに進学してからはクラシック、現代音楽をはじめ、さまざまなジャンルの音楽を学ぶ。「An School of Music」ではジャズに親しんだ。

同時期、ダンカン・ブラザーズ・バンド、Partyなどでバンド活動を開始する。サザン・オールスターズ、桑田バンド、松田聖子らのセッションにサポート・ミュージシャンとして加わり、コンサート・アレンジ、レコーディング・アレンジも手がける。Dreams Come Trueとの関係はとりわけ深く、作曲家として自立後も長年ドリカムのツアーには積極的に参加し、吉田美和、中村正人らのバックでピアノ、キーボードをリズム感豊かに操った。

ピアノ・コンサートを催し、マイケル・カルベロ、トニー・サンダースらのコンサートにゲスト出演したのち、作曲家・プロデューサーとして独立する。そのかたわら、以前から惹きつけられていた視覚映像と音楽の融合を研鑽していく。ゲーム音楽『ワンダと巨象』で注目を集め、イベント音楽、CM音楽、アニメーション音楽、テレビドラマ音楽などを手がけるようになった。そうした過程で映画音楽にも多くかかわっていく。管弦楽の分厚い響き、聴く者の情緒や琴線に鋭く切り込んでくる単音の調べ、また生楽器から電気楽器と、その幅広い音楽性を用いて映画音楽作曲に精力的に従事する。

村上修監督作『ウェルター』（一九八七／レイトンハウス）『STAY GOLD／ステイ・ゴールド』（一九八八／バンダイ、エムツーアールエフ、鎌倉スーパーステーション）、金子修介監督作『山田村ワルツ』（同／テンポラリーセンター）あたりを端緒として映画音楽の仕事により大きく舵を切る。和泉聖治監督作『フィレンツェの風に吹かれて』（一九九一／テレビ東京）、金子修介監督作『咬みつきたい』（同／キャストス、MMI、東宝）、原隆仁監督作『夜逃げ屋本舗』（一九九二／光和インターナショナル）、一倉治雄監督作『国会へ行こう！』（一九九三／バンダイビジュアル、ライトヴィジョン）などを担当する。

なかでも金子修介とは名コンビを築き、『卒業旅行　ニホンから来ました』（一九九三／東宝、バンダイビジュアル）を経て、大谷映画音楽、畢生の作品群となる「平成ガメラ」シリーズにたどりつく。『ガメラ　大怪獣空中決戦』（一九九五／大映、日本テレビ放送網、博報堂）『ガメラ2　レギオン襲来』（一九九六／大映、日本テレビ放送網、博報堂、富士通、日本出版販売）『ガメラ3　邪神〈イリス〉覚醒』（一九九九／大映、徳間書店、日本テレビ放送網、博報堂、日本出版販売）で構成された三部作は、日本のSF特撮怪獣映画音楽史に燦然と記録されるだけでなく、日本の映画音楽史においても重要な意味を持つものとなった。「平成ガメラ」三部作で日本映画音楽の輝かしい一頁を刻んだのちは本来の音楽活動のフィールドにシフトを移し、自己の作家性をさらに直視していく。よりセンシブルな、己の胎内から自然に湧き立ってくる感性に素直に従ったサウンドを追求するようになる。そうした時期にめぐり合ったのが、金子修介がメガホンを握った『ゴジラ　モスラ　キングギドラ　大怪獣総攻撃』（二〇〇一／東宝映画）だった。

続く田中光敏監督作『化粧師／kewaishi』（二〇〇二／「化粧師」製作委員会）では大谷のこの時期の

カラーが強く表に現れ、同監督の『精霊流し』（二〇〇三／「精霊流し」製作委員会）、瀧川治水監督作『福耳』（同／エックスヴィン）などでは大谷映画音楽の新たな地平を切り拓く。その後も津田豊滋監督作『丹下左膳　百万両の壺』（二〇〇四／「丹下左膳　百万両の壺」製作委員会）、マキノ雅彦（津川雅彦）監督作『寝ずの番』（二〇〇六／「寝ずの番」製作委員会）、田中光敏監督作『サクラサク』（二〇一四／クリエターズユニオン、東映東京撮影所）等々で堅実な仕事を展開していく。一方ではコミック、ゲームと連動する企画も含むアニメーション分野においてはサウンドカラーに着目したファンタジックかつ異次元的な響きを創造した。

地元・下北沢に根づいたライヴ活動に精力を注ぐ。ヴォーカリストのAIKA（愛華）と二〇〇六（平成十八）年にユニット「まくらのそうし」を結成。地元フェスティバルやライヴスペースでの活動を積極的に行う。透明感に満ちたAIKAの歌声と大谷サウンドが夢幻的音楽宇宙を導いた。二〇〇九（平成二十一）年八月、ユニット名を「Hyper Little toy's」に改称し、今日に至る。

●キース・エマーソン（Keith Emerson）

一九四四年十一月二日生—二〇一六年三月十日没（享年七十一）

イギリス・ランカシャー州トドモーデン生まれ。幼少時にウエスト・サセックス州のワーシングに転居する。この頃よりピアノにふれ、クラシック音楽の素養を身につけた。

十五歳のときにワーシング・ミュージック・フェスティバルに出場。バッハの部第一位に輝く。その後、スウィング・ジャズの楽団に在籍し、ジャズピアノを弾き始める。そこで知り合ったベーシスト、ドラマーとジャズ・トリオを組んで活動を開始し、ジャズ・クラブなどで演奏を重ねる。その過程で銀行に就職するが、音楽活動で身を立てようとロンドンに向かう。Tボーンズ、VIP'Sなどのバンドに参加し、己の音楽性とテクニックを磨いていく。

一九六七年、ベーシストのリー・ジャクソンらと出会い、女性シンガーのP・P・アーノルドのバックバンド、ザ・ナイスを結成する。まもなくザ・ナイスは独立し、複数のアルバムを発表してイギリス、アメリカでその名を広く浸透させる。ザ・ナイスでの活動が今日につながるキースの音楽個性を築いた。

一九七〇年春、ザ・ナイスは解散し、アメリカ・ツアーの際に親しくなったグレッグ・レイク（元キング・クリムゾン）、オーディションを経て加わったカール・パーマー（元アトミック・ルースター）とエマーソン、レイク&パーマー（ＥＬＰ）を結成する。オリジナル・アルバムやクラシック音楽をフィーチャーしたアルバムを立て続けに発表し、大ブームを捲き起こす。約四年にわたるＥＬＰのパフォーマンスはこの時代のロック・シーンをシンボライズするものとなった。

ロック、クラシック、ジャズの三大要素からなるキース・エマーソンの音楽個性はＥＬＰで百花繚乱のように咲き誇った。ハモンドオルガン、シンセサイザー、ピアノを積極的に導入する作風とともに〈ブリティッシュ・プログレッシヴ・ロック〉を打ち立て、確立させた。

一九七四年あたりからＥＬＰは活動停止状態となったが、一九七七年頃より活動を再開した。オーケストラを帯同してのツアーなどを行うが、およそ三年後に正式に解散した。キースはソロ・アーティストとして種々のミュージック・シーンに進出する。映画音楽の作曲も手がけるようになる。イタリアのダリオ・アルジェントがアメリカ資本で撮ったホラー映画『インフェルノ』（一九八〇）で初めて映画音楽を担当し、話題を集めた。続いて、シルヴェスター・スタローン主演、ブルース・マルムース監督作『ナイトホークス』（一九八一／アメリカ）、りんたろう監督のアニメーション映画『幻魔大戦』（一九八三／角川春樹事務所）をはじめ、ルチオ・フルチ監督作『マーダロック』（一九八五／イタリア）、ミケーレ・ソアヴィ監督作『デモンズ3』（一九八八／イタリア）などといった、楽曲提供も含めた映画音楽作品を送り出す。

一九九〇年代初期にＥＬＰは、短期間ではあったが復活を遂げ、ワールド・ツアーを敢行した。二〇〇〇年代に入るとザ・ナイスを再結成してツアーを行い、自叙伝を著し、二〇〇五年にはキース・エマーソン・バンドを率いて日本公演を開催した。同時にさまざまなイベントにも参加する。二〇〇八年にニューアルバム『キース・エマーソン・バンド・フィーチャリング・マーク・ボニーラ』を発表してワールド・ツアーを行い、二〇一〇年にグレッグ・レイクとデュオを組んで全米ツアー、同年にはロンドンでＥＬＰを一夜限りの再結成し、ファンを喜ばせた。二〇一一年には日本の東日本大震災被災者に捧げる曲「The Land Of Rising Sun（日出ずる国へ）」をメッセージも添えて You Tube で公開した。

二〇一六年三月十日、カリフォルニア州サンタモニカの自宅で亡くなっているのを同居人が発見した。

23　ゴジラ2000ミレニアム［音楽：服部隆之］

東宝DVD名作セレクション
TDV26164D

サウンドトラックCD
ビクターエンタテインメント
VICL-60613

東宝映画作品　カラー・シネマスコープ　一〇八分　一九九九（平成十一）年十二月十一日公開　観客動員／二〇〇万人

〈メイン・スタッフ〉

製作／富山省吾　監督／大河原孝夫　特殊技術／鈴木健二　脚本／柏原寛司、三村渉　本編撮影／加藤雄大　特技撮影／江口憲一、村川聡　美術／清水剛　録音／斎藤禎一　照明／粟木原毅

〈メイン・キャスト〉

村田雄浩（ＧＮＰ主宰・篠田雄二）、西田尚美（オーパーツ記者・一ノ瀬由紀）、鈴木麻由（篠田イオ）、阿部寛（ＣＣＩ局長・片桐光男）、佐野史郎（ＣＣＩ幹部科学者・宮坂四郎）、大林丈史（防衛閣僚・権野）、中原丈雄（陸上自衛隊第一師団長・高田）

東宝映画が二〇〇〇年代にゴジラを復活させた「ミレニアム・ゴジラ」シリーズの第一作目にあたる。東宝映画作品『ゴジラVSデストロイア』（一九九五／大河原孝夫監督、川北紘一特技監督）で融解

していったゴジラの後を受け、また新たなゴジラが新世紀に向かって姿を現した。

「平成ゴジラ」シリーズを終了させた東宝映画は翌年の一九九六（平成八）年から一九九八（平成十）年にわたって「平成モスラ」三部作、『モスラ』（米田興弘監督、川北紘一特技監督）『モスラ2　海底の大決戦』（三好邦夫監督、同）『モスラ3　キングギドラ来襲』（米田興弘監督）を封切った。ゴジラ映画よりもはるかに低年齢層にターゲットを絞ったこのシリーズはそれなりの興行を見せたが、映画の出来はどれも芳しくはなく、やがて静かに終息していった。

またこの間、アメリカ版のゴジラ映画となる、セントロポリス・エンターテインメント、フリード・フィルムズインディペンデント・ピクチャーズ作品『GODZILLA／ゴジラ』（一九九八／ローランド・エメリッヒ監督）が公開された。同作に対するプロデューサー・富山省吾の複雑な想いもあったのであろうが、やはり興行を打つのなら日本のゴジラ映画、東宝のゴジラに勝るものはない、こうした結論に達した。怪獣映画の本来のおもしろさ、楽しさは東宝が作るゴジラ映画にこそある。こうした信念のもと、二十一世紀の到来にふさわしいゴジラ映画を富山はめざした。

新世紀をうたうゴジラ映画を製作するにあたってのキーワードは「ゴジラの謎」「ゴジラの怖さ」だったという。ゴジラ映画を再スタートさせるのだから当然であろう。特撮は川北紘一から「平成モスラ」で手腕を発揮した鈴木健二に代わった。川北組のチーフ助監督を長年つとめ上げた彼は、本作が特技監督デビュー作となった（肩書きは〈特殊技術〉）。一方、監督は大河原孝夫、脚本は柏原寛司、三村渉という平成ゴジラ映画の従来のメンバーだった。だからであろうか、新感覚、新機軸を企図するゴジラ映画というコンセプトがどこかぼやけた。柏原と三村が練り上げた物語からもそれは見えてこよう。

北海道・根室湾にゴジラが現れる。現場に駆けつけたゴジラ予知ネット（GPN）を主催する篠田雄二（村田雄浩）と小学生の娘・イオ（鈴木麻由）、彼らの取材で同行していた雑誌「オーパーツ」の記者・一ノ瀬由紀（西田尚美）はゴジラの恐怖を間近で感じ取った。ゴジラは根室で猛威をふるい、やがて海に姿を消した。ちょうどその頃、茨木県沖の日本海溝で巨大な岩塊が発見される。危機管理情報局（CCI）の内閣官房副長官である片桐光男（阿部寛）は、科学者の宮坂四郎（佐野史郎）を連れて調査に乗り出す。六千万年から七千万年前に地球に飛来したUFOではないかとの見解を宮坂が示した。東海村の原子力発電所を狙ってゴジラが出現した。静止していたUFOはそれに呼応したかのようにゴジラをめざして飛んでいった。ゴジラとUFOが相対する。ゴジラは海中に没した。UFOも墜落して海中に沈んだが、やがて海から飛び出し、新宿方面に向かって飛行を始めた。UFOは由紀の会社が入る高層ビルの屋上に降り立つ。篠田父娘は由紀を助けようとビルに急行する。UFO状の生命体は地球を侵略する目的でコンピューター・ネットワークに侵入し、地球改造計画を開始した。片桐、宮坂もその対応に苦慮する。そのとき、ゴジラが新宿に姿を現した。UFOとゴジラの闘いが再び始まる。ゴジラはUFOを叩き壊した。ところが、そこからゴジラの細胞組織であるオルガナイザーG1を吸収した怪獣オルガが誕生する。ゴジラとオルガが激突する。やがてゴジラはオルガを倒した。新宿の高層ビル街にたたずむゴジラ。人類はもはやゴジラの前に立ち尽くすしかない。そしてゴジラは――。

これはかつてなかった、これは観たことのないゴジラ映画だ、と受け手を昂揚させるような新鮮味はない。従来のゴジラ映画とのちがいはこれといって見出せず、むしろ平成ゴジラ映画の旨味を作っていた重量感は本作ではどんよりとした停滞感に変わったかのような印象が押し寄せる。もちろん見どころは多くある。演出、脚本もゴジラ映画の肝は押さえている。そのあたりは安心感を与える。しかし、斬新な感覚、方向性はつかめなかった。新たなゴジラを創造しよう、今までになかったようなゴジラ映画を築き上げよう、といった作り手側の意志もさほど寄せてこなかった。それがまた本作にまとわりつく一種の陰湿さ、暗さにつながった。とはいえ、これが本作の個性でもある。映画のカラーでもある。

この映画は、ゴジラが西新宿地区一帯を火の海としていく描写に服部隆之作曲のゴジラの主題曲が奏でられ、完結に至る。救いようのないエンディングである。カタルシスなどどこにもない。〈ミレニアム〉というよりも世紀末の芳香に覆い尽くされる、終末論的志向が込められた締めくくりだった。今までになかったゴジラ映画の世界観を引き出したのは一方ではたしかであろう。こうしたバッドエンディングのゴジラ映画はそれまでなかった。これをどう受け取るべきか。新たな世界なのか。新境地なのか。ひとりよがりなのか。単なる空回りなのか。新世紀に向けた新シリーズの幕開けを正面からうたい上げようという作り手側の意志と熱気は今一つ寄せてこなかった。

猛々しい背びれ、荒削りの表皮を持つ、シャープ感に富んだ新造形のゴジラが映画マスコミ、ゴジラファンの関心を呼んだ。これが新時代のゴジラなのだ、という類《たぐい》の製作側の意気込みが感じ取れた。本作の演出志向、映画内容がのちのゴジラ映画に影響を与えたとは思えないのだが、ここで打ち立てられたゴジラ像が「ミレニアム・ゴジラ」シリーズにもたらしたものは決して小さくなかった。

服部隆之、二度目のゴジラ映画登板作である。彼は山下賢章監督、川北紘一特技監督作『ゴジラVSスペースゴジラ』（一九九四／東宝映画）で初めて平成ゴジラ映画に参加した。その時分はまだニューフェイスのカテゴリーに組み入れられる若手作曲家だったが、新人の枠からは大きく飛び出すスケール感豊かな、剛柔が同居する音楽世界を導き、関係者やファンからの注目を集めた。今一度新たな設定のもと、二十一世紀の時代に見合ったゴジラ映画を始めようとする本作の音楽担当者に、劇音楽、映像音楽分野で瞠目すべき活躍を展開し続けている服部隆之が再び起用されたのである。彼は前作でゴジラ映画音楽がいかなるものであるかを知った。新時代にふさわしいゴジラ映画を包み込む音楽を要求される本作の音楽依頼が服部に行く。なんら不思議なことではなかった。

前作の仕事は大きな感動を噛み締めながらしたのだと服部はいう。ただし、一つだけ後悔、心残りがあった。己の音楽の〈軽さ〉である。劇中で伊福部昭の音楽が使用された。その響きと比べ、自分の音楽はあまりに重量感に欠けるのでは。そう思ったという。そのため、本作では厚く重い音色を意識的にめざした。泥臭さを喚起させる音楽をイメージし、一方で現代の色を提示するモダンなサウンドを込めた楽曲を要所に配置した。ゴジラの主題がやはり軸となり、相手怪獣であるオルガの主題がその反対の位置に据えられる。怪獣映画だからまっとうな音楽演出である。怪獣側の楽曲群を中心に置き、周辺を彩る按配で登場人物側のスコア、自衛隊の活動に添う楽曲類が設置され、そうして状況音楽、表現音楽が各箇所で主張を発する。

服部は前作で明快なゴジラの主題曲を書いた。絶対悪となるスペースゴジラの主題に対抗させる、ヒーロー調のわかりやすい楽曲を付した。善玉と悪玉の対比が前面に出る内容だったので、あるいは取り組みやすい作品だったかもしれない。ところが、本作のゴジラは『ゴジラVSスペースゴジラ』よりもキャラクターが明らかに複雑になっている。単純明解な悪ではない。種々の解釈が成立する。服部はこうしたゴジラに、旋律そのものは直線的に迫ってくるが、どこかつかみどころのない、人間の意思と相通じえない巨大な物体を音楽から匂わせる主題曲を書いた。

本作におけるゴジラの性格づけを視野に入れた本テーマ曲は、メインタイトル部分でまずは断片が提示される。その後はゴジラ登場シーンで繰り返し奏でられ、映画全体の色合いをこの響きで塗り上げていく。観客の耳に付着しやすく、心を踊らせるようなものではない。明るさはなく、暗い印象もつきまとう。本作がたたえるダークな印象はこの鳴りによってもたらされたものでもある。服部の音楽演出が映画の性格と方向性を決定づけてもいる。異界から現世に出現してきた魔獣とも解釈できる。この線は徹底的に押してもよかった。服部の音楽もより機能度を放ってきたとも考えられる。

もう一つの核に収まるオルガの主題の響きは、その曖昧模糊、摩訶不思議なイメージに応じ、わかりやすくはあるが、親しみやすさとは無縁のフォームを持つ。シンセサイザー、人声を用い、神秘的で浮遊感をも抱かせる音楽と受け取ることもできる。そうした音楽意匠を与えられたオルガとゴジラが正面からぶつかるクライマックスは、音楽面に着目すれば、両怪獣のバトルを楽曲が盛り立てるのではなく、サウンド、音響全体で状況に応じた空気を作ることを目的とした、特定の対象に的を絞りすぎない音楽采配が採られる。

ＵＦＯ対ゴジラも含めたスペクタクル・シークエンスに挿入される人間側のドラマが相当に薄い

ため、劇的ファクターに対処する楽想、オルガナイザーG1をめぐる展開に流れる細かな曲などの小さな対象とした楽曲も機能しきれなかった。一方、テーマ曲を表に持ってきて力業で押したりすることはせず（要所ではその傾向が認められるが）、サウンド全体で盛り上げる性格になる。

本作はゴジラ映画であり、怪獣映画である。だから登場怪獣を装飾する楽案、テーマ曲の響きに受け手の意識はどうしても向く。とはいえ、そうしたこだわりは送り手にはあまりなかったようだ。シークエンス、シーンそのものに視点を合わせ、音楽を構成している。ゴジラが根室を襲撃する箇所、自衛隊戦車群がゴジラ迎撃のために集結するくだり、東海村でのゴジラと自衛隊の攻防シークエンスなどのスペクタクル描写の音楽演出、主人公たちの行動に添うスコア、巨大な岩塊から出現したUFOにまとわりつく鳴り、UFOが東京に向けて飛行し、西新宿にとどまる流れにかぶさる楽曲類、これらに服部の演出意図が見て取れる。音楽構成の特色とみなせよう。

本作の音楽は色彩感にややとぼしい。カラーではなくてモノトーンのイメージを覚える。四十年以上の歴史を誇るシリーズ映画を新時代に合わせてリニューアルすべく製作される作品であることは服部の意識下にもあったであろうが、それが過剰になることはなく、映画内容、映画世界に相応するゴジラ映画音楽を導いた。二作目だからこその余裕と映った。

この映画はやはり暗さがつきまとっている。服部音楽の響きもそうしたムードに輪をかける。この時代、すでに映画・テレビ・演劇分野などのさまざまなメディアの表舞台で、時流の中心にいるクリエイターと組んで創作活動の幅を拡げ続けていた服部の位置づけを示した。映画構成、劇的要素、音楽喚起に確実に対応する服部の作家性はしっかりと手に取れた。

24　ゴジラ×メガギラス　G消滅作戦［音楽：大島ミチル］

東宝映画作品　カラー・シネマスコープ　一〇五分　二〇〇〇（平成十二）年十二月十六日公開　観客動員／一三五万人

〈メイン・スタッフ〉

製作／富山省吾　監督／手塚昌明　特殊技術／鈴木健二　脚本／柏原寛司、三村渉　本編撮影／岸本正広　特技撮影／江口憲一　美術／瀬下幸治　録音／斎藤禎一　照明／斎藤薫

〈メイン・キャスト〉

田中美里（Gグラスパー隊長・辻森桐子）、谷原章介（天才青年発明家・工藤元）、伊武雅刀（特G対策本部長・杉浦基彦）、星由里子（特G対策本部の物理学者・寺沢佳乃）、勝村政信（Gグラスパー広報担当官・新倉誠准尉）、池内万作（Gグラスパーオペレーター・美馬和男一曹）、永島敏行（陸上自衛隊・宮川卓也隊長）

東宝 DVD 名作セレクション
TDV26165D

サウンドトラック CD
ビクターエンタテインメント
VICL-60613

『ゴジラ２０００ミレニアム』から始まった「ミレニアム・ゴジラ」シリーズの特徴の一つに、監督や脚本家など物語世界構築に直接かかわる人々がある程度は自由に、それぞれのゴジラの世界

観を打ち出し、拡げることができた点があげられる。ゴジラだから、ゴジラ映画だから、という手枷足枷をそれほど意識せずに映画製作が行える。これは作り手側としてはありがたい反面、己の力量がさらけ出されてしまうので、ある意味では諸刃の剣であったであろう。

本作で脚本を担ったのは、前作『ゴジラ２０００ミレニアム』と同じく柏原寛司と三村渉である。ゆえに前作と同じようなトーン、ノリで描かれるゴジラ映画になるのかと思わせた。ところが、本作は前作とまったく趣向を変えた、怪獣映画、空想科学映画の楽しさを追求するエンタテインメント映画となった。これは本作が監督昇進の第一作目となった手塚昌明の存在が大きかったのであろう。彼は市川崑に長く師事していた。大河原孝夫の平成ゴジラ映画で助監督をつとめてもいた。自分だったらこういうゴジラ映画を作る。二〇〇〇年代に送り出すゴジラ映画はこうあるべきだ。手塚が長年温めていたゴジラ映画への想いが一気にほとばしった感があった。手塚以下スタッフたちが二〇〇〇年代に見合うゴジラ映画を新たに作ろうと、情熱を燃やして製作にあたった。このように展開する。

二〇〇一年。一九五四年のゴジラ初上陸以来、日本は度重なるゴジラの襲撃で幾度も甚大なる被害に襲われた。東京は首都機能を保てず、大阪に遷都した。かつて上司の宮川卓也・陸上自衛隊隊長（永島敏行）をゴジラによって失った、対ゴジラ戦闘部隊Gグラスパーの隊長・辻森桐子（田中美里）は、ゴジラへの復讐に燃えていた。桐子とGクラスパー隊員の奥村（山下徹大）は、天才青年発明家の工藤元（谷原章介）をGクラスパーにスカウトする。研究を進めている対ゴジラ兵器、ブラックホール砲の完成を推進するためだ。工藤は特別G対策本部で物理学研究の第一人者でかつての恩師・寺沢佳乃（星由里子）と再会する。山梨県白州で極秘裡に行われたブラックホール砲の実験で時空の歪みが生じた。その影響で古代昆虫メガヌロンの卵が現代に出現してしまう。その卵を発見した少年が何も知らずにそれを東京・渋谷へ運び込んだ。卵は細胞分裂を開始し、表面から小さな卵を次々と排出する。そこから孵化したメガヌロンはやがて羽化を遂げて成虫の巨大トンボ、メガニューラに進化する。無数のメガニューラは渋谷一帯を水没させ、桐子たちの誘導で奇岩島に導いたゴジラを完成したブラックホール砲、その名もディメンション・タイドで消滅させようとする特別G対策本部の作戦を妨害した。奇岩島に襲来した無数のメガニューラはゴジラのエネルギーを吸い取り、渋谷に舞い戻って湖底に横たわる巨大な幼虫にゴジラのエネルギーを与える。そうして怪獣メガギラスが誕生した。メガギラスはお台場に上陸したゴジラに襲いかかる。ゴジラとメガギラスの死闘が始まる。攻防が続くなか、ゴジラはメガギラスを倒した。ゴジラは東京に進撃する。しかし、桐子と工藤の起死回生の活躍によってゴジラにディメンション・タイドが撃ち込まれ、ゴジラは地球上から消滅した。ところが――。

映画は一九五四（昭和二十九）年のゴジラ東京蹂躙を冒頭に据える。ゴジラは一九五四年に死なずにそのまま生存を続け、日本の首都は大阪に移転、再び出現したゴジラが東海村や大阪を襲撃し、などの大胆このうえない新設定を次々と披露する。これだけでゴジラ映画ファンを刺激するには、驚かすには十分なインパクトがある。

手塚は演出にあたり、「超兵器の登場」「肉弾戦」「人類が最後までゴジラと闘う」、この三つを前面に掲げることにしたという。これらが近年のゴジラ映画では描かれない。そうした不満を彼は抱いていた。そのため、本作はブラックホール砲〈ディメンション・タイド〉でもってゴジラを倒そうとするGクラスパー隊員とゴジラの攻防が描き込まれ、新怪獣メガギラスとゴジラの肉弾戦もクライマックスではふんだんに見せる。登場人物が物語進行につれてドラマから乖離してしまうこともなく、最後は人間対ゴジラ（超兵器を用いてではあるが）が大きな見せ場を築き上げる。そのため、どこか明るい、ポジティブなムードをたたえる娯楽性豊かな怪獣映画となった。この点が前作の『ゴジラ２０００ミレニアム』とは大きくちがう。手塚たちの賞賛すべき功績である。

女性が主役に据えられた点も新鮮味があった。己の不注意から上司を殉職させてしまったトラウマを抱えるGクラスパーの隊長・辻森桐子を演じる田中美里の凛々しさが映画に一本筋を通しており、彼女の葛藤と成長が映画に艶やかな彩りを注ぐ。彼女の周りに配置される谷原章介、伊武雅刀、勝村政信、池内万作らが適材適所の味をにじませ、昭和ゴジラ映画の屈指のヒロイン、星由里子も顔を出して旧世代のファンを満足させる。いずれの俳優も肩肘張った、力任せの演技におちいらない。そのバランス感覚が好印象を招いた。

また、本多猪四郎監督、円谷英二特技監督作『空の大怪獣 ラドン』（一九五六／東宝）に脇役として登場したメガヌロンの久々の復活も旧来のファンを喜ばせた。卵から孵ったメガヌロンがメガニューラに育ち、最終的には巨大なメガギラスに変貌する。この三大変化は、特に目新しさがあるというわけではなかったが、スペクタクル感を味わわせた。『空の大怪獣 ラドン』では明らかにされなかったメガヌロンとはこういう怪獣だったのか。あまたのファンがこの怪獣のドラマに想いを馳せた。昭和の怪獣を安易によみがえらせるだけに終わらず、本多・円谷作品への献辞がよい按配で出た。

二〇〇〇年代に入ってゴジラ映画は生まれ変わった。前作『ゴジラ2000ミレニアム』は「平成ゴジラ」が生み落とした種々のエッセンスを再使用、再利用したものでもあったが、本作は初めてゴジラ映画に参加した多くのスタッフたちの、今こそ新しいゴジラ映画を作りたい、自分たちの手で今までにないゴジラ映画を生み出したい、という強い意志が達してきた。新たに音楽を担当することになった大島ミチルも同様の想いであったろう。

それまでも大島は主に中島貞夫がメガホンを執った「極道の妻たち」シリーズ四作や伊藤俊也監督作『プライド　運命の瞬間』（一九九八／東京映像制作、東映）などで披露した、聴き応えに満ち、旋律の輪郭をはっきりと受け手に示す作風で映画音楽ファンの注目を集めていた。映画ばかりでなく、テレビドラマ音楽もあまた手がけ、新世代の映像音楽作曲家としてその名を広く浸透させる過程にあった。だが、これだけの本数と歴史を重ね、音楽もある程度スタイルが定まったゴジラ映画音楽、言い方を変えれば、音楽イメージがきわめて限定される、つまりは常に伊福部サウンドとの比較がついてまわるゴジラ映画に大島がどのような響きをほどこすのか。これは未知数のものがあった。

ところが、大島はいとも軽やかに、そうしたよけいなプレッシャーなど気にする様子もなく（あくまで受け手側の印象にすぎないが）、己が信ずる音楽観を前面に据え、決して容易ではないと思われるゴジラ映画の仕事を持ち前の明るさとたくましさ、バイタリティで乗り越えた。大島のゴジラ映画音楽は新時代ゴジラ映画の誕生に供える祝歌となった。手塚昌明の明快で的を射た導きもあった。手塚は大島が音楽を担当した、フジテレビ系列の人気テレビドラマ『ショムニ』（一九九八〜二〇〇〇）の響きを要求したという。それが奏功したのである。

本作の音楽には思わせぶりや意味深な仕掛けなどない。直線的な音楽采配が採られる。ゴジラ映画というよりも、怪獣映画が欲する音楽形態とはどういったものか、どのような響きが融け込むのか、観客は何を楽しみにやってくるのか、などの類《たぐい》の問いかけから踏み込んでいったものと思われる。だから過去のゴジラ映画音楽のスタイルにさほど縛られずに入っていけたのであろう。『ショムニ』のような響きを、という手塚の要望は彼女にとって大きな道標となったはずだ。活気に満ち、明朗で開放的で、子供でも構えることなくなじんでいける音楽世界、鳴りを映像・作劇にほどこした。

そうした音楽空間を張りめぐらせるなか、映画の主役はどこまでもゴジラである。敵役の昆虫怪獣メガギラスもゴジラと同等に近い重要な役割を担う構図は確実に押さえる必要がある。大島は両怪獣のテーマ曲を楽曲構成の中心軸に据えた。ゴジラには土着的で大陸風の響きを当初は想定していたという。だが、手塚の構想とキャラクター設定の方向性を重視し、ポジティブで正攻法な設計のもと、巨大感と恐怖感の表現を何よりも心がけ、テューバ、コントラバス、パーカッションの鳴りを思いきり使い込み、ダビング作業でその音をさらに強調し、重低音主導の楽想を練り上げた。巨大な物が進撃するかのごときイメージを表し出した。

いわば〈一音〉でゴジラを喚起させる動機を作るのは至難の業であろう。大島はそれをやってのけた。日本のシンボルにもあげられる怪獣ヒーロー、ゴジラに違和感なく重なる分厚く音響色の濃い、インパクトに富んで脳裏に残りやすいテーマ曲を書いた。大島ゴジラ映画音楽の旅立ちをうたい上げる響きであり、新たなゴジラの鼓動を刻む効果音でもあった。大阪に上陸したゴジラを自衛隊特殊部隊が迎撃する冒頭のシークエンスでの主張は鮮烈このうえなかった。恐怖感を存分に引き出した。そこからメインタイトルにつながるパートに添う大島音楽の横溢は、本作が「平成ゴジラ」とは一味も二味も異なることを端的に示した。ゴジラ映画、怪獣映画に向かう者の情動を大島の音楽が気持ちよく駆り立てる。

卵からメガヌロン、次に膨大な数のメガニューラに形態を変えて最終的には巨大・強大なトンボ怪獣に進化するという豊かなビジュアル性に着目した音楽を大島はメガギラスに与えた。まずはスリラー音楽タッチで不気味感、神秘感を打ち出し、メガニューラと化して飛び立つ描写では弦楽器で奏す耳障りな、磨りガラスに爪を立てるかのごとき神経質的な音をけたたましく鳴らす。羽化した無数のメガニューラがビルの壁面から飛翔する場面、奇岩島に上陸したゴジラにメガニューラの大群が襲いかかるシークエンスでの効果は特筆に値する。メガギラスにはアグレッシブでキレのよい音楽設計が意識的にほどこされた。

怪獣のテーマ曲というだけでなく、メガギラスの主題はゴジラとの音楽対峙を綿密に図った戦闘曲の性格も強い。低音で徹底的に迫るゴジラ。各段階の形態に呼応して音型を変化させるメガギラス。フォームは異なるが、ベースとなるトーンには共通要素が見出される。さらに、どちら側にも寄らずに両怪獣の闘いに拍車をかけて映画のアドレナリンを高め上げる役目をつとめるバトル音楽のほとばしり。この三種の音楽柱の交錯と密着は本作の音楽ハイライトである。

　映画は怪獣同士の闘いばかりを描くわけではない。人間側のドラマもある。これもゴジラ映画、怪獣映画らしさではあるが、大島はそれにもフットワークよく応じる。場面表現、状況描写以外は大多数がGスナイパーに寄る。人間たちの闘いを表現することを主目的に据える。

　そのなか、Gスナイパーの特殊戦闘機グリフォンの主題が中心処に来る。ロバート・ワイズ監督作『スター・トレック』（一九七九／アメリカ）におけるジェリー・ゴールドスミスの響きのノリを頭に描いて書いたという、ハリウッド映画音楽風趣向を濃厚に表出させる楽想は当初の大島の構想とは少し異なるものだったとのことだが、二大怪獣の主題と怪獣同士のバトル音楽にグリフォン側の楽案が寄り添うとそのテンポ感が生み出す劇的効果も格段に上がり、画《え》と音が掛け合うことで映画全体の温度も上昇していく。この種の映画に攻撃的で相乗感豊かな音楽がどれほどの効果を生むかを端的に示している。

　二〇〇〇年代初のゴジラ映画は、新たな看板となり得る音楽を獲得した。ゴジラ映画であることに特にアレルギーなどを覚えず、伊福部昭のＤＮＡなども表面上は持ち合わせないとみえる大島ミチルの手によってそれはなされた。胸のすくような音楽の立ち姿である。

25　ゴジラ モスラ キングギドラ　大怪獣総攻撃［音楽：大谷幸］

東宝 DVD 名作セレクション
TDV26166D

サウンドトラック CD
徳間ジャパン
TKCA-72279

東宝映画作品　カラー・シネマスコープ　一〇五分　二〇〇一（平成十三）年十二月十五日公開（併映作品／『劇場版 とっとこハム太郎　ハムハムランド大冒険』）観客動員／二四〇万人

〈メイン・スタッフ〉

製作／富山省吾　監督／金子修介　特殊技術／神谷誠　脚本／長谷川圭一、横谷昌宏、金子修介　本編撮影／岸本正広　特技撮影／村川聡　美術／清水剛　録音／斎藤禎一　照明／粟木原毅

〈メイン・キャスト〉

新山千春（BSデジタルQ社員・立花由里）、宇崎竜童（防衛軍准将・立花泰三）、小林正寛（小説家見習い・武田光秋）、仁科貴（BSデジタルQAD・丸尾淳）、佐野史郎（BSデジタルQ企画部長・門倉春樹）、天本英世（謎の老人・伊佐山嘉利）、南果歩（防衛軍情報管理大佐・江森久美）

『ガメラ　大怪獣空中決戦』（一九九五／大映、日本テレビ放送網、博報堂）『ガメラ2　レギオン襲来』

（一九九六／大映、日本テレビ放送網、博報堂、富士通、日本出版販売）『ガメラ3　邪神〈イリス〉覚醒』（一九九九／大映、徳間書店、日本テレビ放送網、博報堂、日本出版販売）、この「平成ガメラ」三部作で日本映画史に大きな一頁を刻み込んだ金子修介がついにゴジラ映画に進出した。金子は「平成ガメラ」三部作ののち、宮部みゆき原作、東宝特撮映画の遺伝子がそこかしこに認められるSFサスペンス映画『クロスファイア』（二〇〇〇／東宝、TBS）を送り出した。この仕事が金子をゴジラ映画に結びつける大きな契機となった。

従来、ゴジラ映画は東宝の撮影所で育ってきた映画監督に演出させるのが一つの約束事になっていた。外様の監督がゴジラ映画を撮ったのは大森一樹が初めてだった。大森の場合と同じく、金子の招聘は東宝としても特例だった。一つの扉が開いたのである。

金子は「平成ガメラ」を手がける以前、大河原孝夫が演出した『ゴジラVSモスラ』（一九九二／東宝映画）の監督に名乗り出ていたという。彼にとって念願のゴジラ映画演出である。「平成ガメラ」を作り上げたスタッフのあまたが再び集められた。これも金子には心強い援軍となった。彼は己の怪獣映画の集大成にしようと満を持して演出にのぞんだ。

第一作『ゴジラ』のような凶悪・凶暴なゴジラを撮りたいと考えた金子は脚本に長谷川圭一と横谷昌宏を招き、三者によるブレインストーミングを重ねてストーリーを練り上げた。これもプロデューサー・サイドの主導で脚本が書かれ、監督は主にその演出に専念する立場という「平成ゴジラ」「ミレニアム・ゴジラ」の多くで採られたシステムではない。東宝の看板であるゴジラ映画だが、金子としてはやりやすい態勢だったと思われる。特撮は「平成ガメラ」三部作で組んだ樋口真嗣が率いた樋口組でチーフ助監督をつとめた神谷誠による。金子カラーに包まれたゴジラ映画であることは疑いなく、ほかの「ミレニアム・ゴジラ」映画とは明らかに色が異なる。そういう側面においても熱烈な支持者を持つ。展開も波瀾に富んでいる。

アメリカの原子力潜水艦がグアム島沖で消息を絶った。調査に向かった防衛軍は海底でゴジラとおぼしき巨大生物を発見する。四十八年前、ゴジラ上陸惨禍で家族を失った防衛軍の立花泰三（宇崎竜堂）准将は、軍上層部にゴジラ襲来を警戒するように進言する。妙高山麓の和泉村でトンネル崩落事故が発生し、怪獣が出現したという。BS放送局デジタルQのリポーターで立花の娘である由里（新山千春）は友人の小説家見習い、武田光秋（小林正寛）から「護國聖獣傳記」を受け取る。バラゴン（婆羅護吽）、モスラ（最珠羅）、ギドラ（魏怒羅）の姿が記されていた。池田湖で傍若無人な若者たちが巨大怪獣に襲われた。妙高山と池田湖は「護國聖獣傳記」で怪獣が眠るとつづられた聖地に近い。由里は謎の老人・伊佐山嘉利（天本英世）から奇妙な話を聞く。太平洋戦争で散った人々の残留思念、怨念の集合体であるゴジラが襲来する、そのゴジラから大和の国を護るべく聖獣たちが深い眠りから覚醒する、と。そのとき、ゴジラが焼津に上陸した。バラゴンが出現してゴジラと箱根で激突する。だが、ゴジラはバラゴンをいとも簡単に倒し、東京方面へ進撃し、横浜に姿を現す。ゴジラを阻止するためにモスラとギドラが出現した。三大怪獣の壮絶なバトルが始まる。ゴジラの熱線を受けたモスラは空中で四散して金色の粉と化し、ギドラに降り注ぐ。モスラのエネルギーを得たギドラは立ち上がり、巨大な翼を広げた。ゴジラを撃退するには聖獣とともに闘うしかない。立花はD－03ミサイルを搭載した特殊潜航艇「さつま」でゴジラの体内へと潜入する。ゴジラとギドラは海中に没した。ギドラもゴジラの熱線によって四散した。闘いをリポートし続ける由里。立花はゴジラの体内でD－03を発射し、ゴジラを倒した。立花は生還を果たした。ところが、海の底では——。

金子は第一作『ゴジラ』と戦争は切り離せないものととらえていた。戦後から五十年を優に超えた。そうした時代にゴジラ映画を作る意味合いを考えた。あの戦争を多くの日本人は忘れている。あの惨禍も、悲劇も、あまたの日本人にとっては過去のことなのだ。しかし、ゴジラは戦争の影を引きずらねばならない。戦争、敗戦、核、放射能……。こうした忌まわしきものをゴジラは宿さなければならない。そのため、本作のゴジラの設定、性格づけはきわめて異質なものとなった。金子、長谷川、横谷は、ゴジラを戦争の亡霊、戦争で無念の死を遂げた人々の残留思念、怨念の集合体とした。これは川本三郎著『今ひとたびの戦後日本映画』（一九九四／岩波書店）内「ゴジラはなぜ『暗い』のか」に着想を得たのではないかとも思えるのだが、斬新といえる発想だった。

そのようなゴジラに日本の護国聖獣、キングギドラ、モスラ、バラゴンが立ちはだかる。戦争の犠牲者の依り代であるゴジラの脅威から日本の護国聖獣、要するに日本の守護神が日本国民を護るという、巨視的に眺めればかなりシニカルな、ペシミスティックな、いかようにも深読みができる黙示録的世界が描かれる。金子監督作『ガメラ3　邪神〈イリス〉覚醒』との絶妙な共通項にも想いがおよんでいく。

怪獣同士の闘いもリアルなものとなっており、激しい肉弾戦が展開される。それまでのゴジラ映画の格闘はなまなましさに欠いていていた。血の通った獣同士が生死をかけて殺し合いをしているという描き方はされていなかった。だが、本作は痛みの伝わる、血なまぐささを覚えさせる格闘描写が採られる。とりわけゴジラ対バラゴンの箱根・大涌谷での決闘は、凶悪なオーラを全身から発するゴジラの風貌、立ち居振る舞い、その強大な敵に果敢に挑んでいくバラゴンの健気さも加わり、ゴジラ映画史上に刻まれる格闘シークエンスとなった。

本作は怪獣映画が本来持つべき、怪獣の恐ろしさ、まがまがしさを堪能させる一本である。金子たちのゴジラ愛、怪獣映画愛、特撮映画愛がほとばしった。

監督が金子修介に決まった時点で音楽は大谷幸であろうと誰もが予想した。金子修介の映画には大谷幸の音楽。当時はこの図式が完全に定着していた。もう一つ、「平成ガメラ」の音楽のイメージがあまりに強い大谷幸がゴジラ映画にはどのような響きを付すのか、ここにも当然注目が集まった。

金子からの音楽依頼を〈ついに来ちゃった……〉とつぶやきながら受けたという大谷本人もそれは意識した。ゴジラ映画には伊福部音楽、伊福部の響き。この構図が確立されている。それにどう立ち向かえばよいのか。半世紀近くの歴史、時間の重みをどう受け止めればよいのか。金子にそう相談したところ、伊福部サウンドは頭に置かなくてよい、二十一世紀のゴジラ映画音楽を作ってほしい、との方向性を示され、大谷は視界がぐっと拓いていく感触を覚えたという。

しかしながら、正攻法な管弦楽音を押し進めると己の「平成ガメラ」三部作の音楽と安易に比較されてしまう。そうした種々の縛りから自分を解き放つためにもスタイルを変え、ゴジラ映画音楽の伝統ももちろん十分に留意しながら、マギー監督作『ショコキ！』（二〇〇一／「ショコキ！」製作委員会）で試みたような、テクノポップを前面に立てたサウンドが導く音楽カラーをゴジラ映画に注いでみよう、と構想を立てた。この時期、大谷の音楽志向がそうした方面に傾いていた。〈二〇〇一年時の大谷幸〉が追求する音楽意匠とゴジラ映画音楽の融合にチャレンジした。

ではあるが、音楽設計、キャラクターへのアプローチはオーソドックスな手法が採られた。このあたりは「平成ガメラ」三部作の設計が引き継がれている。音楽を進めるにあたっての必要な要素を明確に立て、モチーフを多用して映像、物語展開に素直に応じる。絶対的主役のゴジラ、対抗する護国聖獣キングギドラ、モスラの各主題、ドラマ部分を包み込む立花父娘のきずなを奏でるテーマ、これらに付随し、ゴジラの猛威に立ち向かう防衛隊サイドの人々に添う楽案、おおよそこの五種に集約されるブロックを立て、音楽構成上の重要楽曲に据え、音楽からの映画演出を図った。

響きのカラーには〈ガメラ〉とは同次元に置けない要素が見出せるが、語法面ではさほどの変貌は認められず、むしろ〈ガメラ〉とつかず離れずの間柄を提示する。アプローチ法、音型、旋律線、ダイナミズムなどはもちろん、大谷色を実感させる繊細なタッチも意外と濃く、終盤では映画が向かう方向を明確に浮かび上がらせる。音楽感情の昂揚感は彼の個性を十分に伝えてくる。

本作はゴジラ映画音楽のなかではイレギュラーな造りをしている。サウンドカラー、音色もそうした印象を呼び込む。怪獣が人間に覚えさせる恐怖感を冷徹に、シャープに、粗暴に表すゴジラの主題は、トロンボーン、コントラバスなどの低音楽器で土台を築き、テクノポップ調のシンセ音が装飾につく。メインタイトルやゴジラが焼津港に出現して街を破壊する描写、箱根に現れたゴジラがバラゴンとの闘いになだれ込む流れに添うゴジラのテーマの鳴りは周到なテンポ計算も奏功し、怪獣映画が必要とする恐怖感、畏怖感を存分に引き出す。大谷自身、低弦が奏す二小節には絶対の自信がある、と述べたほどの会心の響きである。

地球を護る使命を持つ護国聖獣キングギドラには男声合唱の音色を音響的に増幅させて神秘感を強調し、モスラには艶美的な女声合唱の雅やかな調べをつける。本多猪四郎監督作、円谷英二特技監督作『モスラ』（一九六一／東宝）の古関裕而の旋律をアナグラム化したとも受け取れるモスラ側の主題は、それまでのモスラ主題曲のなかにおいても荘厳感という部分では屈指のものであろうか。幻想的で透明感が漂うサウンドを一つの作家性とする大谷音楽世界が聖獣モスラを表現する。三種の怪獣主題（バラゴンにはつけられなかった）はどれもポジションは異なるのだが、キングギドラとモスラは表裏一体の楽案が与えられた。「平成ガメラ」三部作、なかでも『ガメラ3　邪神〈イリス〉覚醒』で彼が用いた怪獣映画音楽手法を思い起こさせる。

あらためて述べるが、ゴジラ映画音楽としては本作の響きは異質といえる。作業工程に理由の一端は探れよう。大谷はコンピュータで映像とのシンクロを計算し、シンセサイザーやエレキギター、生ピアノなどでつむぐプログラミングによるリズム音型を用意した。管弦楽の演奏にそれらをかぶせ、響きを作っていった。そのような造りが音楽カラーを築いている。ここが大谷ゴジラ映画音楽のポイントとなろう。伝統のなかに前衛が入り込んだゴジラ映画音楽でもある。とはいっても、柔軟でフットワークが軽やかでノリがよい大谷の持ち味はそう損なわれてはいない。音から鑑賞者の感情をストレートにあおっていく。

大谷が本作で最も重視したのが、立花父娘の感情の交錯だった。音楽もそこを肝とする。立花父娘を奏で上げる楽曲に彼の想いがあふれんばかりに出てくる。クライマックスに向かうにつれて父と娘の心のなかの対話が徐々に、確実にクローズアップされてくる。大谷も観る者の情動を突き動かす旋律と音色を正面からあてる。実にまっとうで奇をてらう狙いなどは少しもつかめない付曲術で、彼の作家精神が浮き上がる。どす黒く、まがまがしいゴジラの主題、人声を使い込む異次元風サウンド・トーンを有した護国聖獣の楽想、この二種を巨大な音楽柱に立て、テクノポップの鳴りが要所で大谷色をにじませる音楽世界が立てられるなか、立花父娘に付着する響きはそれらを浄化し、覆い包み、安息の地にいざなっていく。まさに作品中の要《かなめ》となる楽曲である。

大谷は当初、武満徹の音楽空間に通じる語法を模索したという。だが、台本を読んでそれはそぐわない映画世界と判断して切り替えた。一方で、大谷のそうした構想は、心証的なものも大きいのであろうが、根底にひそんでもいる。護国聖獣を彩る音楽にその方向性がつかみ取れる。

大谷は怪獣映画音楽の伝統に敬意を払いつつも、己が導こうとする響きを素直に引き出し、映像にあてた。これには彼もたしかな手応えを覚えたにちがいない。自分にしか書けない、生み出せない音楽。それをゴジラ映画のなかでも追い求めようという信念が確実に達してくる。音楽に対するそれらの姿勢と態度は大谷幸そのものである。

26　ゴジラ×メカゴジラ［音楽：大島ミチル］

東宝DVD名作セレクション
TDV26167D

サウンドトラックCD
キングレコード
KICA-586

東宝映画作品　カラー・シネマスコープ　八八分　二〇〇二（平成十四）年十二月十四日公開（併映作品／『劇場版 とっとこハム太郎　ハムハムハムージャ！ 幻のプリンセス』）観客動員／一七〇万人

〈メイン・スタッフ〉

製作／富山省吾　監督／手塚昌明　特殊技術／菊地雄一　脚本／三村渉　本編撮影／岸本正広　特技撮影／江口憲一　美術／瀬下幸治　録音／斎藤禎一　照明／望月英樹

〈メイン・キャスト〉

釈由美子（特自三尉・家城茜）、友井雄亮（特自三尉・葉山進）、宅麻伸（人工生物学者・湯原徳光）、小野寺華那（湯原沙羅）、水野久美（内閣総理大臣・拓植真智子）、中尾彬（内閣総理大臣・五十嵐隼人）、上田耕一（防衛庁長官・土橋

ゴジラの相手役として屈指の人気を誇るメカゴジラの三度目の登場である。前作『ゴジラ モスラ キングギドラ　大怪獣総攻撃』が好調な興行を記録した。その理由は種々指摘できるのだが、

キングギドラとモスラの登場が集客に一役買ったのは疑いなかった。やはりネームバリューのある人気怪獣が出ると出ないのでは観客の関心度に大きなちがいが生じる。こうした結論に達した。そのため、東宝怪獣、第三の人気キャラクターとも称されるメカゴジラが今回のゴジラの対抗役に持ってこられた。

メカゴジラは昭和ゴジラ映画では地球侵略異星人が操る破壊兵器、平成ゴジラ映画では人類が操作するゴジラ迎撃超兵器として描かれた。そのメカゴジラが本作では対特殊生物自衛隊が誇る〈MFS－3・3式機龍〉に生まれ変わった。機龍（メカゴジラ）を操縦するヒロインのドラマを挿みつつ、館山沖から姿を現したゴジラと機龍の激闘が東京を舞台にスペクタクル感豊かに描かれる。

前々作『ゴジラ×メガギラス　G消滅作戦』を演出した手塚昌明が監督に復帰した。脚本は同じく三村渉による。特撮部門は手塚にとっての前作、さらに金子修介が撮った『ゴジラ　モスラ　キングギドラ　大怪獣総攻撃』で特撮斑チーフ助監督をつとめた菊地雄一が担った。過去のゴジラ映画や東宝SF特撮怪獣映画への献辞をさりげない形で処々にあふれさせながら、手塚の調子のよい演出さばきのもとに三村渉脚本による物語が歯切れよく進んでいく。

一九九九年。千葉県館山港からゴジラが上陸した。対特殊生物自衛隊が出動する。90式メーサー光線車を操縦するのは、家城茜三尉（釈由美子）だ。しかし、富津市山間部でゴジラと交戦する最中、茜は手痛いミスによって上官を死なせしまい、資料課へ転属される。時は現在。拓植真智子内閣総理大臣（水野久美）、科学技術庁長官・五十嵐隼人（中尾彬）らは人工生物学者の湯原徳光（宅麻伸）、ロボット工学者の赤松伸治（白井明）、マイクロウェーブ学者の山田薫（萩尾みどり）など各分野のエキスパートを集め、四十九年前にオキシジェン・デストロイヤーで絶命したゴジラの骨をベースにした生体ロボットのメカゴジラ、通称3式機龍の開発に着手した。やがてMFS－3・3式機龍は完成し、機龍隊が結成された。茜も機龍隊に配属される。その披露式典の最中、折り悪しくゴジラが横浜・八景島に上陸する。機龍隊に出動命令が下され、機龍は輸送機「しらさぎ」で早速運ばれる。機龍とゴジラがついに対峙した。機龍はゴジラに対して攻撃を仕掛けるが、ゴジラの耳をつんざくような咆哮によって機龍内部のゴジラ細胞が覚醒してしまい、暴走を始めた。破壊活動の末、ようやく機能が停止した機龍はドックに回収され、修復作業が進められる。再びゴジラが活動を開始した。ゴジラは品川埠頭に出現する。五十嵐首相の断が下り、機龍がゴジラを倒すために出撃した。茜のコントロールのもと、機龍はゴジラと壮絶なバトルを展開する。一進一退の攻防ののち、茜はついに最大の兵器、絶対零度砲であるアブソリュート・ゼロをゴジラに放った。海上に巨大な氷柱が出現する。その氷を割り、腹部に大きなダメージを受けたゴジラが現れた。傷ついたゴジラは太平洋に向かって移動を始めた——。

手塚昌明の前作『ゴジラ×メガギラス　G消滅作戦』の味わいを引き継ぎながら映画は進行する。同作の続篇ではないが、それでも世界観は接続している。そのあたりのバランス感覚が観る者に心地よさを与える。国民を脅かす特殊生物の殲滅を目的とする専門組織、対特殊生物自衛隊が防衛庁内にあるという設定も、かつてのGフォースやGクラスパーよりもリアルに感じられる。怪獣が存在する世界。怪獣が出現する日本。私たちが住む地球とはどこか別の星での出来事ではないかという解釈ができなくもないSF的な映画世界が旨味として効いている。昭和ゴジラ映画、怪獣映画の黄金時代に育ってきたオールドファンを喜ばせる設定や仕掛けも要所に置かれる。こうした作り手の手になるこの種の映画だからこそ引き出せる幸福感が本作にはある。

メカゴジラは平成ゴジラ映画でも対ゴジラ用超兵器だった。それを今回もまた、ということで新鮮味という部分で懸念されたが、二〇〇〇年代の映画であることをむしろ実感させた。今作のメカゴジラは、東京湾に沈んだ初代ゴジラの骨を回収し、それをベースにＤＮＡコンピュータの最新テクノロジーを使って日本政府が建造した巨大ロボット。初代ゴジラの骨はあのときに溶解したはずだが、という点は目をつぶるとして、この設定は多くのファンを驚かせたにちがいない。メカゴジラはなにゆえゴジラの格好をしているのか、そんな必然性はどこにもないではないか、だからリアル感に欠く、といったもっともな指摘を避けるだけの説得力があった。そのため、本作は鑑賞者にどことなく高次元のＳＦマインドを覚えさせた。

もう一つ、人間ドラマがかなりの充実度を有していることも長所にあげられる。手塚ゴジラ映画は人間と映画世界が遊離しない。『ゴジラ×メガギラス　Ｇ消滅作戦』の辻森桐子、本作の家城茜。ふたりのヒロインの生きざま、彼女たちの矜持と苦悩、気概が身近に感じ取れる。人間の生臭さも嗅ぎ取れる。こうした味わいは多くの平成ゴジラ映画にはなかった。ともに現代にふさわしい戦う女性だが、活劇要素が濃い映画だからというだけではなく、彼女たちの成長の過程がメインストーリーに置かれるわけではないにせよ、十分に描き込まれる。金子修介が監督した前作『ゴジラ　モスラ　キングギドラ　大怪獣総攻撃』の立花由里もまた然りである。

ヒロインのきわだち。女性の存在感。「ミレニアム・ゴジラ」シリーズの大いに評価すべき特徴である。主人公を演じる釈由美子の熱演が映画の次元を一つ押し上げた。

本作は前々作『ゴジラ×メガギラス　G消滅作戦』の世界観を引き継ぐ。同作で新時代のゴジラ映画音楽世界を築き上げた大島ミチルの再登板は当然の流れだった。

大島が前作で試みた音楽デザインは、ゴジラ映画音楽の伝統、怪獣映画に必要な音楽世界とはいかなるものか、という部分にさほど気を取られずに、自己の感性に正直に従い、〈明るく、楽しく、激しく〉を一つの道標にして練り上げられた。そうした創作姿勢は陽的な性格を横溢させる手塚ゴジラ映画と絶妙に絡み合った。己の身体から滲出する音楽をそのまま形にするだけ、というイメージを抱かせる大島の自然体の音楽個性と理想的な結合を果たした。

本作でも大島の作家態度、アプローチ法に揺らぎはない。スタッフとの討論を経たうえでの、この種の娯楽映画に違和感なく融け込む音楽、子供でも容易に状況が理解できる音楽演出、そういう性格の曲づけを大島は行った。〈ゴジラ〉だからといって特に身構えず、障害もこれといって覚えず、前作における采配はもちろん意識下に据え、今作を構成する劇的要素を的確につかんだうえで無理なく音楽を配す。映像音楽の第一人者に相応する懐《ふところ》の深さ、風格を早くも濃厚に発した。前作の成功に基づく仕掛けであり、トーンの統一である。ゴジラの主題を再び採用したことも大きかった。ゴジラの楽想を基準点に置いて作曲設計を練られたのは二作目だからこそである。

大島の手練ぶりにはあらためてうならされる。重低音の輪郭、きわだちもよりシャープになり、音群も強大になった。音の厚み、金管楽器群の響きを強めるためにモスクワの広大なスタジオ、現地で集めたプレイヤーを使って録音した。演奏者数は前作の倍近くにも達したという。その成果はゴジラのテーマ曲にも端的に現れた。前作では音楽が効果音に負けた。その後悔の念からモスクワでの録音を思い立ったというが、ドラマ部分にはピアニッシモの音を十分に張りたいという狙いもあった。より激烈に、一方ではしっとりした響きも。大島の構想にのっとった録音態勢が採られた。

金管楽器のとどろきを受け手に印象づけたい。これは機龍（メカゴジラ）の主題曲にも結びつく。低音域のゴジラに対抗させるために機龍には高音域のサウンド造形が用いられた。ファンファーレの鳴りも耳に心地よく、スネアドラムで牽引する律動音型の上を弦楽器群が躍動的に動きまわり、金管の主張も加わり、人類が造り上げた巨大戦闘マシンの雄姿を描き出す。ヒロイックな楽想を披露し、ゴジラの主題と正面からわたり合える存在感を打ち出す。どことなく古代ローマ戦闘士のようでもある。

両雄が初めて対峙するシーンではそれぞれの主題が二重奏でうたわれる。地の底から湧き上がるかのごとき低音で猛威を示すゴジラ。高い音をまとって皇帝戦士然として舞い降りる機龍。戦闘リズムが戦場をととのえるなか、二種の主題のぶつかり合いと交錯は大きな昂揚をいざなう。音楽クライマックスの一つが作り上げられる。

大島はドラマ部分の付曲にも力を注ぐ。本作は家城茜がいなくては成立しない。怪獣スペクタクルが進展するなか、茜の精神的成長過程も細やかに描かれる。大島もその狙いを周到に汲み取って音楽から援助する。それは同時に、テンポ的にもリズム的にも鑑賞者を圧倒せんばかりに迫ってくる劇音楽内の癒しもつとめる。そのあたりのバランスも考慮に入れた音楽采配だ。

茜と沙羅が心を通わせるシーンでの劇と楽曲の融和は劇音楽効果の典型的な姿といえ、勇猛果敢な音楽が満ちる映画のなかでの安息の場を築く。こうした拠りどころがあるがゆえに、これらの響きがさらにドラマティックに耳に突き刺さる。

怪獣と人間。この二種に挟まるものに対特殊生物自衛隊やメーサー車に付着する楽曲、機龍隊のモチーフがある。茜側の楽想は当然人間サイドとなるが、機龍隊の楽案、超兵器を盛り立てる楽曲類はゴジラや機龍の存在を眼下にとらえる。その延長線上にはゴジラと機龍が屹立する。

三種の巨大カテゴリーに置かれる音楽をおのおの音型・音色・律動によって描き分ける。そのために本作の背骨を貫く主要成分が大島のサウンドデザインを得て浮き彫りになる。これはなにもゴジラ映画だからというわけではない。あまたのジャンルの映像作品で行われる付曲術であるが、それが平易に、理路整然とした形で進行し、映画に躍動感を注ぐ。映画音楽の手練だからこそなし得る業といえる。

ゴジラ映画音楽はダビング時での効果音との闘いに尽きる、とも大島は述べた。音楽録音は作曲家が中心となって進められるが、効果音の配置や音量などにはかかわらない事例が多くなった。音楽をフィルムに付す際、効果音とのぶつかり合い、共存をどのように図るのか。そうしたせめぎ合いがゴジラ映画では何よりも重要であると大島は学んだ。だから本作ではダビング作業にすべて立ち会った。東宝マークからメインタイトルまでの数分間にその成果はいきなり現れる。音楽と効果音の肉弾戦が観客の耳を奪う。冒頭から作り手たちのアグレッシブな対応に圧倒される。

映画後半から怒濤のように展開するゴジラと機龍の対決シークエンスではさらに激しくなる。ゴジラと機龍の各主題曲、中立的位置に据えられるバトル音楽、これらがテンポ感を緻密に計った音楽演出のもと、種々様々な効果音とともに、これでもか、と出てくる。執拗に続く怪獣描写は「平成ゴジラ」から連綿と引き継がれた伝統ではあるが、二十一世紀に作られたゴジラ映画ではそれを冗長なものにしない意志と工夫が認められる。演出は当然として、映像と音楽、効果音の競演で乗りきる趣《おもむき》もある。それぞれの役割を意識し合い、たがいに切磋琢磨し合い、さらには負けてなるものか、と闘争心をたずさえて各分野のプロが己の仕事を突き詰めることで終盤の描写、ドラマに多大な活力が注がれていく。大島の音楽にはそうした強靭さがまちがいなくあった。

この映画は画《え》も劇も音も一気呵成に進む。大島ミチルとゴジラ映画が出会った運命に感謝を捧げたくなる受け手の想いも引き連れながら。

27 ゴジラ×モスラ×メカゴジラ　東京ＳＯＳ［音楽：大島ミチル］

東宝 DVD 名作セレクション
TDV26168D

サウンドトラック CD
キングレコード
KICA 620

東宝映画作品　カラー・シネマスコープ　九一分　二〇〇三（平成十五）年十二月十三日公開（併映作品／『劇場版 とっとこハム太郎　ハムハムグランプリ オーロラ谷の奇跡』）観客動員／一一〇万人

〈メイン・スタッフ〉

企画／富山省吾　プロデューサー／山中和成、小川利弘　監督／手塚昌明　特殊技術／浅田英一　脚本／横谷昌宏、手塚昌明　撮影／関口芳則　美術／瀬下幸治　録音／斎藤禎一　照明／望月英樹

〈メイン・キャスト〉

金子昇（特自機龍整備士・中條義人）、吉岡美穂（特自パイロット・如月梓）、虎牙光輝（特自機龍隊オペレーター・秋葉恭介）、小泉博（中條信一）、高杉亘（機龍隊隊長・富樫）、長澤まさみ（小美人マナ）、大塚ちひろ（小美人ヒオ）

前作『ゴジラ×メカゴジラ』の続篇にあたる。同作の興行は堅調に稼働した。可もなく不可もな

く、ではなく、むしろ可だった。打ち切りの噂もあったゴジラ映画はひとまず続くことになった。ただし、満足できる数字ではもちろんなかった。そのため、次作はモスラの登場が必須条件に出された。モスラの人気にすがりたいという想いが会社内にあった。『ゴジラ×メカゴジラ』の続篇だから同作の世界観はそのまま据え置き、ここに小美人、インファント島、祈り、平和、歌など、モスラが引き連れる劇的要素が加わることになった。これは三たび「ミレニアム・ゴジラ」シリーズのメガホンを握ることになった手塚昌明監督の狙いとも重なった。手塚もまた一度はモスラを描いてみたいと思っていたという。

対ゴジラ用超兵器、3式機龍とゴジラの決着戦が基本線に置かれるが、ここにモスラも登場するために東宝作品『モスラ』（一九六一／本多猪四郎監督、円谷英二特技監督）ばかりでなく、『モスラ対ゴジラ』（一九六四／同）にリンクする物語も併せて盛り込まれた。そのなかでも『モスラ』である。東宝映画作品『ゴジラVSモスラ』（一九九二／大河原孝夫監督、川北紘一特技監督）との関連性はどこにも見当たらない。平成ゴジラ映画との決別。『ゴジラ２０００ミレニアム』以降の「ミレニアム・ゴジラ」シリーズが突き抜けた感、吹っ切れた印象が生まれたのはこれが一つのポイントとなった。エンタテインメント映画のなかでのゴジラ映画、怪獣映画。これが確立された作品は幸福感が達してきた。本作は贅沢とも欲張りとも映る映画世界が練られた。脚本は横谷昌宏と手塚の合作である。

一年前のゴジラとの戦闘によって右アーム部と最大の武器であるアブソリュート・ゼロを失った機龍（メカゴジラ）の修復にたずさわる整備士・中條義人（金子昇）と、彼の叔父で、四十三年前、言語学者としてインファント島を故郷とする小美人をモスラのもとに返還するために尽力した中條信一（小泉博）の前に小美人（長澤まさみ、大塚ちひろ）が再び現れた。機龍製造に用いたゴジラの骨を海に返したらモスラはゴジラの脅威に対して全力で立ち向かう用意がある、と告げる。以来、義人は機龍の修復作業を続けながらも小美人の言葉が頭から離れなくなった。そうしたなか、ゴジラが再び東京に上陸した。小美人が語っていたようにモスラが東京に飛来した。モスラはゴジラに向かっていき、両怪獣はぶつかり合う。モスラはゴジラの強大なパワーの前に屈した。この事態に五十嵐首相（中尾彬）は修復不完全なままの機龍の出動を決定し、ゴジラを迎え撃つことにした。ところが、機龍のコントロールがまたしても突然効かなくなった。報告を受けた義人が機龍修理に向かう。小笠原諸島の曾孫島で生まれた双子のモスラ幼虫がゴジラと闘うために進撃する。義人の気持ちを汲んだ小美人の協力もあり、彼は機龍修理に成功した。しかし、ゴジラとの激闘のなかで機龍からの出口が破壊されてしまった。義人は機龍のなかに閉じ込められた。彼を乗せたまま機龍は動き出した。機龍の暴走だ。機龍の意志が動かしていることを義人は知る。機龍はもうゴジラとの闘いを望んでいなかった。機龍はモスラ幼虫の繭でがんじがらめにされたゴジラを抱え、日本海溝をめざして飛行していく。ゴジラとともに日本海溝深く姿を消そうというのだ。機龍のなかには義人がいる。対特殊生物自衛隊・機龍隊の如月梓（吉岡美穂）、秋葉恭介（虎牙光輝）が義人を救うべく機龍の後を追う――。

本作は手塚ゴジラ映画三部作の完結篇でもある。ゴジラ、機龍、モスラ成虫・幼虫のバトルは趣向に富み、観客を満足させる。特撮は浅田英一が手がけた。彼は東宝作品『ゴジラ対メガロ』（一九七三／福田純監督）で初めて東宝特撮にかかわったというベテランであり、中野昭慶、川北紘一のもとで主に助監督をつとめてきた。アナログ特撮を知り尽くし、デジタル特撮の知識も存分に有す浅田の参加は本作の肝でもあった。特撮場面には古さと新しさのハイブリッド感覚が注がれた。新味のなかから古い風味が顔を出す。過去のゴジラ映画、過去の東宝怪獣映画とのかかわりが一つのドラマ要素ともなる本作に浅田の特撮表現は欠かせないものだった。

ほかのスタッフは前作とほぼ変わらないが、脚本に横谷昌宏が加わったのはトピックだった。横谷は金子修介作品と縁が深く、東宝特撮映画系としては『クロスファイア』があり、『ゴジラ モスラ キングギドラ　大怪獣総攻撃』の脚本執筆者だ。金子組の人材と手塚組の合体は本シリーズがいよいよ佳境を迎えたことを実感させた。手塚が考案したプロット、生命とはどのようなものでも等しく大切なもの、かけがえのないもの、といったテーマをたずさえながら進行する物語の流れはおおよそそのままに、横谷は主に機龍隊に所属する人々が見せる人間ドラマ部分に筆を加えていったという。

かつての怪獣映画、ゴジラ映画に親しんできたファンを喜ばせるような趣向も端々に盛り込まれた。ことに関心を呼んだのが『モスラ』との関連性である。同作で中條信一を演じた小泉博がまさか四十数年後、同じ役で「ミレニアム・ゴジラ」シリーズに出てこようとは誰もが想像していなかったにちがいない。年老いた中條がモスラに、小美人にからむ。マニアを刺激させるには十分すぎるほどの仕掛けだった。劇中のモスラとゴジラのバトルも『モスラ対ゴジラ』を髣髴させる描写、カットが採り込まれた。だから小泉博がときに『モスラ対ゴジラ』の三浦博士にも見えてくる。

彼はこの二作、『三大怪獣　地球最大の決戦』（一九六四／本多猪四郎監督、円谷英二特技監督）と、モスラが登場する映画には縁深い俳優だった。その小泉博が二十一世紀に作られる「ミレニアム・ゴジラ」シリーズで中條信一に扮したのだ。昭和ゴジラ映画、東宝怪獣映画に想いを馳せる向きには堪らないサービスだった。手塚のこだわりのほどは並大抵のものではなかった。

大島ミチルは過去二作で自分の感性に従った、己の胎内から自然に生じてくる響きでもって二十一世紀の新しいゴジラ映画に適応する音楽空間を導くことに成功した。本作はその集大成といえるものであり、〈大島ゴジラ映画音楽世界〉の完成を声高にうたい上げる。

冒頭から音楽があふれ出る。映画構成に従っているからという言い方もできるのだが、大島ゴジラ映画音楽の一つの個性として、開巻からメインタイトルに至るまでのプロローグ部分における音楽の押し寄せがあげられる。最初と最後の音楽には特に気を遣う、と大島は当時語っていたが、音楽が観客に与えるカタルシスという面では本作のオープニングはまさに圧巻だった。

まずは防衛隊側の楽想が現れ、ゴジラの覚醒を表す律動、ゴジラの主題と続く。そして大島ゴジラ映画音楽の大きな個性である単独のバトル音楽がスローテンポで響き始める。シークエンス内のドラマが十分に温まり、昂揚感が高まったところで天空から聞こえてくるかのような女声がかぶさってくる。それからモスラのテーマ曲が小さく顔を出し、バトル音楽に戻り、モスラの虹色紋様の巨大な羽根がクローズアップされる箇所では再びモスラの主題に寄る。昭和ゴジラ映画に粋なオマージュを捧げるメインタイトル・アートでは主役となる機龍（メカゴジラ）のテーマが高らかに鳴る。この流れは大仰ではなく鳥肌ものだった。見事としかいいようのない滑り出しである。各楽器の音色も豊かで管弦楽の響きも申し分ない。この約五分間には大島ゴジラ映画音楽のエッセンスが濃縮されている。

音楽構造をごく端的に述べれば、前作の音楽世界のなかにモスラが加わったというとらえ方もできる。事実、大島もモスラ（成虫、幼虫）、小美人の音楽演出がポイントになるとみて作曲作業に入った。ゴジラ、機龍、モスラ（小美人やインファント島などの従属物も含める）、機龍隊、特生自衛隊、主人公の中條義人、その周辺を彩る人々、およそこれらで形成されるドラマに寄り添う成分、映画後半の見せ場をつとめる怪獣たちのスペクタクル。音楽で描くべき要素は前二作よりも明らかに多くなった。それゆえに混み入ったものにならないように平易なアプローチが採られた。

ゴジラと機龍はすでに確立されているからそれを推し進め、モスラ側は細かく主題を分けない形でほぼ一つにまとめた。柱を乱立させることはない。不必要な成分は潔く捨て、劇構成上、劇進行上不可欠な因子はストレートに楽曲で表し出す音楽スタイルだ。彼女にとっての前々作から采配は少しも変貌を来たしておらず、その音楽語法をさらに明快に、より研ぎ澄ませている。書法も一貫する。ゴジラ映画は毎回てんてこ舞い、と大島は自嘲していたが、この種の娯楽映画に相応する音楽フォームを確実に己の細胞に採り込んだ。自信に満ちた手さばきぶりが映画全編から拾い上げられる。

今回も監督、プロデューサーたちからは特に細かい注文は寄せられなかったという。大島はすでに怪獣映画音楽、ゴジラ映画音楽のノウハウをほぼつかんでいるのだから当然であろう。ただ、モスラには古関裕而のメロディを喚起させる調べを用いてほしいという要望が出た。大島は気持ちよく受け容れ、ファンタジックな装飾を効かせながら神秘感を強調する音づけで応えた。攻撃色の濃い楽曲が多く流れる映画中、モスラの主題は艶やかで芳醇な風味を生む。「モスラの歌」のアレンジと処理も含め、女性的なイメージも連れてくる。荒々しい男神のなかでひときわ存在感を見せる女神。そんな形容も場ちがいとはならない。

といっても、主役はやはり機龍だ。高音域を滑る金管楽器群が奏すファンファーレから奏でられる機龍の主題曲はヒロイックなステイタスに満ちる。一音でその存在を匂わせる楽想に完全に昇華したゴジラの主題とがっぷり四つに組み、ときにゴジラを覆うほどの存在感を見せつける。そこにプロローグ箇所で観客をあっという間に映画世界に入り込ませたバトル音楽も流れてくるゴジラと機龍の戦闘シークエンスは、前二作を凌ぐほどの音楽エネルギーを発する。映像展開と歩調を合わせた音楽は観る者の情動を耳から刺激する。

音楽と効果音のぶつかり合いが激しい。この種の映画の宿命である。作曲家として譲れない部分もある。鑑賞者の感情がどこに向いているかという点も考慮に入れなければならない。音楽を押し通すことだけにこだわると優れた音楽演出は行えない。そうした諸々の課題を乗り越え、自分の懐《ふところ》に引き込み、己の感性を重んじて熟成させ、発酵させる音楽スタイルが大島のゴジラ映画音楽を気高く、崇高な次元に押し上げる。

大島ミチルのゴジラ映画、手塚昌明のゴジラ映画を締めくくるのは人間臭いエモーションであり、感動である。バトルでは終わらせない。中條義人、如月梓、秋葉恭介ら、若者たちのドラマは盛り上がりに欠く。だから人間側に置かれる音楽も機能的にとぼしい印象は否めないが、それらを一気に晴らすかのように、クライマックスでは義人と機龍が壮大なドラマを見せる。梓と秋葉もそれにからむ。大島の音楽も思いきり打って出る。エンディングではレクイエムをたっぷりと聴かせる。

　前二作はゴジラの主題曲で映画を終わらせたが、本作では機龍に愛惜の念を表し、人間たちのそれぞれの想いに共感を寄せ、〈生命〉あるものに敬虔な祈りを捧げる。大島はこうして映画に終止符を打つ。エネルギッシュな展開のもと、ゴジラと機龍、モスラ成虫と幼虫が東京を一大戦場とする怪獣バトル映画を終結させる、鎮魂を奏でる響きが観る者の胸を打つ。

　ゴジラ映画もこれで三本目だから自分の語法が打ち立てられた達成感と満足感を覚えるのだけど、反面、その世界を壊してみたいという気にもなる、ということを大島は語っていた。そうした誘惑に駆られつつも、彼女は自分以外の作曲家には導けないゴジラ映画音楽を三作にわたって展開した。二十一世紀のゴジラ映画像と大島音楽は渾然一体となった。幸福感に包まれる大島ゴジラ映画音楽三部作だった。

28 ゴジラ FINAL WARS［音楽：キース・エマーソン］

東宝 DVD 名作セレクション
TDV26169D

サウンドトラック CD
ビクターエンターテインメント
VICP-62936

東宝映画作品　カラー・シネマスコープ　一二五分　二〇〇四（平成十六）年十二月四日公開　観客動員／一〇〇万人
製作／富山省吾　プロデューサー／山中和成　監督／北村龍平　特殊技術／浅田英一　脚本／三村渉、桐山勲　本編撮影／古谷巧　特技撮影／大川藤雄　美術／瀬下幸治　録音／斎藤禎一　照明／高坂俊秀

〈メイン・キャスト〉
松岡昌宏（M機関ミュータント・尾崎真一）、菊川怜（分子生物学者・音無美雪）、ケイン・コスギ（M機関ミュータント・風間勝範）、北村一輝（X星人参謀／統制官）、ドン・フライ（新轟天号艦長・ダグラス・ゴードン大佐）、宝田明（国連事務総長・醍醐直太郎）、水野久美（地球防衛軍司令官・波川玲子）

ゴジラ生誕五十周年記念作品である。長い歴史を誇るゴジラ映画に終止符を打つべき作品として

公開された、「最高にして最後のゴジラ映画」。完結篇をめざすため、プロデューサーの富山省吾は東宝が連綿と生み出してきた怪獣たちを一堂に集め、東宝怪獣オールスターによる文字通りのエンタテインメント映画を企画した。昭和ゴジラ映画に一つの区切りをつけた本多猪四郎監督、有川貞昌特技監督作『怪獣総進撃』（一九六八／東宝）と同様のコンセプトのもとに製作された。

ゴジラ映画最終作と大々的に宣伝されて姿を現した本作は、全ゴジラ映画中、最も味わいの異なる一本となった。それは何より監督を任された北村龍平の作家性による。彼のハリウッド映画志向、アメリカ娯楽映画嗜好がストレートに注がれた。それまでのゴジラ映画に対し、もっと打って出てもよいのではないか、思いきり娯楽性を追求してもよいのではないか、という想いを北村は抱いていたのであろう。ゴジラ、並びにゴジラ映画はエンタテインメントそのもの、世界に誇れるアイコンではないか、といった己への問いかけを北村は本作で表現した。

脚本はゴジラ映画に精通する三村渉と北村組の一員である桐山勲が担当した。世界各地に東宝怪獣が出現する、X星人が地球にやってきて地球征服を企む、それをゴジラが阻止する、などの東宝側が用意したテーマを盛り込みながら、スケール感に富む、かつてないゴジラ映画世界をめざした。尋常ではない数の怪獣をどのように登場させるか、それぞれの見せ場をいかに設定するか。三村と桐山は苦心しながらおよそ次のような物語を作り上げた。

突如、世界各地でいっせいにラドン、エビラ、アンギラス等々の怪獣たちが暴れ始めた。地球防衛軍、新人類ミュータント兵士で構成されるM機関は怪獣たちの迎撃に奔走する。熊坂教官（船木誠勝）、尾崎真一（松岡昌宏）、風間勝範（ケイン・コスギ）らが怪獣たちに立ち向かう。そのとき、巨大UFOが出現してX星人が地球に降り立った。彼らは地球人に友好を示すが、X星人の真の目的は地球を支配し、人類を家畜化することだ。醍醐直太郎国連事務局長（宝田明）、波川司令官（水野久美）もX星人にすり替わられていた。尾崎、分子生物学者の音無美雪（菊川怜）、彼女の姉でテレビ・キャスターの音無杏奈（水野真紀）らが彼らの陰謀を暴露した。野望に燃えるX星人参謀（北村一輝）はX星人統制官（伊武雅刀）を殺害して自ら統制官の座に座り、サイボーグ怪獣のガイガンを起動させる。さらにほかの怪獣たちも次々と投下し、地球侵略を開始した。地球防衛軍が誇る海底軍艦・新轟天号の艦長・ゴードン大佐（ドン・フライ）は、南極の氷海に眠る、地球の最終兵器ともいえるゴジラをよみがえらせて怪獣たちと闘わせ、その隙にX星人を掃討する作戦を立てる。氷海よりゴジラが復活した。ゴジラはガイガンを倒すと、立て続けにジラ、クモンガ、カマキラス、ラドン、アンギラス、キングシーサー、ヘドラを撃破していく。インファント島の小美人（長澤まさみ、大塚ちひろ）の祈りに応え、モスラ成虫が飛来し、パワーアップしたガイガンと一戦を交えた。廃墟と化した東京にモンスターXが出現し、ゴジラと激闘を繰り広げる。UFO母船では尾崎たちとX星人の闘争が展開する。尾崎はついに統制官を倒した。モンスターXがカイザーギドラに進化を遂げる。ゴジラはさらに猛り狂った――。

ゴジラをはじめとする東宝怪獣総出演（ローランド・エメリッヒ監督版ゴジラであるジラ、新怪獣モンスターX、カイザーギドラも出てくる）、海底軍艦やX星人、さらには妖星ゴラスなど、東宝特撮アイテムも出し惜しみせず、北村龍平はエッジの効いた、アクション映画志向の強いゴジラ映画を撮り上げた。特撮は前作『ゴジラ×モスラ×メカゴジラ　東京SOS』に引き続き、浅田英一がつとめる。

彼は北村と息の合ったコンビぶりを見せ、本編のテンポ感、スピード感を少しも損なうことのない特撮映像で応じた。本編と特撮の方向性を合致させて一気呵成に駆け抜けていく。

こうした映画世界はまさしく富山省吾が求めたものだった。富山はこのようなゴジラ映画を構想していた。北村の監督作『あずみ』（二〇〇三／「あずみ」製作委員会）を観て富山は北村にオファーを出したという。アクションを追いつつもキャラクターがきわだつ北村のドラマツルギーにゴジラ映画の未来と可能性を見出したのだ。これからのゴジラ映画の展望が見えにくくなったがゆえの、本シリーズを未来へつなげていくための一つの方策だった。

たしかに本作には内向き志向がまるでない。徹底的に疾走する。とことん打って出る。細かいことなどは度外視し、見せ場をてんこ盛りにし、これでもか、と突き進む。ゴジラ映画だからといって北村に躊躇はない。萎縮もない。自分が作りたい、観たいゴジラ映画を。自分が理想とする怪獣王ゴジラを。ついてこられないのならそれでよい。置き去りにしよう。そんなものには構わず、走り抜ける。一言でいえば、自分が撮りたいものがこれだった、だから撮った、何か問題はあるだろうか、という作り手の姿勢が強く出ていた。それを許容できるか否か。作り手と受け手の関係にあらためて考えをおよばせた。

北村の姿勢は潔い。だからこそ屈指の異色作となった。色合いの異なった作品はほかにもある。しかしながら異端児という観点から見定めれば、本作はトップクラスに入る。一方、それでも、である。諸人が望んだゴジラ映画だったか、誰もが観たいゴジラはこれだったか、となるとおそらく多くのファンが首を傾げたのではないか。ついていけなかった向きも少なくなかったはずだ。映画はあくまで送り手側に位置する人間が作り、受け手側に位置する人間が金銭を払って観るもの。受け手は送り手にはなれない。その送り手側に入ることができた人間が己の感性に忠実なゴジラ映画を撮った。北村はもはや受け手ではない。つまりはそういうことである。

映画は冒頭、田中友幸、本多猪四郎、円谷英二に献辞を表す。伊福部昭作曲によるゴジラのテーマ曲が流れる。だが、「ゴジラ」シリーズの歴史に目を配り、過去の遺伝子を提示するのはここまでと見定めてもよい。南極でのゴジラと轟天号の攻防戦、カイル・クーパーのスタイリッシュなアートデザインでつづるメインタイトル、クレジットを挟み、ノルマンディ沖海溝での新轟天号対マンダのシークエンス、尾崎真一と風間勝範の激しいスパーリング戦と、映画は出だしから息をつく間もないほどの調子で走り出す。

そうした流れに密着する音楽も、ビートサウンドでテンポとリズムを執拗に刻む激烈な鳴りを聴かせながら映像を駆り立てていく。語法とか書法とかなどはどうでもよい、めまぐるしく映し出されるビジュアルをとにかく音からも扇動し、画《え》と音のページェントで理屈抜きに映画に熱を注ぎ込もうとする音楽担当者の狙いが見え隠れする。製作側からの要望だったのであろうが、伊福部メロディを採り込む余裕も見せながら。

この音楽傾向は北村龍平の嗜好に従ったものであろう。今まで聴いたことのないフォームのゴジラ映画音楽がそれまでなかった世界観を突き出してくるゴジラ映画にかぶさる。ゴジラ映画の来し方がもたらす締めつけや縛りなどは気にも留めず、ゴジラ映画をわがものに、自分のカラーに染め上げようとする北村をはじめとする作り手たちの野心、意気込み、気概、歴史への挑戦、アジテーション、レジスタンスなどの因子を濃厚に匂わす本作の奔放な性格を象徴するサウンドでもある。その熱意と心意気は、ときに爽快感、カタルシスすら覚えさせる。

ただし、北村はゴジラ映画を己の色彩でただ単に塗り尽くすわけではない。このバランス感覚が妙味だ。要点は押さえている。次々と登場する怪獣たちの暴れぶり、破壊スペクタクル、人類対X星人、ミュータントの精鋭を抱えるM機関の活躍、ミュータントとX星人のアクション描写、それらで推し進める怪獣オールスター映画、祝祭風怪獣映画を万人に楽しんでもらおうという線は外していない。

音楽も同様である。映画を疾走させるための響きを張りめぐらせる。音楽からの〈ローラーコースター感覚〉とも称せようか。子供たちは諸手をあげて本作を迎え入れたはずだ。作り手の力業が幼年齢者層の目と耳を画面に惹きつけたにちがいない。映像とサウンドがたがいにロックのリズムの匂いと感触を強く押し出しながら映画を驀進させる。これが北村ゴジラ映画の個性であり、嗜好であり、確信だった。

音楽は、昨今訃報が伝えられてきたキース・エマーソンによる。いわずと知れたロック界のスーパースター、キーボディストである。といっても、彼がゴジラ映画音楽を担当すると知った際は当然のように違和感を覚えた。北村に特に要請されての参加だった。北村のバンド仲間である森野宣彦、矢野大介がキースのサポート役として加わった。ふたりとも北村とは盟友の間柄で、彼の監督作の常連でもある。よって三人の合作というとらえ方も可能となる。

つまりは複数の作曲家が楽曲を提供し合ったとも取れるわけで、全体のトーンが崩れてしまいがちな態勢といえなくもない。しかし、結果的には統一感のある音楽世界が築かれた。これはキースの曲なのか、誰が書いたのか、などはキース・エマーソンのファンでない限りはわからないと思われる。キース、または北村の音楽観、グルーヴ感に近づけた楽曲を森野、矢野が緻密に提供したという解釈も成り立つ。これは賞賛すべき点である。カリスマ性をあふれさせる北村が陣頭指揮を取った成果でもあろう。

それにしても、キース・エマーソンがゴジラ映画の音楽を書くことになるとは誰が予想したであろうか。一九七〇年代初期にＥＬＰ（エマーソン、レイク＆パーマー）で一世を風靡し、ブリティッシュ・プログレッシヴ・ロック（いってみればイギリス流先進的・実験的ロック）の象徴的キーボディストとして名を馳せ、ＥＬＰ解散後はソロ・プレイヤーになり、作曲家として映画音楽分野にも進出し、名作級の作品にはめぐり合わなかったが（日本では一九八三年の角川春樹事務所作品『幻魔大戦』がすぐにあがってくるか）、何本かの映画音楽を手がけ、以後もソロアルバムを発表し、バンドを組んで海外でも演奏活動を行い、自叙伝を出版し、とさまざまなパフォーマンスを展開してきたキース・エマーソンがゴジラ映画の音楽を書く……。これに突拍子もない感触を抱いても非難はされまい。ではあっても、北村がめざす〈ロック感覚に包まれるゴジラ映画〉を実現させるためには、最も影響を受けた人物のひとりだと彼が公言するキース・エマーソンの音楽はなくてはならないものだった。キースが差し出した本作のデモンストレーション曲に対し、もっとロックだ、とにかくロックなんだ！　と注文をつけて突き返したというエピソードからもその熱意は伝わってくる。

キースも北村のそうした要望を受け、彼が要求するサウンド造形を探り、伊福部昭の鳴りにも意識をおよばせつつ（と発言したとされる）、タイトなスケジュールに頭を悩ませながらもファンキーかつ攻撃的な楽曲を練り上げた。こうした過程を経てキースが導いてきた響きは北村にとって願ってもない援軍となったであろう。キースの完成曲を耳に入れた瞬間、自分のゴジラ映画に生命が吹き込まれる手応えを北村は覚えたのではなかったか。北村とキース・エマーソンが築くサウンド世界をふまえ、そのノリに合う音楽を何曲も提供した森野と矢野の堅実な仕事も光っている。

鳥瞰してみれば、本作はマニアの目を度外視したゴジラ映画である。ゴジラ映画に対してある種の先入観や固定観念、特別な想いを持った人々ではなく、そうしたものを持ち合わせていないピュアな少年たち、無垢な映画ファンに向かって送り出された映画という色合いが強い。そうした人々にとっては何の抵抗もなく入り込める映画であり、音楽だった。

映画は画も音もメリハリが効き、展開もキレがあり、リズム感がある。音楽もそれらを過激に、軽やかにあおる。ゴジラ映画が積み上げてきた歴史はここではいったん忘れたほうがよい。そうすることで、日本のゴジラ映画のために書かれたキース・エマーソンの楽曲群がいかにこのモンスター・バトル・ムービーを耳から刺激する効果に富んでいるのかが明確に見えてこよう。

シン・ゴジラ

第八章　『シン・ゴジラ』のゴジラを呼び覚ます響き

音楽担当者プロフィール

●鷺巣詩郎（さぎす　しろう）／一九五七年（昭和三十二）年八月二十九日生

東京都世田谷区出身。映像制作会社ピー・プロダクションを設立した漫画家のうしおそうじ（鷺巣富雄）を父に、アニメーション制作会社エイケンのプロデューサー、鷺巣政安を叔父に持つという環境で育つ。映像に囲まれる少年時代を送り、十七歳の頃からピー・プロダクションの事業部に在籍する。そこで主に怪獣やヒーローを扱うショーの脚本、音楽、音響、演出にたずさわっていた。

一方で、幼少の頃から音楽に興味を持つ。暁星高校、國學院大學在籍中から音楽活動を展開し、一九七八（昭和五十三）年、ジャズ・フュージョングループのT-SQUAREのファースト・アルバムにて編曲家デビューを飾る。一九七九（昭和五十四）年、アルバム「EYES」でソロ・アーティストとしての第一歩を刻む。その後、作曲家、編曲家、音楽プロデューサーとして確実にキャリアを積み重ねていく。ジャパニーズ・ポップスでめざましい業績を重ねていき、小泉今日子やジャニーズ関連を筆頭格とする男女アイドルの楽曲を手がける。今井美樹、広瀬香美、クライズラー&カンパニー（葉加瀬太郎）、川井郁子、大橋純子などのアーティストの作品にもかかわる。

デビュー時よりテレビ、映像作品（アニメーション、劇映画）、ゲーム分野でも活躍し、現在に至るまでにそれぞれの分野で代表作にあげられる作品を送り出す。テレビ作品では『笑っていいとも』（一九八二〜二〇一四）『流れ星佐吉』（一九八四）『嫁はミツボシ』（二〇〇一）『恋愛偏差値』（二〇〇二）『今夜ひとりのベッドで』（二〇〇五）など。映像作品（アニメーション）では『アタッカーYOU』（一九八四、八五／ナック、テレビ東京）『幻夢戦記レダ』（一九八五／東宝）『メガゾーン23』（同／あいどる、ビクター音楽産業）『きまぐれオレンジ☆ロード』（一九八七、八八／東宝、スタジオぴえろ）『ふしぎの海のナディア』（一九九〇、九一／NHK）『超時空要塞マクロスⅡ—LOVERS AGAIN—』（一九九二／バンダイ、ビックウエスト、ヒーロー・コミュニケーションズ、毎日放送、小学館）『新世紀エヴァンゲリオン』（一九九五、六／テレビ東京、NAS）『THE SKULLMAN』（二〇〇七／スカルマン製作委員会）『BLEACH』（二〇〇八、〇九／テレビ東京、電通、studioぴえろ）『マギ』（二〇一二、一三／マギ製作委員会、MBS）『ブラック・ブレット』（二〇一四／ブラック・ブレット製作委員会）等々がある。

劇場用映画作品では、富野喜幸監督作『機動戦士ガンダムⅢ めぐりあい宇宙編』（一九八二／日本サンライズ）で井上大輔による主題歌、芝山努監督作『ドラえもん のび太の魔界大冒険』（一九八四／シンエイ動画、テレビ朝日、小学館）で小泉今日子が歌うエンディング・テーマ「風のマジカル」を編曲する。一九九七（平成九）年、庵野秀明総監督による『新世紀エヴァンゲリオン劇場版 シト新生』（EVA製作委員会）『新世紀エヴァンゲリオン劇場版 Air／まごころを、君に』（同）の音楽を担当し、一つの大きな時代を築く。その他の作品も併せ、以後は映像音楽のジャンルで独自の世界観を拡げていく。

なかでも第一作『序』（二〇〇七）、第二作『破』（二〇〇九）、第三作『Q』（二〇一二）で構成される『ヱヴァンゲリヲン 新劇場版』（庵野秀明総監督／カラー）における鷺巣音楽の貢献度は特筆に価するものとなり、これぞ鷺巣映像音楽の真髄といえる響きを聴かせた。こうした方向性は樋口真嗣監督作『進撃の巨人 ATTACK ON TITAN（前編）』『進撃の巨人 ATTACK ON TITAN エンド オブ ザ ワールド（後編）』（二〇一五／「進撃の巨人」製作委員会）でも鷺巣音楽の大きな個性として活かされた。同二部作はアニメーション映画とはまた次元を異とする活劇映画の芳香、世紀末の混沌とした空気感をたたえて絶望感を駆り立て、その果てに光芒を見出そうとする鷺巣の音楽志向が映画のスケール感を押し拡げた。

一九九〇年よりヨーロッパにも活動の場を拡大し、多種多様なアーティストとコラボレーションを展開する。外国映画の音楽も手がけ、世界を舞台にその足跡を刻み続けている。

29
シン・ゴジラ［音楽：鷺巣詩郎、伊福部昭］

CD「シン・ゴジラ音楽集」
KICS-3400

東宝、シネバザール作品　カラー・シネマスコープ　一一九分
二〇一六（平成二十八）年七月二十九日公開

〈メイン・スタッフ〉

製作／市川南　エクゼクティブ・プロデューサー／山内章弘　脚本・編集・総監督／庵野秀明　監督・特技監督／樋口真嗣　准監督・特技総括／尾上克郎　撮影／山田康介　美術／村田裕至、佐久嶋依里　照明／川邊隆之　録音／中村淳

〈メイン・キャスト〉

長谷川博己（矢口蘭堂［内閣官房副長官］）、石原さとみ（カヨコ・アン・パタースン［米大統領特使］）、竹野内豊（赤坂秀樹［内閣総理大臣補佐官］）、大杉漣（大河内清次［内閣総理大臣］）、柄本明（東竜太［内閣官房長官］）、市川実日子（尾頭ヒロミ［環境省官僚］）、高良健吾（志村祐介［内閣官房副長官（防衛省）］）

二〇〇四（平成十六）年、東宝のゴジラ映画は『ゴジラ FINAL WARS』（北村龍平監督／東宝映画）で終焉を迎えた。ではあっても、ドル箱であるゴジラをいつまでも眠らせる意志は東宝にはなく、ゴ

ジラを復活させるプロジェクトを水面下で模索していた。その機運を探っていた。

二〇一二（平成二十四）年七月、館長・庵野秀明、副館長・樋口真嗣による「館長 庵野秀明 特撮博物館／ミニチュアで見る昭和平成の技」（主催・公益財団法人東京都歴史文化財団 東京都現代美術館、日本テレビ放送網、マンマユート団）が東京都現代美術館 企画展示室で開催された（同年十月まで）。大盛況のその模様を視察した東宝の上層部はゴジラ映画を再び世に送り出すときが来たと確信し、まもなく現在の日本では彼らのほかには考えられないであろうと諸人が認めるにちがいないふたりにゴジラ映画の企画を託すことにした。もちろん庵野秀明と樋口真嗣である。

また、庵野と樋口は同じ二〇一二年、庵野秀明原作・脚本・総監督による『エヴァンゲリヲン新劇場版：Q』（カラー）の併映作として、特撮研究所、カラー、スタジオジブリ製作による特撮短編映画『巨神兵東京に現わる 劇場版』を発表した（名義は庵野が脚本、樋口が監督）。同作が東宝の確信をより強固なものとしたという。だが、庵野は東宝からのオファーを断った。「エヴァンゲリヲン 新劇場版」の第四作目にあたる『シン・エヴァンゲリヲン劇場版：Ⅱ』を控えていることに加え、『エヴァンゲリヲン 新劇場版：Q』の心労からなかなか立ち直れない状況だったからだ。しかし、東宝の揺るがぬ熱意、盟友・樋口の励ましもあって庵野はこの仕事を引き受けることにした。一回のみ、という約束のもとに。

その後、二〇一四（平成二十六）年にレジェンダリー・ピクチャーズ提供によるハリウッド製ゴジラ映画『GODZILLA ゴジラ』（ギャレス・エドワーズ監督）が大々的に公開された。作品の評価も高く、世界中のメディアがこぞってゴジラを取り上げるという追い風もあった。こうして二〇一六（平成二十八）年七月末、幾重にもかぶせられた秘密のベールをついに脱ぎ、『シン・ゴジラ』はその全貌を露わにした。このような内容である。

東京湾内羽田沖から巨大不明生物が上陸した。矢口蘭堂内閣官房副長官（長谷川博己）、志村祐介内閣官房副長官秘書官（高良健吾）らが対応に追われる。赤坂秀樹内閣総理大臣補佐官（竹野内豊）をはじめ閣僚たちは大河内清次内閣総理大臣（大杉漣）、東竜太内閣官房長官（柄本明）に災害緊急事態布告宣言を迫る。自衛隊初の防衛出動が決定した。品川湊に達した巨大不明生物に異変が起こる。両生類生物から陸上生物に急速に進化したのだ。巨大不明生物は咆哮をあげると八ツ山橋方面へ二足歩行を始めた。上空に対戦車ヘリ小隊が達する。しかし、住民が確認されたために攻撃は中止される。背部が赤く発光し始めた巨大不明生物は東京湾へ去った。米国大統領特使のカヨコ・アン・パターソン（石原さとみ）が矢口に接触する。巨大不明生物に関する機密情報を持っていた。巨大不明生物はゴジラと命名される。ゴジラの体内には原子炉がある。血液凝固促進剤の経口投与を図る矢口プランが発案される。より巨大化したゴジラが相模湾に出現、鎌倉に再上陸した。多摩川河川区域を主戦場とするB—2号「タバ作戦」が実行される。戦闘機、対戦車攻撃ヘリ、機甲科、特科大隊が攻撃を開始する。だが、ゴジラは丸子橋を破壊して多摩川を通過する。ゴジラは目黒区内に侵入した。政府は日米安保条約に基づく駆除協力を米軍に要請し、攻撃が始まる。するとゴジラは背部を発光させ、口内から超高熱放射性粒子帯焔を放出しだす。高熱の高密度粒子の煙の塊、熱焔放射線流が猛烈な勢いで拡がる。熱焔は急速に収束し、熱線に変化した。ゴジラは熱線を空に向かって放射し、米軍の爆撃機を撃墜する。背部からも熱線を放つ。幾条もの光の筋が空に伸びる。

大河内、東たちを乗せたヘリも熱線を浴びて爆発した。ゴジラは東京駅構内線路上で活動を停止した。米国がゴジラの処分に熱核兵器を使用すべきだと主張してきた。多国籍軍による核攻撃に頼るしかない。政府は熱核攻撃を容認した。矢口プランを急がねばならない。ゴジラの活動凍結を目的とする血液凝固剤経口投与を行う作戦、「ヤシオリ作戦」が開始される——。

『シン・ゴジラ』は東日本大震災、並びに福島第一原子力発電所事故を経験したからこそ生まれてきた映画だ。今現在の状況に置かれる日本にゴジラという人類の想像もおよばない巨大生物が現れたら日本政府はいかなる対応を採るのか。どのような対策でもってあたっていくのか。何ができるのか。日米安保条約のもとに結ばれたアメリカをはじめ先進諸国はそれぞれの思惑、事情のもとにいかなる反応を示すのか——。そうしたテーマ、問題を徹頭徹尾、写実的に、ポリティカルにシミュレートしていく。だから特定の人間ドラマなどは入る隙間もない。あるのは、まさに文字通りの〈ニッポン対ゴジラ〉。巨大震災、原子力発電所事故に見舞われた日本がゴジラというさらなる脅威にさらされる。映画は日本の行く末と日本人の未来、人智も見据えていく。

田中友幸（製作）、本多猪四郎（監督）、円谷英二（特殊技術）たちが限りないリスクを抱えつつも送り出した第一作『ゴジラ』（一九五四／東宝）は、太平洋戦争、原爆、〈第五福竜丸被曝事件〉の暗い影、忌わしき記憶にさいなまれる時代に作られたからこそ傑作となった。その恐怖、リアルきわまりない悪夢が脳裏に刻み込まれた者でなければ生み出せない作品だった。その六十二年後に誕生した『シン・ゴジラ』もまた巨大自然災害と原発事故に打ちひしがれた国民のなまなましい記憶を呼び起こし、映像に映し出す。このような意味合いで第一作『ゴジラ』と『シン・ゴジラ』は正面から符合する。本作はまったく新しい巨大災害映画、大国難映画であると同時に第一作『ゴジラ』の現代におけるリブート版であり、正真正銘の継承作である。

本作のゴジラは斬新このうえない。姿格好は従来のゴジラ、とりわけ初代ゴジラをイメージしているが、設定が今までとまるで異なる。太古から生き延びた海洋生物の生息地域に一九五〇年代、各国が大量の放射性廃棄物を投入した。海洋生物はその影響下でも生き残れる耐性を持つ生物へと進化した。そして水棲生物から陸生生物への急激な突然変異を遂げた。ゴジラというネーミングはその生物の存在を予言した老教授・牧吾郎（岡本喜八が写真で出演）の故郷である大戸島で神の化身を意味する〈呉爾羅〉から採られた。米国エネルギー省（DOE）によるコードネームはGODZILLA。

『シン・ゴジラ』のゴジラは形態が変化する。最初は海中で水蒸気煙を噴き上げる形態、次に水棲生物でありながら肺魚のような脚で蛇行、歩行するオタマジャクシ状の醜怪な姿、次に水蒸気を噴出させながら後脚が立膝になり、軀を垂直に立ち上がらせ、首周りのエラが閉じて縮小し、前脚部分が割れて腕が形成され、首が伸び、後脚、尻尾が急速に膨張し、両生類生物から陸上生物に急速に進化して赤黒い巨軀をさらけ出す。これが第三形態。そうして最終的にはより巨大化したゴジラの姿、第四形態となって登場する。

このゴジラは感情、感性が見えない。意志が伝わらない。絶望感に満ちた、恐怖と不安の権化だ。亡霊のようでもある。巨大震災、原発事故で日本人がとことん味わった、得体のつかめない恐怖のメタファーでもある。私たちの記憶のなかに沈殿する不安を再び駆り立て、確認させるのが本作のゴジラだ。初代ゴジラは太平洋戦争、原爆の記憶を喚起させ、本作のゴジラは東日本大震災、原発事故の不安を呼び覚ます。初代ゴジラが現代に出現するとこのような畏怖の念をも生じさせる姿かたちなのだ。かような意味でも第一作『ゴジラ』と真っ向から重なる。

ゴジラが放射する放射能熱線（本作では超高熱放射性粒子帯焔、略して熱焔）のすさまじさは想像を絶する。背部を丸めたゴジラが激しく咆哮して巨軀の至る部分から紫色に輝くチェレンコフ光を放ち、背中や腹部から水蒸気が立ちのぼり、全身を発光させたゴジラが口内から超高熱放射性粒子帯焔を放出して――、という描写、シークエンスはまさに地獄絵図、阿鼻叫喚図を闇夜に包まれた大都会のなかで見せつける。壮麗なるカタストロフィ。本作の最大の見せ場の一つである。

第一作のゴジラはスーツ（着ぐるみ）に入った中島春雄が主に演じたが、本作のゴジラはＣＧが用いられたためにモーションキャプチャ・アクターを狂言師・野村萬斎がつとめた。ただそびえ立つゴジラ。動かずにその威容をにじみ出させ、いったん動き出したら予測不可能な動きを見せるその凄味は野村萬斎の所作動作からも生まれた。

庵野秀明、樋口真嗣の盟友といえる間柄で、樋口監督作『進撃の巨人 ATTACK ON TITAN（前編）』『進撃の巨人 ATTACK ON TITAN エンド オブ ザ ワールド（後編）』も担当した鷺巣詩郎が音楽を手がけた。庵野、樋口作品となれば当然と映る。作曲家の天野正道らが編曲にかかわった。

庵野のテレビ・アニメーション作品『新世紀エヴァンゲリオン』に出会ったことで映像音楽作曲家としての地位、名声を確固たるものとしていった鷺巣がゴジラ映画の音楽を書く。鷺巣の手にゴジラ映画がゆだねられる。快哉を叫んだファンも多かったであろう。『進撃の巨人』二部作、前編でのエレン巨人が猛威を振るうクライマックス・シークエンス、後編でのエレン巨人対シキシマ巨人などのスペクタクル描写を飾った音楽演出は、来たる『シン・ゴジラ』の音楽世界を想像させるに十分な、興趣を駆り立ててやまない響きだった。

といっても、完成した『シン・ゴジラ』の音楽は想像したものとはちがった。鷺津詩郎と伊福部昭の〈共作〉というスタイルが採られたのだ。ごく大まかにとらえれば、ゴジラの巨軀から発してくる音楽要素は伊福部サウンド、ゴジラを受けて立つ人間サイドは鷺巣サウンドという構図になる。

第一作『ゴジラ』のスタイルをなぞらえたメインタイトルから映画は始まるが、音楽はしばらく出てこない。現れても必要最小限の音楽演出のもとに進む。政府が対応に追われるなか、上陸した巨大不明生物が梅屋敷商店街あたりをなぎ倒していくくだり、政府が緊急災害対策本部を設置する過程に、鷺巣による、不安感を駆り立て事態の緊迫性をあおる楽曲が添っていく。この音楽フォームは本作における鷺巣楽曲の基本形となる。正攻法な作曲設計であり、映像が、劇が音楽を欲する箇所に、鳴りの存在をさほど打ち出すことなく、映像の奥底から湧き上がってくるかのごとく流し込んでくる。リアルな曲づけだ。

巨大不明生物は品川湊付近で形態が変化する。肺魚のような異様な姿から二足歩行の陸上生物型へと変貌する。ここで聞こえてくるのが、第一作『ゴジラ』で東京湾から出現したゴジラが芝浦に上陸し、品川運転所、列車を蹂躙し、八ツ山橋を破壊して海へ去っていくシークエンスで伊福部昭が付したゴジラのテーマ音楽なのだ。同作で伊福部が初めてゴジラの猛威を直線的に表現した楽曲が、本作ではゴジラ型へと変貌を遂げ始める巨大不明生物の威容を奏で上げる。この後、八ツ山橋付近で巨大不明生物に対戦車ヘリ小隊が攻撃を仕掛けようとする描写では鷺巣によるサスペンスフルな鳴りが響く。伊福部音楽がゴジラを、鷺巣音楽がその他、なかでも人類側を担うという図式がここでより明確になる。

二足歩行の陸上生物へと進化した巨大不明生物がもたらした被害描写、その後の政府、官邸の対応を見せていく箇所は鷺巣の響きがつとめる。鷺津は劇進行の補助、促進を意識する。人声、合唱も前面に使い込み、荘厳性をかもし出す。不安感と同居するその神聖なる音楽空間。このあたりは「エヴァンゲリヲン 新劇場版」シリーズの音楽世界に共通項が見出せる。

巨大不明生物はついに強大なゴジラと化して相模湾・由比ヶ浜沖から上陸する。まさしく大戸島の伝説にある神の化身、それも人類が謳歌した文明が生み出した負の遺産を全身にまとった、絶望と畏怖の依り代であるGODZILLAだ。伊福部が『キングコング対ゴジラ』（一九六二／本多猪四郎監督、円谷英二特技監督）でゴジラに与えたゴジラの本来の主題曲がかぶさる。伊福部音楽が乗ることでゴジラに宗教色が付着する。神の領域に近づく。『シン・ゴジラ』のゴジラは〈神〉、〈荒ぶる神〉を強く覚えさせる。ゆえにこの選曲になんら疑問は生じない。二十一世紀も二十年近くが経過しようというこの時代に伊福部ゴジラ主題曲を引き連れた、初代ゴジラの生まれ変わりのごときゴジラが凄絶な姿となってよみがえる悪夢、それを実感させる。

ゴジラは鎌倉市街を抜け、釜利谷方面に向かう。官邸地下危機管理センター・幹部会議室に詰める矢口、閣僚たちが初上陸時の巨大不明生物との相違を話し合う。より巨大になり、顔や姿もまるでちがう。ゴジラの第四形態だ。矢口がそうつぶやく。東宝映像作品『メカゴジラの逆襲』

（一九七五／本多猪四郎監督、中野昭慶特技監督）からのゴジラのテーマ、第一作『ゴジラ』のメインテーマで現在ではゴジラの主題曲として浸透する楽曲が初めて同作でゴジラの動機として扱われた、あの重厚な楽曲があてられる。ゴジラはゆっくりと進撃を続けていく——。

両生類型生物の第二形態から陸上生物に進化する第三形態への変貌では第一作『ゴジラ』での、第四形態出現時には『キングコング対ゴジラ』での、そして矢口たちがゴジラの最終形態をはっきりと認識する箇所では『メカゴジラの逆襲』でのゴジラ主題曲がうたわれる。モノラルのオリジナル・サウンドトラックよりの伊福部ゴジラ主題も形態が変化していく。庵野、樋口、鷺巣たちの想いの丈が寄せてくる。ゴジラと伊福部音楽がまごうことなく一体化している。ゴジラの体内には核物質同様、伊福部音楽の血潮がたぎるように流れている。

『シン・ゴジラ』は、伊福部SF特撮映画音楽、田中友幸、本多猪四郎、円谷英二が生み出した東宝SF特撮怪獣映画に真摯な献辞を捧げる映画でもある。矢口プランによる「ヤシオリ作戦」（日本神話、八岐大蛇伝説〈八塩折の酒〉より）が決行される一大クライマックスではあの「宇宙大戦争マーチ」、本多猪四郎監督、円谷英二特技監督作『宇宙大戦争』（一九五九）の終盤、人類対ナタールの攻防戦を彩ったモノラルの伊福部マーチが鳴りわたる。ゴジラの背部から放射される幾本もの熱戦の筋が強烈な既視感を呼ぶ。

さらにエンディング・ロールでは第一作『ゴジラ』よりメインタイトル、『三大怪獣　地球最大の決戦』（一九六四／本多猪四郎監督、円谷英二特技監督）より同じくメインタイトル、『怪獣大戦争』（一九六五／同）より「怪獣大戦争マーチ」、『ゴジラVSメカゴジラ』（一九九三／大河原孝夫監督、川北紘一特技監督）よりメインタイトル（メカゴジラのテーマ曲）がメドレー形式で連結される。すべてオリジナル・サウンドトラックからだ。伊福部が音楽を付したゴジラ映画の変遷を俯瞰するとともに、先達が残した特撮映画、並びにゴジラ映画に音楽から命を吹き込んだ伊福部昭に最大限の敬意を払い、庵野、樋口、鷺巣たちはこの時代だからこそ生み出せた、かつての第一作につながる『シン・ゴジラ』を完結させる。

こうした音楽世界が打ち立てられたのも鷺巣の懐《ふところ》の深さによるものであろう。鷺巣にとっても伊福部は尊敬する作曲家のひとりだった。それが存分に迫ってくる。伊福部スコアが響いても鷺巣ワールドを邁進する。細かな劇展開を音楽から補強し、映像の熱を高めていく役目を確実につとめ上げる。政府が設立した「巨大不明生物・特設災害本部」、通称「巨災対」の描写などでは「エヴァンゲリオン」ファンが思わず声をあげるであろう楽曲も出てくる。伊福部音楽とは正反対のスタイルの、映像促進を主目的とした性格を併せ持つ、地鳴りのようでもあり、天上からの嘆きのようでもあり、それでいてときに血の温もりを感じさせ、受け手の情動を刺激する鳴りをほどこした。伊福部音楽との比較はさして意味を持たない。次元の異なる響きを鷺巣はつけた。

中盤から終盤に向けて鷺巣音楽の主張度は上がっていく。映画の進行に応じてゴジラの正体、全貌が明かされていく。そうした過程に鷺巣の音楽が乗る。ここが一つのポイントとなることを音楽が指し示す。自衛隊がゴジラ迎撃に乗り出し、B—2号「タバ作戦」の火蓋が切って落とされるシークエンス、それでもゴジラ進撃が止まらないくだりでは鷺巣の音楽もアグレッシブに躍動する。ゴジラが超高熱放射性粒子帯焔の猛威を見せつける驚愕の描写では荘厳きわまりない声楽曲がかぶさり、神の怒りの業火に焼かれる人間たちに憐憫の念を注ぐ。地獄篇（Inferno）だ。最終作戦「ヤシオリ作戦」が佳境を迎える箇所、そしてあの終幕と、鷺巣の音楽が正面から盛り立てていく。

伊福部楽曲がある種祝祭的なムードを発してくる一方、鷺巣楽曲はリアリズムを基盤とし、緊迫感と臨場感の演出に突き進む。本作のキャッチコピーの一つである〈現実《ニッポン》対虚構《ゴジラ》〉は〈鷺巣対伊福部〉をも意味していたのかとも勘ぐりたくなってくる。『シン・ゴジラ』を飾る音楽は、伝統と新感覚のハイブリッドな世界になるものだった。ゴジラが築き上げた歴史と『シン・ゴジラ』を音楽が結びつけてもいる。

『シン・ゴジラ』に伊福部の既成曲が流れる。疑問視する見解も一部からは出てくるのであろう。しかし、この時代になっても伊福部のゴジラ映画音楽（東宝ＳＦ特撮怪獣映画音楽）が大スクリーンから聞こえてくる。庵野、樋口、鷺巣をはじめとする作り手たちのリスペクトの想いとともに。伊福部の音楽はやはり不滅、不死身だった。

本書をしたためる前、執筆を進めるなか、伊福部楽曲に言及して稿を締めることになるとは予想していなかった。本書は伊福部昭で始まり、伊福部昭で終わる。これもゴジラ映画、ゴジラ映画音楽六十二年の来歴である。そのいいようのない重さを実感している。

あとがき

本書『ゴジラ映画音楽ヒストリア　1954―2016』を進めるにあたり、一作品ごとの記述を採った。作品名、色彩仕様、スクリーンサイズ、上映分数、公開年月日、同時上映作品名、メイン・スタッフ、メイン・キャストなどを記し、映画解説、音楽概要と展開していった。筆者の前書にあたる『岡本喜八の全映画』（二〇一五／アルファベータブックス）にやや近い構成でもある。

伊福部昭、佐藤勝、宮内國郎、眞鍋理一郎、小六禮次郎、すぎやまこういち、服部隆之、大島ミチル、大谷幸、キース・エマーソン、鷺巣詩郎。以上、総勢十一人の作曲家がゴジラ映画の誕生から今現在におよぶまでに東宝ゴジラ映画にかかわってきた。いうまでもなく、作曲家が替われば映画の印象は大きく変貌する。音楽の個性ばかりでなく、映画の演出スタイル、カラーも少なからず変容を来たす。その人の作家性が確実に塗り込められるからである。

たかが映画音楽、映画で流れる音楽と受け取る向きもあろうが、映画における音楽の効果はことほどさように大きい。その作曲家の個性がもたらす響き、鳴りが、その作曲家のバックボーン、バックグラウンド、来し方はもちろん、その人の思想、想念をも示してくる。音楽を軸にしてゴジラ映画をふりかえるのも決して無意味ではない。映画音楽を中心にして映画を論考する、観ていくのも十分な意義がある。映画のおもしろさ、楽しさ、奥深さ、幅の広さなどがまた別角度から見えてくるのではないか。そうしたものが本書を通じて少しでも伝わればと思っている。

なお、本書に収録した作曲家の写真の一部は瀬戸伸雄さんに提供していただいた。御礼を申し上げたい。

『岡本喜八の全映画』と同じく、本書の刊行にあたっては、作家・評論家・編集者としてめざましい活動を展開されている中川右介さんに編集・制作の労を取っていただきました。そしてアルファベータブックスの佐藤英豪さんの格別なるお世話も賜りました。中川さん、佐藤さんに衷心よりの御礼を申し上げます。まことにありがとうございます。

二〇一六年八月

小林　淳

●参考文献一覧

本書執筆にあたり、参考文献として主に使用させていただいた出版物（印刷物）をここで順不同で掲出し、謝意を表します。

また、その他にも、映画プレスシート、プログラムをはじめ、数多くのレコード、CDのライナーノーツ、また新聞記事、「キネマ旬報」などの映画雑誌、ムック類の記事も参照させていただきました。併せて心からの御礼を申し上げます。

掛下慶吉『昭和楽壇の黎明』（音楽之友社）
田中純一郎『日本映画発達史（全五巻）』（中央公論社）
佐藤忠男『日本映画史（全五巻）』（岩波書店）
猪俣勝人・田山力哉『日本映画作家全史（全二巻）』（社会思想社）
田中文雄『神《ゴジラ》を放った男――映画製作者田中友幸とその時代』（キネマ旬報社）
『日本映画監督全集』（キネマ旬報社）
『日本映画作品全集』（キネマ旬報社）
『東宝70年映画・テレビ・ビデオ作品リスト』（東宝）
『東宝特撮映画全史』（東宝株式会社出版事業室）
『ぴあ・シネマクラブ２００３～２００４・邦画編』（ぴあ）
『音楽芸術別冊　日本の作曲20世紀』（音楽之友社）

小林　淳（こばやし　あつし）
映画・映画音楽評論家。1958（昭和33）年、東京生まれ。
日本映画・外国映画、映画音楽にかかわる文筆・評論活動を行う。
【著書】『伊福部昭と戦後日本映画』『本多猪四郎の映画史』『岡本喜八の全映画』（以上、アルファベータブックス）、『日本映画音楽の巨星たち』（Ⅰ～Ⅲ）『伊福部昭の映画音楽』『伊福部昭　音楽と映像の交響』（上・下）『佐藤勝　銀幕の交響楽（シンフォニー）』（以上、ワイズ出版）、『ゴジラの音楽──伊福部昭、佐藤勝、宮内國郎、眞鍋理一郎の響きとその時代』（作品社）
【編書】
『伊福部昭綴る──伊福部昭 随筆・論文集』『伊福部昭語る──伊福部昭 映画音楽回顧録』『伊福部昭綴るⅡ──伊福部昭 随筆・論文集』（ワイズ出版）

ゴジラ映画音楽ヒストリア　1954 － 2016

第1刷発行　2016年8月31日

著者●小林 淳

編集・制作●中川右介

発行人●茂山和也
発行所●株式会社アルファベータブックス
〒102-0072　東京都千代田区飯田橋2-14-5-定谷ビル
電話03-3239-1850 Fax 03-3239-1851
http://ab-books.hondana.jp/
E-mail alpha-beta@ab-books.co.jp
印刷●株式会社エーヴィスシステムズ
製本●株式会社難波製本

ISBN 978-4-86598-019-6 C0074